Einführung in C

Lizenz zum Wissen.

Sichern Sie sich umfassendes Technikwissen mit Sofortzugriff auf tausende Fachbücher und Fachzeitschriften aus den Bereichen: Automobiltechnik, Maschinenbau, Energie + Umwelt, E-Technik, Informatik + IT und Bauwesen.

Exklusiv für Leser von Springer-Fachbüchern: Testen Sie Springer für Professionals 30 Tage unverbindlich. Nutzen Sie dazu im Bestellverlauf Ihren persönlichen Aktionscode C0005406 auf *www.springerprofessional.de/buchaktion/*

Jetzt 30 Tage testen!

Springer für Professionals.
Digitale Fachbibliothek. Themen-Scout. Knowledge-Manager.

- Zugriff auf tausende von Fachbüchern und Fachzeitschriften
- Selektion, Komprimierung und Verknüpfung relevanter Themen durch Fachredaktionen
- Tools zur persönlichen Wissensorganisation und Vernetzung

www.entschieden-intelligenter.de

Springer für Professionals

Doina Logofătu

Einführung in C

Praktisches Lern- und Arbeitsbuch für Programmieranfänger

2., überarbeitete Auflage 2016

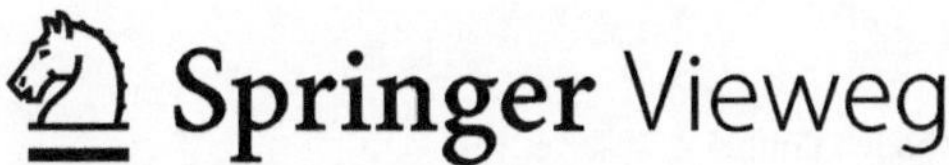

Doina Logofătu
Frankfurt am Main
Deutschland

Die erste Auflage des Buches erschien mit dem Titel „Eine praktische Einführung in C – Lern- und Arbeitsbuch für Programmiereinsteiger" 2008 bei entwickler.press.

ISBN 978-3-658-12921-7   ISBN 978-3-658-12922-4 (eBook)
DOI 10.1007/978-3-658-12922-4

Die Deutsche Nationalbibliothek verzeichnet diese Publikation in der Deutschen Nationalbibliografie; detaillierte bibliografische Daten sind im Internet über http://dnb.d-nb.de abrufbar.

Springer Vieweg

Gedruckt auf säurefreiem und chlorfrei gebleichtem Papier

Springer Vieweg ist Teil von Springer Nature
Die eingetragene Gesellschaft ist Springer Fachmedien Wiesbaden GmbH

The more you can dream, the more you can do.

Michael Korda

Vorwort

Das vorliegende Buch ist als Lern- und Arbeitsbuch der C-Programmierung kon-
zipiert und versetzt Sie in die Lage, eine Vielzahl praktischer Probleme zu lösen.
Das theoretische Gerüst und die Vielfältigkeit der vorgestellten Themen machen das
Buch auch für fortgeschrittene Leser interessant. Ich empfehle es Schülern, Studen-
ten, Programmierern, Informatiklehrern und allen Interessierten für das individuelle
Studium, als Arbeitsmaterial in der Lehre oder als Nachschlagewerk.

Da C Basis für die modernen objektorientierten Sprachen C++, Java und C# und
außerdem flexibel und effizient ist, bin ich der Ansicht, dass sich die Programmiersprache ausgezeichnet für Einsteiger eignet. Bevor Sie sich mit dem Thema
Objektorientierung befassen, sollten Sie sich algorithmisches, strukturiertes Denken aneignen und die Basiskonzepte (Algorithmenentwurf, Variablen, Modularität,
Speicherplatzmanipulation) beherrschen. Wenn Sie der Programmierung treu bleiben, werden Sie nahezu automatisch zu C++, Java oder C# gelangen, denn diese
Sprachen bieten Konzepte wie Datenabstraktion oder generische Programmierung.

Die 100 Probleme, die Sie mit vollständigen Lösungen im Buch finden, sind
unterschiedlich schwer. Zu jeder Problembeschreibung gehört ein repräsentatives
Eingabe- und Ausgabe-Datenset, mit dem Sie Ihre eigene Lösung überprüfen können. Danach wird das Problem analysiert, dazu schlage ich eine mögliche Lösung
vor. Und schließlich finden Sie für diese Lösung das komplette C-Programm aufgelistet, bevor wieder Ihr Hirnschmalz bei den verwandten Aufgaben und Übungen
gefragt ist. Übungen gibt es auch am Ende jedes Kapitels, insgesamt über 330 im
Buch. Die Programme sind kompakt und vollständig, um eine gute Lesbarkeit zu
gewährleisten und die C-Sprache zu vertiefen. Sie sind, außer das letzte Programm
mit Fraktalen (Kapitel 10), mit der Microsoft Visual C++ 2013 kompiliert worden,
die Microsoft kostenlos zur Verfügung stellt.

Entlang der zehn Kapitel lade ich Sie zu einer Reise an, die Sie mit der Sprache C
vertraut macht. Das erste Kapitel startet kurz und bündig mit den Grundelementen
von C und zahlreichen Beispielen. Die nächsten sechs Kapitel (2 bis 7) enthalten
viele gelöste Probleme (einfache Anweisungen, Zeichenketten, Arrays, Strukturen,
Unionen, Zeiger, Bit-Operationen, Zeitfunktionen, Zufallszahlen), damit Sie sich
mit C und dem Lösungsentwurf für konkrete Aufgabenstellungen anfreunden können. In den letzten drei Kapiteln (Kapitel 8 bis 10) befassen wir uns mit schwie-
rigeren Dingen: verketteten Listen, komplexeren Datenstrukturen und ihrer Verar-

beitung, Fraktale. Ein Grund dafür ist auch, dass ich mir dadurch erhoffe, Sie mit diesen interessanten Themen für die Programmierung begeistern zu können. Kapitel 8 behandelt verkettete Strukturen (einfach und doppelt verkettete, kreisförmige, Hash-Tabellen, Kellerspeicher, Bäume). In Kapitel 9 erstellen wir eine umfangreiche Anwendung, die verkettete Listen nutzt, um die Wurzel k-ten Grades einer großen Zahl zu berechnen. Wir implementieren dabei alle arithmetischen Operationen für solch große Zahlen. Die Applikation im letzten Kapitel zeichnet fraktale Strukturen und macht u.a. von Bitoperatoren und graphischen Routinen Gebrauch. Das Programm ist in Borland-C geschrieben, weil die graphische Bibliothek überschaubar und lehrreich ist. Sie können den grafischen Anteil mit einem anderen ersetzen, um die Fraktale zu zeichnen.

"Einführung in C" enthält viele wichtige Konzepte aus der elementaren Datenverarbeitung, wie z. B. Suchen eines Elements, Sortieren, Löschen, Hinzufügen, Operationen mit Dateien usw. Dazu werden auch verschiedene Datenstrukturen vorgestellt: Strukturen, Bitfelder, Unionen, Arrays, Zeichenketten, Kellerspeicher, Hash-Tabellen oder Binärbäume. Die oft verwendeten Zeichenkettenoperationen, Bit-Operationen und Zeitfunktionen werden in mehreren ausgewählten Problemstellungen vorgestellt. Funktionen erstellen wir selbst, um klassische Aufgaben zu lösen, und wir lernen auch, wie wir bestehende Funktionen aus den Header-Dateien verwenden können (z. B. für Zeichenkettenoperationen, Zeit- und Zufallszahlenfunktionen, Sortieren oder Suchen in einem Array).

Für einen Programmierer ist Mathematik sehr wichtig. Die vielen Übungen und Beispiele im Buch tragen dazu bei, mehrere grundlegende Konzepte der Mathematik aufzufrischen, u.a. Teilbarkeit und Primalität natürlicher Zahlen, Rekurrenzen, Reihen, Berechnung des Wertes π, Fibonacci-Zahlen, vollkommene und befreundete Zahlen, Operationen mit Polynomen und Matrizen, Goldbachsche Vermutung, Gleichungen, Brüche und Mengen, Geometrie, Sieb des Eratosthenes.

Die einzige Möglichkeit, eine Programmiersprache zu beherrschen, ist kontinuierliches Üben. Es ist wichtig, immer wieder selbständig verschiedene Aufgaben zu lösen und Programme zu entziffern, zu erweitern, damit zu "spielen". Dieses Buch bietet Ihnen dazu eine große Anzahl von oft auftretenden und vielschichtigen Programmieraufgaben an, die meisten davon sind vollständig gelöst und mit Erklärungen zur Sprache C, Mathematik und Algorithmik versehen.

Ab und zu finden Sie als Belohnung für Ihren Fleiß zwischen zwei Kapiteln Bilder wie "Hof des Königspalastes in Madrid", "Winterlandschaft in Saalbach", "Wellensurfer in München" oder "Garten in Alhambra".

Viel Vergnügen beim Lesen und spannendes Lernen!

Frankfurt am Main, Mai 2016   *Doina Logofătu*

Danksagung

Mein herzlicher Dank gebührt allen, die meine Bücher ("Algorithmen und Problemlösungen mit C++", "Grundlegende Algorithmen mit Java", "Eine praktische Einführung in C") positiv aufgenommen haben. Professoren, Studenten und Programmierer, die mir geschrieben haben, haben mich darin bestärkt, neue Buchprojekte, insbesondere dieses, anzugehen und zu verwirklichen.

Mein besonderer Dank gebührt dem Springer Vieweg Verlag (insbesondere meinen Lektorinnen Sybille Thelen und Sabine Kathke). Ich bin sehr dankbar für die Unterstützung, die ich immer erfahren habe, für die professionelle Zusammenarbeit und für die Geduld, mit der auf mein Manuskript gewartet wurde.

Ich danke auch allen, die die Fertigstellung des Buches ermöglicht haben.

Frankfurt am Main, Mai 2016   *Doina Logofătu*

Inhaltsverzeichnis

Kapitel 1
Die Programmiersprache C im Überblick

C ist eine sehr flexible Sprache, mit der auch komplexe Aufgaben schnell gelöst werden können. Der erzeugte Quelltext ist kompakt und bleibt, wenn der Programmierer darauf bedacht ist, trotzdem verständlich, also gut lesbar. Die Programme, die ein C-Compiler erzeugt, weisen eine hohe Ausführungsgeschwindigkeit auf und die Liste der Hardware-Architekturen und Betriebssysteme, für die es C-Compiler gibt, ist länger als bei jeder anderen Sprache. Zur Beliebtheit der Sprache haben auch ihre erprobten Bibliotheken beigetragen.

C erlaubt Manipulationen auf Bitebene und kann den Speicher mittels Zeigern und Typassoziationen gezielt verwalten. Im Vergleich zu anderen Sprachen schränkt C den Programmierer weniger ein, er hat also größere Freiheiten, aus denen auch die Flexibilität erwächst. Aber wo Licht ist, ist auch Schatten. Ein C-Programmierer muss bei seiner Arbeit auf Dinge achten, an die etwa ein Java-Programmierer keinen Gedanken zu verschwenden braucht, denn diese Mühe nimmt ihm der Java-Compiler ab. C prüft beim Kompilieren zum Beispiel nicht, ob alle Variablen initialisiert sind, Java und andere Sprachen hingegen schon. Diese C-Eigenart trägt gewiss am meisten zu der Freiheit bei, die erfahrene Programmierer so sehr zu schätzen wissen, die aber für Anfänger von Nachteil sein kann.

1.1 Kurzer historischer Abriss

1972 erblickte die Sprache in den *Bell Laboratories* das Licht der Welt, erfunden von Dennis Ritchie. Viele ihrer Prinzipien und Ideen stammen von den Sprachen B, BCPL, CPL und Algol. Hier ein kurzer historischer Abriss:

- ALGOL (um 1960, *Algorithmic Languange*, eine der ersten strukturierten Programmiersprachen)
- CPL (1969, *Combined Programming Language*, Martin Richards)
- BCPL (1970, abgeleitet von CPL, Martin Richards)

■ B (1970, abgeleitet von BCPL, Ken Thompson, *Bell Laboratories*)

■ C (1972, entstand aus B, Dennis Ritchie, *Bell Laboratories*)

Ritchie und Thompson haben in Zusammenarbeit mit Brian Kernighan den Kernel des Betriebssystems UNIX mit Hilfe des C-Compilers von Ritchie umgeschrieben. Seitdem entwickelt sich die Sprache und heute ist sie die Basis für moderne objektorientierte Sprachen wie C++ und Java.

1.2 Grundlegende Konzepte

1.2.1 Zeichenvorrat von C

Ein C-Programm, also ein C-Quelltext, besteht aus den Zeichen des ASCII-Zeichensatzes, der mit ganzen Zahlen von 0 bis 127 kodiert wird. So eine Zahl kann binär mit 7 Bits dargestellt werden. Den ASCII-Zeichensatz teilt man in zwei Gruppen von Zeichen ein: nicht druckbare Zeichen (mit ASCII-Codes kleiner als 32, Ausnahme ist DEL, das mit 127 kodiert ist) und druckbare Zeichen (das Leerzeichen, Groß- und Kleinbuchstaben und Sonderzeichen wie den senkrechten Strich, die Codes größer als 32 haben). Zum Beispiel besitzen die Großbuchstaben ASCII-Codes zwischen 65 und 90, 65 ist der Code für 'A' und 90 der Code für 'Z'. Die Kleinbuchstaben haben die ASCII-Codes zwischen 97 und 122, die Ziffern '0' bis '9' werden durch die Zahlen 48 bis 57 repräsentiert.

Die nicht druckbaren Zeichen haben verschiedene Bedeutungen. Zwei Beispiele: Der ASCII-Code 0 wird dem Zeichen NULL zugewiesen, das ist ein „künstliches" Zeichen, das nicht über die Tastatur eingegeben werden kann. Mit \0 schließt man unter anderem Zeichenketten ab. Der ASCII-Code 10 (man nennt das Zeichen Zeilenvorschub oder *newline*) bewegt den Cursor auf die erste Spalte der nächsten Zeile. Erzeugt wird der Zeilenvorschub mit der Taste ENTER. In C wird dieses Zeichen auch mit \n bezeichnet.

Namen (Bezeichner)

Ein Bezeichner (Name) muss immer mit einem Buchstaben oder mit einem '_' (Unterstrich) beginnen, dann können sich Buchstaben, Unterstriche und auch Ziffern in beliebiger Reihenfolge abwechseln. Groß- und Kleinbuchstaben werden unterschieden, d.h. max, Max und MAX sind drei verschiedene Bezeichner. Man verwendet sie für Variablen, Konstanten, Typnamen, Funktionen, Namen von Strukturen, Unions, Bitfeldern, Aufzählungstypen, Makros und Makroparametern.

Schlüsselwörter

Schlüsselwörter (reservierte Wörter) sind für den C-Compiler von einer besonderen Bedeutung: Es gibt sie nur für Anweisungen, grundlegende Datentypen und für die Definitionssyntax für Funktionen und Datentypen. In ANSI C (*American National Standards Institute*) gibt es die folgenden 32 reservierten Wörter, die immer klein geschrieben werden:

Schlüsserwörter			
auto	double	int	struct
break	else	long	switch
case	enum	register	typedef
char	extern	return	union
const	float	short	unsigned
continue	for	signed	void
default	goto	sizeof	volatile
do	if	static	while

Elementare Datentypen

Unter Datentyp versteht man eine Menge, in der die folgenden Begriffe festgestellt sind:

- Speichergröße und Lebensdauer jedes Elements.

- Eine Menge von Operationen, mit deren Hilfe die Werte dieses Typs modifiziert und überarbeitet werden können und die Bedeutung dieser Operationen.

- Die zugelassenen Operatoren und Einschränkungen, die für sie gelten.

Datentypen können elementar (vordefiniert) oder benutzerdefiniert (abgeleitet) sein. Die elementare Datentypen und deren Größen:

Typ	Beschreibung	Intervall	Anzahl Bytes
char, **unsigned char**	Zeichen durch einen ASCII-Code dargestellt	$[-128, 127]$ $[0, 255]$	1
short, **unsigned short**	binäre ganze Zahl durch das Komplementieren gegen 2 dargestellt	$[-32768, 32767]$ $[0, 65535]$	2
int, **unsigned int**	- // - // -	Platform-/ Compilerabhängig	2, 4 oder 8
long, **unsigned long**	- // - // -	$[-2^{31}, 2^{31} - 1]$ $[0, 2^{32} - 1]$	4, 8
float	einfach genaue Fließkommazahl	$[1.7 \cdot 10^{-308}, 1.7 \cdot 10^{308}]$ (im Betrag)	4
double	doppelt genaue Fließkommazahl	$[2.3E - 308, 1.7E + 308]$ (im Betrag)	8
long double	doppelt genaue Fließkommazahl	$[3.4E - 4932, 1.1E + 4932]$ (im Betrag)	10

Tabelle 1.1: Standard-Datentypen in C

Ein Wert vom Typ **float**, der nicht 0 ist, gehört im Betrag dem Intervall $[1.7 \cdot 10^{-308}, 1.7 \cdot 10^{308}]$.

Literale

Ein Literal ist ein fester, dem C-Compiler bekannter Wert. Das kann ein Zeichen, eine Zeichenkette, eine ganze oder eine rationale Zahl sein. Beispiele für Literale: 678, "Dorohoi", 'M', -24.67e8.

Variablen

Eine Variable repräsentiert einen Speicherbereich, der Werte aufnimmt, die während der Laufzeit eines Programms geändert werden können. Angesprochen wird eine Variable mit ihrem Namen (Bezeichner), der auf eine bestimmte Speicheradresse verweist. Sie muss vor ihrer ersten Verwendung deklariert werden, das heißt, man muss den Datentyp der Werte festlegen, die sie später aufnehmen kann.

Eine Variable ist gekennzeichnet durch:

■ ihren Namen

■ ihre Adresse im Speicher

- ihren Datentyp

- ihren Wert (zu einem bestimmten Zeitpunkt)

Die Deklaration einer einfachen Variablen hat die Form:

```
<Datentyp>  Bezeichner_Liste;
```

Eine `Bezeichner_Liste` enthält mindestens einen, oder mehrere, durch Kommas getrennte Bezeichner.

Beispiele

```
int a, b, c, d, i, j;
char ch;
float x, y, z;
```

Ein Array ist ein strukturierter Typ, der eine zusammenhängende Speicherzone allokiert und Elemente desselben Datentyps beinhaltet. Die Deklaration eines Arrays sieht so aus:

```
<Datentyp> <Array_Name> [Dim1][Dim2]...[DimN];
```

Der Name eines Arrays kann in verschiedenen Konstruktionen vorkommen und er zeigt auf die Speicheradresse seines ersten Elements. Will man mehrere typgleiche Arrays deklarieren, kann man sie auch durch Kommas trennen.

Beispiele

```
int a[100], b[2][5], c[100][10];
char m[20];
```

Einzelne Elemente eines Arrays spricht man über ihre Indizes an, die intern von 0 beginnend gezählt werden. Das erste Element von `c[]` ist also `c[0][0]`, das letzte ist `c[99][9]`.

Die Elemente des Arrays `a[]` sind: `a[0]`, `a[1]`, ..., `a[99]`.

Die Elemente des Arrays `b[]` sind: `b[0][0]`, `b[0][1]`, `b[0][2]`, `b[0][3]`, `b[0][4]`, `b[1][0]`, `b[1][1]`, `b[1][2]`, `b[1][3]`, `b[1][4]`.

Kommentare

Kommentare leitet man in C mit `/*` ein und schließt sie mit `*/` ab. Der Compiler ignoriert sie und in der Regel erklären sie Teile des Programms. Im Oktober 1999 kam mit dem Standard C99 auch der einzeilige Kommentar mit `//Kommentar` dazu.

1.2.2 Ausdrücke

Ein Ausdruck besteht aus einem oder mehreren Operanden, die durch Operatoren verbunden sind. Ein Ausdruck hat einen Wert sowie einen Typ und mit runden Klammern kann man die Reihenfolge der Auswertung festlegen.

Operanden

Ein Operand kann sein:

- eine Konstante
- der Name einer einfachen Variable, einer Struktur, eines Typs, Arrays oder einer Funktion
- die Referenz (die Speicheradresse) eines Arrayelements oder einer Struktur
- ein geklammerter Ausdruck

Operatoren

Es gibt vier Arten von Operatoren:

- Unäre (einstellige) Operatoren haben genau einen Operanden, der ihnen nachgestellt ist.
- Binäre (zweistellige) Operatoren, die zwischen ihren beiden Operanden stehen.
- Einen dreistelligen Operatoren, den Bedingungsoperator, der später erklärt wird.
- Einen mehrstelligen Operator, den Komma-Operator, der ebenso später erklärt wird.

In Ausdrücken mit mehreren verschiedenen Operatoren muss die Reihenfolge der Auswertung eindeutig sein, daher haben alle Operatoren Priorität.

Ein Ausdruck kann auch der Name einer Variablen oder ein cast-Ausdruck (explizite Typumwandlung) sein.

In der Evaluierung des Ausdrucks mit kompatiblen Typen verwendet man die Regel der expliziten Umwandlung: Wenn sich der Typ des Ausdrucks rechts vom Gleichheitszeichen vom Typ des Ausdrucks links davon unterscheidet, dann wird der Wert des rechten Ausdrucks in den linken Typ umgewandelt und danach findet die Zuweisung statt.

Der Bedingungsoperator ?: (bedingter Ausdruck) ist ein dreistelliger Operator für Ausdrücke, die Alternativen aufweisen. Er hat das Format $A_1?A_2:A_3$, wobei A_1, A_2

Symbol	Bedeutung
~x !x	Einser-Komplement (bitweises NOT); logisches NOT
-x +x	Vorzeichenumkehr; Identität
*x &x	Inhalt einer Speicheradresse; die Speicheradresse einer Variablen
sizeof(x)	Größe (in Bytes) einer Variablen oder eines Typs, anwendbar auch für Objekte wie Arrays, Strukturen und Unions, Komponenten, Zeiger usw.
--x x-- ++x x++	Dekrement- und Inkrement-Operatoren, der Wert wird um 1 verringert bzw. erhöht. Sie können Pre- oder Postfix sein, was bedeutet, dass sie in einer Anweisung oder in einem Ausdruck die höchste bzw. die niedrigste Auswertungspriorität haben.

Tabelle 1.2: Unäre Operatoren in C

Symbol	Bedeutung
x*y x/y x%y	Multiplikation; Division; Rest der Division (Modulo). Diese Operatoren haben eine höhere Priorität als die Addition und Subtraktion, es gilt also, wie in der Mathematik, Punkt vor Strich.
x+y x-y	Addition; Subtraktion
x<<y x>>y	Shift-Operatoren, die den Wert x um y-Stellen bitweise nach links bzw. rechts verschieben
x<y x>y x<=y x>=y x==y x!=y	Vergleichende Operatoren. Kleiner; größer; kleiner gleich; größer gleich; gleich; ungleich
x&y x|y x^y	Bitweise Operatoren. AND; OR; XOR
x&&y x||y	Logische Operatoren. AND; OR
x=y	Zuweisungsoperator;
x*=y x/=y x%=y x+=y x-=y x<<=y x>>=y x&=y x|=y x^=y	Zusammengesetzte Zuweisungsoperatoren, erklärt anhand des Operators *=: x*=y ist gleichbedeutend mit x=x*y

Tabelle 1.3: Binäre Operatoren in C

und A_3 Ausdrücke darstellen.

Für eine Anweisung $x = A_1?A_2:A_3$ funktioniert er so:

- ■ wenn A_1 ungleich 0, dann $x = A_2$
- ■ wenn A_1 gleich 0, dann $x = A_3$.

Der Komma-Operator wird eingesetzt, um mehrere Ausdrücke zu gruppieren, er hat die niedrigste Priorität. Mit Hilfe dieses Operators kann man Konstrukte wie A_1, A_2, ..., A_n aufbauen.

Beispiel

```
int a, b, c, d;
b=a=2, c=a+1, d=c+100;
```

Mehrere Zuweisungsoperatoren arbeitet der Compiler von rechts nach links ab, also wertet er zuerst `a=2` aus, und dann `b=a`. Die Variablenwerte sind also: `a=2; b=2; c=3; d=103`.

1.2.3 Aufbau der C-Programme

Ein C-Programm hat den folgenden Aufbau:

- Präprozessor-Anweisungen (oder -Direktiven)

- Globale Deklarationen

- Funktionen

Präprozessor-Direktiven

In der Regel beginnt ein C-Programm mit Präprozessor-Anweisungen, die verarbeitet werden, bevor das Programm kompiliert wird. Abgearbeitet werden sie vom Präprozessor, der automatisch vor der Übersetzung ausgeführt wird.

Diese Direktiven erfüllen verschiedene Aufgaben und beginnen immer mit einem **#**:

```
#include "DateiName"
#include <DateiName>
```

Im ersten Fall wird die angegebene Datei im aktuellen Ordner gesucht und danach in den für `include` definierten Standard-Verzeichnissen. Im zweiten Fall wird zuerst in den Standard-Ordnern gesucht und danach in den aktuellen. Header-Dateien (auch Bibliotheken genannt) enthalten C-Code mit Definitionen von Typen und Funktionen, den man im eigenen Programm nutzen kann, denn der Präprozessor kopiert den Inhalt der Header-Datei in den Quelltext. Hier die meistverwendeten Bibliotheken:

- `stdio.h` und `io.h`, für das Einlesen und Ausgeben von Daten

- `stdlib.h` und `math.h` für numerische Verarbeitungen

- `ctype.h` für Zeichenverarbeitung

- `string.h` und `mem.h` für Zeichenketten und Speicherzonen

- `stdlib.h`, `alloc.h` und `malloc.h` für Speicherallokation

Symbolische Konstanten (benannte Konstanten):

```
#define Name Zeichensequenz
```

Der Präprozessor ersetzt im Quellcode jedes Vorkommen des Namens durch die Zeichensequenz.

Beispiel

```
#define MAX 5000
/* MAX wird ueberall in der Datei durch 5000 ersetzt*/
```

Globale Deklarationen

Alle Datentypen und Variablen, die man global deklariert, stehen an jeder Stelle des Programms zur Verfügung, d.h. sie sind dort bekannt.

Funktionen

In C gibt es zwei Arten von Funktionen. Funktionen, die einen Wert zurückgeben, und Funktionen, die nichts zurückgeben. Der Aufbau einer Funktion sieht folgendermaßen aus:

```
[DatenTyp] Funktionsname([Liste der Formalparameter])
{
   [Deklaration der lokalen Variablen]
   [Anweisung]; [Anweisung]; ...
}
```

Alles, was in eckigen Klammern steht, ist optional. Natürlich macht es wenig Sinn, eine Funktion zu schreiben, die keine Anweisungen ausführt.

Jedes Programm besteht mindestens aus der Funktion `main()`, der sogenannten Hauptfunktion, die die Anweisungen enthält, die auf alle Fälle ausgeführt werden. Innerhalb von `main()` ruft man dann weitere Funktionen auf, wenn nötig.

Für jede Funktion gilt:

■ Die runden Klammern nach dem Funktionsnamen sind obligatorisch, auch wenn es keine formalen Parameter gibt.

■ Wenn es keine formalen Parametern gibt, kann man entweder `Funktionsname()` oder
`Funktionsname(`**`void`**`)` schreiben. **`void`** bedeutet leerer Typ.

■ Liefert eine Funktion nichts zurück, schreibt man **`void`** `Funktionsname()`. Denn wenn man den Datentyp einfach weglässt, wird er automatisch auf **`int`** gesetzt.

■ Als Funktionskopf bezeichnet man den Abschnitt vom Beginn der Funktion bis vor die erste geschweifte Klammer.

■ Den Teil zwischen und inklusive den geschweiften Klammern nennt man Funktionskörper. Die geschweiften Klammern sind auch dann anzugeben, wenn nichts zwischen ihnen steht.

1.2.4 Anweisungen

Nun sehen wir uns die grundlegenden C-Anweisungen an. Sie haben sequentiellen, alternativen oder wiederholenden Charakter.

Leere Anweisung

Sie besteht nur aus dem einzelnen Zeichen ';' und hat keinen Effekt.

Ausdrucksanweisungen

Jede Ausdrucksanweisung muss in C mit einem ';' abgeschlossen werden. Es gibt mehrere Arten davon, z. B. den Zuweisungsausdruck, den Funktionsaufruf oder den Ausdruck.

Beispiele

```
i++;                 /* Postinkrementierung; Ausdruck */
max = a[i];          /* Zuweisungsausdruck             */
c = getchar();       /* Funktionsaufruf und Zuweisung  */
printf("Hallo");     /* Funktionsaufruf                */
```

Zusammengesetzte Anweisung

Sie besteht aus Deklarationen gefolgt von Anweisungen in geschweiften Klammern. Die Deklarationen und/oder die Anweisungen könnten auch fehlen.

```
{
  Deklarationen;
  Anweisungen;
}
```

Die if-Anweisung

Sie erlaubt eine Verzweigung abhängig vom Resultat der Auswertung eines Ausdrucks.

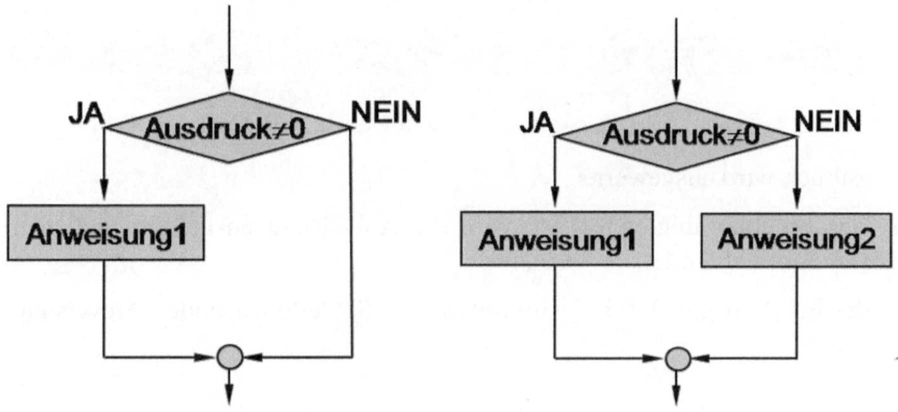

Abb. 1.1: Die zwei Formen der if-Anweisung

Die erste Form:

```
if(Ausdruck) Anweisung1;
```

Effekt

1. Evaluierung des Ausdrucks;

2. Wenn das Ergebnis ungleich 0 ist, wird `Anweisung1` ausgeführt, ansonsten wird die nächste Anweisung im Programm ausgeführt.

3. Man fährt mit der nächsten Anweisung im Programm fort.

Die zweite Form:

```
if (Ausdruck) Anweisung1;
else Anweisung2;
```

Effekt

1. Evaluierung des Ausdrucks;

2. Wenn das Ergebnis ungleich 0 ist, wird `Anweisung1` ausgeführt, ansonsten wird `Anweisung2` ausgeführt.

3. Man fährt mit der nächsten Anweisung im Programm fort.

Die `while`-Anweisung

Damit wiederholt man nach einem Eingangstest die Anweisung mit einer unbekannten Häufigkeit.

```
while (Ausdruck) Anweisung;
```

Effekt

1. Der Ausdruck wird ausgewertet.

2. Wenn das Ergebnis ungleich 0 ist, wird die Anweisung ausgeführt und man macht mit Schritt 1 weiter.

3. Wenn das Ergebnis gleich 0 ist, wird mit der der Schleife folgenden Anweisung fortgefahren.

Die `do-while`-Anweisung

Damit wiederholt man vor einem Ausgangstest die Anweisung mit einer unbekannten Häufigkeit. Einmal wird die Anweisung mindestens ausgeführt.

```
do Anweisung while (Ausdruck);
```

Effekt

1. Die Anweisung wird ausgeführt.

2. Der Ausdruck wird bewertet.

3. Wenn das Ergebnis nicht 0 ist, geht es mit Schritt 1 weiter.

4. Ist das Ergebnis 0, wird die der Schleife folgende Anweisung aufgerufen.

Die for-Anweisung

Das ist eine wiederholende Anweisung, bei der die Anzahl der Wiederholungen bekannt ist.

```
for(A1; A2; A3) Anweisung;
```

`A1`, `A2` und `A3` sind Ausdrücke.

`for(A1; A2; A3)` ist der Kopf der Schleife. Die Anweisung, die wiederholt wird, heißt Schleifenkörper. A1 ist die Initialisierung, A2 die Abbruchbedingung und A3 die Reinitialisierung.

Beispiel

```
int i;
for(i=1; i<10; i++) printf("i=%d ", i);
```

Effekt

1. `i` wird mit 1 initialisiert.

2. Die Abbruchbedingung `i<10` wird geprüft.

3. Wenn das Ergebnis ungleich 0 ist, wird die Anweisung ausgeführt, wir geben den aktuellen Wert von `i` mit der Funktion `printf()` aus.

4. Anschließend wird `i` reinitialisiert, wir zählen `i` um 1 hoch und gehen zu Schritt 2.

5. Wenn das Ergebnis gleich 0 ist, wird die Schleife verlassen, und die Anweisung nach der Schleife wird ausgeführt.

continue-Anweisung

Sie ist nur innerhalb von Schleifen anwendbar.

```
continue;
```

Effekt

- In `while`- und `do-while`-Schleifen sorgt ein `continue` dafür, dass der Ausdruck wieder ausgewertet wird. Gehen Sie ein bisschen zurück: bei `while` gelangen wir also zu Schritt 1, und bei `do-while` zu Schritt 2.

- In einer `for`-Schleife veranlasst ein `continue` die Reinitialisierung, oben im Beispiel käme man also zu Schritt 4.

break-Anweisung

```
break;
```

Sie wird verwendet, um eine **switch**-Anweisung oder eine Schleife sofort zu verlassen.

switch-Anweisung

Mit **switch** realisiert man eine Mehrfach-Verzweigung. Die könnte man auch mit verschachtelten **if**-Anweisungen zustande bringen, aber mit **switch** ist es übersichtlicher.

```
switch(Ausdruck){
   case  c1:  [Sequenz₁_Anweisungen;]     [break;]
   case  c2:  [Sequenz₂_Anweisungen;]     [break;]
   ...
   case  cn:  [Sequenzₙ_Anweisungen;]     [break;]
  [default:  [Sequenz_Anweisungen;]
}
```

Alles zwischen eckigen Klammern ist optional. **Effekt**

1. Der Ausdruck wird ausgewertet.

2. Das Ergebnis wird mit den Werten $c1$, $c2$, $...$, cn verglichen.

3. Wenn ein Vergleich positiv ist, werden die zugehörigen Anweisungen ausgeführt; kommt es zu keinem passenden Vergleich, werden die Anweisungen bei **default** ausgeführt, wenn es sie gibt.

Ist ein Vergleich mit ck positiv, werden also die $Sequenz_k\_Anweisungen$ verarbeitet, und existiert dahinter kein **break**, dann werden auch alle weiteren Anweisungen nacheinander ausgeführt (auch die **default**-Anweisung), und zwar ohne weitere Vergleiche, wenn nicht vorher irgendwo auf ein **break** gestoßen wird. Sobald also ein Vergleich zutrifft, wird nicht mehr weiter verglichen.

1.2.5 Standardeingabe/-ausgabe

Die C-Funktionen dafür sind für die meisten Betriebssysteme identisch aufgebaut.

Formatierte Eingabe

Dafür verwendet man die Funktion `scanf()` mit der folgenden Syntax:

```
int scanf(const char *format, [Liste_Variablenadressen]);
```

wobei `format` eine Konstante vom Typ Zeichenkette ist und angibt, in welcher Form die Eingabe abgespeichert wird. Die `Liste_Variablenadressen` beinhaltet, durch Kommas getrennt, die Adressen der Variablen, die die Eingabedaten aufnehmen.

Effekt

1. Liest eine oder mehrere Eingaben zeichenweise ein, bis ein Leerzeichen oder ein Zeilenvorschub gefunden wird.

2. Formatiert jede Eingabe gemäß dem spezifizierten Format in `format`.

3. Die Werte werden in den Adressen der gegebenen Variablen gespeichert.

Formatierte Ausgabe

Um Daten zu formatieren und auszugeben benutzt man in C die Bibliotheksfunktion `printf()`. Die Ausgabe erfolgt auf die Standardausgabe und hat die folgende Syntax:

```
int printf(const char *format, [Liste_Ausdruecke]);
```

Effekt

1. Akzeptiert eine Liste mit Ausdrücken, die ausgewertet werden, und danach gemäß `format` in Zeichenketten umgewandelt werden.

2. Schreibt diese Zeichenketten auf die Standardausgabe.

Wenn die Anzahl der in `format` gegebenen Argumente nicht mit der Liste der Ausdrücke übereinstimmt, kann es sein, dass der `printf()`-Aufruf Unerwünschtes ausgibt, insbesondere dann, wenn die Anzahl der Argumente kleiner ist als die Anzahl der Formatelemente. Das Resultat, das die Funktion zurückliefert, ist bei Fehlerfreiheit die Anzahl der ausgegebenen Bytes und im Fehlerfall die symbolische Konstante EOF (*End Of File*).

Die Formatelemente für die Funktionen `printf()` und `scanf()` sind in Tabelle 1.4 aufgeführt:

Zusätzlich gibt es die Formatierungen `%lf`, `%le`, `%lE`, `%lg` und `%lG` für Gleitpunktzahlen vom Typ **double**.

Für ganze Zahlen des Typs int	
%i	ganze Zahl im Basissystem 8, 10 oder 16; bei negativen Zahlen mit Vorzeichen
%d	ganze Zahl in der Basis 10
%o	Oktal ohne Vorzeichen und ohne führende Null
%x, %X	Hexadezimal, ohne Vorzeichen in Klein- bzw. Großbuchstaben, man muss nicht '0x' am Anfang schreiben
%u	Dezimal ohne Vorzeichen
Für Zeichen	
%s	Zeichenkette
%c	ein einziges Zeichen
Für Gleitpunktzahlen	
%e, %E	reelle Zahl in der Form gggg.dddddd, wobei die Anzahl der Nachkommazahlen d die Genauigkeit darstellt (standardmäßig 6)
%f	Dezimal in der Form g.dddddd, wobei die Anzahl der Nachkommazahlen die Genauigkeit darstellt (standardmäßig 6). Man merkt dass das Ganzteil nur eine Ziffer hat, anders bei den Formaten e und E, wo bis zu 4 Ziffern benutzt werden können
%g, %G	reelle Zahl, die die besonderen Zeichen, die den Wert nicht beeinflussen, entfernen, d.h. die 0-Ziffern am Ende und den dezimalen Punkt, wenn die Zahl nur 0 als Nachkommazahlen hat.
Für Zeiger	
%p	Adresse

Tabelle 1.4: Formatelemente für die Funktionen `printf()` und `scanf()`

1.2.6 Dateienoperationen

Die Eingabe/Ausgabe-Funktionen basieren auf dem `Stream`-Konzept. In C kann man einem `Stream` verschiedene Elemente zuordnen: eine Datei auf der Platte, einen Terminal, ein CD-ROM-Laufwerk, eine Tastatur, einen Drucker, ein Modem oder eine Soundkarte.

Die Standardeingabe und -ausgabe von Dateien wird mit Hilfe von Funktionen realisiert, die in einem kompatiblen Format für die meisten Betriebssysteme vorliegen.

Öffnen einer Datei

Dafür gibt es die Funktion `fopen()`:

```
FILE *fopen(const char *Dateiname, const char *modus);
```

Der Öffnungsmodus `modus` kann sein: `"r"` (Öffnen nur zum Lesen), `"w"` (Öffnen nur zum Schreiben), `"a"` (Öffnen nur zum Anfügen), `"b"` (Öffnen im Binärmodus) und `"t"` (Öffnen im Textmodus, das entspricht der Standardoption). Um zwei oder mehr Modi zu kombinieren, verwenden wir ein `"+"` zwischen ihnen.

Schließen einer Datei

Das erledigt die Funktion `fclose()`:

```
int fclose(FILE *stream);
```

Sie gibt 0 im Erfolgsfall zurück.

Alle offenen Dateien schließt die Funktion `fcloseall()`:

```
int fcloseall(void);
```

Prüfen, ob das Ende einer Datei erreicht ist

Hier hilft die Funktion `feof()` mit der Syntax

```
int feof(FILE *stream)
```

weiter. Sie liefert 0 zurück, wenn die Stelle, an der wir uns aktuell in der Datei befinden, nicht das Dateiende darstellt. Wenn wir das Ende erreicht haben, gibt `feof()` einen Wert ungleich 0 zurück.

Funktionen für das Lesen/Schreiben

Für die Eingabe eines Zeichens gibt es die folgenden Funktionen:

```
int fgetc(FILE *stream);
int  getc(FILE *stream);
```

War das Lesen erfolgreich, wird der Wert des gelesenen Zeichens zurückgegeben, andernfalls die Konstante `EOF`.

Für Ausgabe eines Zeichens zieht man diese Funktionen heran:

```
int fputc(int c, FILE *stream);
int  putc(int c, FILE *stream);
```

War die Ausgabe erfolgreich, wird das geschriebene Zeichen zurückgeliefert, andernfalls die Konstante `EOF`.

Die Funktion für die Eingabe von Zeichenketten lautet `fgets()`:

```
int fgets(char *s, int n, FILE *stream);
```

Dabei repräsentiert `s` die zu lesende Zeichenkette und `n` ihre maximale Länge.

Die Funktion `fputs()` gibt Zeichenketten aus:

```
int fputs(const char *s, FILE *f);
```

Bei einem Fehler liefert sie `EOF`.

Hier die Syntax der Funktion `fscanf()` für das Lesen eines `Stream`:

```
int fscanf(FILE *stream, const char *format, [Variableadresse1,
    ...]);
```

Zeichen für Zeichen liest `fscanf()` eine Folge von Eingabefeldern, formatiert jedes Feld gemäß seinem Format und schreibt die Resultate in die jeweiligen Adressen der Variablen.

Um Daten formatiert aus einem `Stream` auszugeben, nutzt man die Funktion `fprinf()`:

```
int fprintf(FILE *stream, const char* format, [argument, ...]);
```

Sie erwartet eine Liste mit Ausdrücken, die gemäß den Formatelementen der gegebenen Zeichenkette formatiert sind und gibt die Daten in die Datei aus.

1.2.7 Neue Datentypen: struct, enum, union

struct

Eine Struktur ermöglicht es, mehrere Daten zu gruppieren, zum Beispiel den Namen und das Alter einer Person. Mit dem Operator "." greift man auf die Elemente einer Struktur zu.

Datentyp **struct** complex **Deklaration, Verwendung**	Datentyp **struct** pers Datentyp **struct** angestellter
```struct complex{```	```struct pers{```

```
struct complex{              struct pers{
  double re;                    char *name;
  double im;                    int alter;
}                            };
...                          struct angestellter{
struct complex z;              struct pers p;
...                            long gehalt;
z.re = 5.45;                   int firmenzugehoerigkeit;
z.im = -7.89;                }
                             ...
                             struct angestellter a;
                             a.p.name = "Maia Ionescu";
                             a.p.alter = 34;
                             a.gehalt = 60000;
                             a.firmenzugehoerigkeit = 3;
```

Tabelle 1.5: Beispiele für Verwendung der **struct**

Beispiele

Am zweiten Beispiel erkennen wir, dass eine Struktur Bestandteil einer anderen Struktur sein kann.

enum und typedef

Lassen Sie uns mit einem Beispielprogramm anfangen:

```c
#include <stdio.h>

enum farben {ROT, GELB, GRUEN, BLAU, VIOLETT, ANZAHL_FARBEN};
typedef enum farben TFarbe;

int main(void){
    TFarbe himmel, wald;
    printf("In enum sind %d Farben\n", ANZAHL_FARBEN);
    himmel = BLAU;
    wald = GRUEN;
    printf("Himmel = %d\n", (int)himmel);
    printf("Wald = %d\n", (int)wald);
    return 0;
}
```

Ausgabe des Programms

```
In enum sind 5 Farben.
Himmel = 3
Wald = 2
```

Wir haben den Aufzählungstyp `TFarbe` mit Farbennamen als Aufzählungskonstanten deklariert. Ihnen (den Farben) werden natürliche Zahlen, beginnend mit 0, aufsteigend zugewiesen.

Aufzählungskonstante	Wert
ROT	0
GELB	1
GRUEN	2
BLAU	3
VIOLETT	4
ANZAHL_FARBEN	5

typedef erlaubt es, für bereits bekannte Typen Synonyme festzulegen, also neue Namen zu erstellen, um die Lesbarkeit von Programmen zu steigern. Mit der Definition des Typs `TFarbe` in unserem Beispiel können wir anstatt **enum** `farben` kurz `TFarbe` schreiben.

union

C bietet die Möglichkeit, verschiedene Datentypen auf demselben Speicherplatz abzulegen. Eine Variable vom Typ **union** ist eine Variable, die in verschiedenen Augenblicken Werte (=Member) unterschiedlichen Typs speichern kann. Um zu garantieren, dass der *Stack* nicht korrupt wird, bestimmt der Datentyp, der am meisten Platz braucht, die Größe des Speicherbereichs.

```c
union TUnion {
  int ival;
  float fval;
  char cval;
}
...
union TUnion x, y, z;
...
x.ival = 27;
y.fval = 32.23;
z.cval = 'x';
```

Es gibt keine Möglichkeit zu erfahren, welche Komponente gerade aktuell ist, also zuletzt gesetzt wurde. Der Entwickler muss das Programm so gestalten, dass es das aktuelle Member richtig verarbeitet. Er kann zum Beispiel eine Hilfsvariable vom Typ **enum** mitführen, die er immer dann ändert, wenn er eine Variable vom Typ **union** aktualisiert. Man kann eine Union einer anderen zuweisen, Member einer

Union selektieren ('.' oder '->'), die Größe einer Union mit `sizeof` bestimmen und ihre Adresse ermitteln. Das alles gilt auch für Strukturen.

```c
union TUnion *uptr;
...
uptr->ival = 77;
```

1.2.8 Mehr über Arrays

Konzept, Deklaration, Verwendung

Mehrere Werte desselben Typs können in einem Array gespeichert werden. Bei der Deklaration eines Arrays muss man seine Größe bekannt geben. Im Speicher werden die Werte hintereinander abgelegt, d.h. der Speicherbereich, der für ein Array belegt wird, ist zusammenhängend. Um auf ein bestimmtes Arrayelement zuzugreifen, gibt man den Arraynamen und direkt dahinter den Index des Elements in eckigen Klammern an.

So deklarieren wir ein Array von 12 ganzen Zahlen:

```c
int werte[12];
```

Der Zählung des Index beginnt immer bei 0, also ist in unserem Fall 11 der letzte Index (Allgemein: Arraygröße minus 1).

Hier ein Codefragment, das jedem Arrayelement `sum[i]` einen Wert zuweist, der sich aus der Summe von 0 bis `i` errechnet:

```c
int sum[100], i;
sum[0] = 0;
for(i=1; i<100; i++){ sum[i] = i+sum[i-1]; }
```

Der Zähler `i` in der `for`-Schleife nimmt Werte von 1 bis 99 an. Würden wir stattdessen `i` mit 0 initialisieren, kämen wir im ersten Durchlauf zum Ausdruck `sum[-1]`. Manche Compiler bemerken den Fehler. Andere nicht, hier bricht das Programm also zur Laufzeit mit einem Fehler ab. In der ersten Zeile sehen Sie, dass einfache Variablen und Arrays gemeinsam in einer Zeile deklariert werden können.

Um ein Array zu initialisieren, können wir die Werte in geschweiften Klammern spezifizieren. So belegen wir ein Array mit den ersten 100 Primzahlen, wir deklarieren und initialiseren es damit gleichzeitig:

```
int primes[100] =
  { 2,    3,    5,    7,   11,   13,   17,   19,   23,   29,
   31,   37,   83,   89,   97,  101,  103,  107,  109,  113,
  127,  131,  137,  139,  149,  151,  157,  163,  167,  173,
  179,  181,  191,  193,  197,  199,  211,  223,  227,  229,
  233,  239,  241,  251,  257,  263,  269,  271,  277,  281,
  283,  293,  307,  311,  313,  317,  331,  337,  347,  349,
  353,  359,  367,  373,  379,  383,  389,  397,  401,  409,
  419,  421,  431,  433,  439,  443,  449,  457,  461,  463,
  467,  479,  487,  491,  499,  503,  509,  521,  523,  541};
```

Wenn wir nur die ersten beiden (`temp[0]` und `temp[1]`) und nicht alle Elemente eines Arrays initialisieren wollen, machen wir das folgendermaßen:

```
float temp[1024] = {5.0F, 2.3F};
```

Der Buchstabe 'F' stellt klar, dass diese Werte vom Type **float** (und nicht **double**) sind. Alle anderen Arrayelemente werden automatisch mit `0.0F` vorbelegt.

Das folgende Array `vals[]` beinhaltet drei reelle Zahlen vom Typ **double**. Wie wir sehen, können wir die Größe eines Arrays auch dadurch implizit angeben, indem wir es initialisieren. Der Compiler kennt dadurch die Größe.

```
double vals[] = {1.23, 2.34, 3.45};
```

Mehrdimensionale Arrays

Für jede Dimension geben wir die Größe in eckigen Klammern an.

Beispiel

```
int table[2][3][4];
```

`table[][][]` ist ein dreidimensionales Array der Größe $2 \times 3 \times 4$. Im Speicher werden die Arrayelemente hintereinander abgelegt. Das erste Element im Speicher ist das mit dem Index `[0][0][0]`, dann folgt das Element mit dem Index `[0][0][1]` und das letzte Speicherelement hat den Index `[1][2][3]`.

Die Initialisierung (und Deklaration) mehrdimensionaler Arrays erfolgt in einer natürlichen Art und Weise, hier erzeugen wir ein Array mit drei Zeilen und vier Spalten:

```c
int mat[3][4] = {
              {0,  1,  2,  3},
              {3,  4,  5,  6},
              {6,  7,  8,  9}
         };
```

Die folgende Initialisierung ist auch korrekt:

```c
int mat[3][4] = {
              { 0,  1,  2},
              { 3,  4,  5},
              { 6,  7,  8}
         };
```

In diesem Fall wird die letzte Spalte mit Nullen gefüllt.

Zeichen-Arrays

Wie der Name schon sagt, enthalten diese Arrays Elemente vom Typ `char`. Die Standardbibliothek `string.h` mit Zeichenkettenoperationen für das Suchen (`strchr`), Hinzufügen (`strcat`) und Vergleichen (`strcmp`) dient dazu, Zeichen-Arrays und Zeichenketten zu manipulieren. Um diese Funktionen anzuwenden, muss das letzte Zeichen im Array `NULL` (`\0`) sein. So initialisieren wir Zeichen-Arrays:

```c
char str1[]    = {'a', 'b', 'c'};
char str2[]    = "Geben Sie eine Zahl ein:";
char zahlen[]  = "012345678901234567890123";
```

`str1` besteht aus 3 Zeichen und hat eine Länge von 3 Bytes; `str2` und `zahlen` beinhalten je 25 Zeichen (eines mehr, als definiert wurden), denn das Zeichen `\0` wird automatisch hinten angehängt, um das Ende der Zeichenkette zu symbolisieren.

1.2.9 Zeiger, `sizeof`, dynamische Speicherreservierung

Durch die bedeutende Rolle, die Zeiger in C haben, unterscheidet sich die Sprache von allen anderen, die ebenfalls mit Zeigern umgehen können.

Begriff, Beispiele, Methodik

Ein Zeiger ist eine Variable, die eine Speicheradresse enthält. Wenn `p` ein Zeiger ist, dann repräsentiert `*p` den Wert an der Adresse `p`. Wenn die Adresse `p` den Wert

i beinhaltet, dann sind i und *p gleichbedeutend. Ebenso sind p und &i gleichbedeutend, beide kennzeichnen eine Adresse. Für einen Zeiger muss der Datentyp des
Wertes, auf den er zeigt, angegeben werden:

```
int *p;
```

*p ist ein Wert vom Typ int. Es ist wichtig zu wissen, dass der Compiler den Spei-
cher für die Zeigervariable (die Adresse) bereitstellt, in der Regel 4 Bytes. Er reserviert aber nicht den Speicher für den Wert, der an dieser Adresse steht, hier ist es ein
int. Das ist ein wichtiger Aspekt und wenn man ihn nicht berücksichtigt, führt das
zu Fehlern. Bevor man *p in einem Ausdruck verwendet, muss man gewährleisten,
dass der Wert an der Adresse p vom Typ int ist. Für dieses int muss man statisch,
automatisch oder dynamisch Speicher reservieren.

Ein Beispiel für die Verwendung von Zeigern:

```
#include <stdio.h>

int main (void) {
  int m = 0, k = 2;
  int *p;
  char msg[] = "willkommen in der c-Welt!";
  char *cp;

  p   = &m;   /* p zeigt jetzt zu m                              */
  *p  = 1;    /* m ist jetzt gleich 1                            */
  k   = *p;   /* k ist jetzt gleich 1                            */
  cp  = msg;  /* cp zeigt auf das erste Zeichen in msg           */
  *cp = 'W';  /* ersetzt das erste Zeichen 'w' in msg durch 'W'  */

  cp  = &msg[18]; /* cp zeigt auf 'c'                            */
  *cp = 'C';      /* 'c' durch 'C' ersetzen                      */
  printf ("m = %d, k = %d\nmsg = \"%s\"\n", m, k, msg);
  return 0;
}
```

Die Ausgabe lautet:

```
m = 1, k = 1
msg = "Willkommen in der C-Welt!"
```

Wir sehen, wie das Array msg ohne die Angabe eines Index verwendet wird, in
diesem Fall ist msg ein Zeiger auf das erste Zeichen. Es gelten die Beziehungen:

- &msg[i] ist identisch mit msg + i

- *(msg+i) ist identisch mit msg[i]

Wir wenden diese Beziehungen nun an:

```c
#include <stdio.h>

int main (void) {
  char msg[] = "willkommen in der c-Welt!";
  char *cp;
  cp = msg;
  cp[0]      = 'W';
  *(msg+18) = 'C';

  printf ("%s\n", msg);
  printf ("%s\n", &msg[0]);
  printf ("%s\n", cp);
  printf ("%s\n", &cp[0]);
  return 0;
}
```

Ausgabe

```
Willkommen in der C-Welt!
Willkommen in der C-Welt!
Willkommen in der C-Welt!
Willkommen in der C-Welt!
```

`cp` ist eine Variable, deren Inhalt wir ändern können, wohingegen `msg` ein konstanter, nicht modifizierbarer Zeiger ist. Daraus folgt, dass `msg` nicht auf der linken Seite einer Zuweisung stehen darf. Oder anders gesagt, darf `msg` nicht als L-Wert (Links-Wert) fungieren.

Zeiger sind ein mächtiges Mittel der Programmierung, weil man mit ihnen dynamisch, d.h. während der Laufzeit eines Programms Speicher reservieren (allokieren) und wieder freigeben kann. Im Gegensatz dazu muss zum Beispiel die Größe eines Arrays schon zur Übersetzungszeit bekannt sein. Wenn man aber nicht weiß, wie viel Daten es später aufnehmen soll, ist es nicht leicht, eine vernünftige Größe anzugeben. Der Speicher ist immer begrenzt, also muss man mit dieser Ressource gut haushalten. Andererseits werden Daten bei der Zuweisung in ein Array einfach abgeschnitten, wenn dessen Größe nicht ausreicht.

Zeiger sind insofern ähnlich wie Arrays, da bei der Belegung von Speicher mittels der Funktion `malloc(n)` ein zusammenhängender Bereich von n Bytes reserviert wird. Für die Freigabe von Speicher ruft man `free(p)` auf, wobei p ein Zeiger ist. Im folgenden Beispiel reservieren wir Speicher für 2000 ganze Zahlen, die anschließend mit den Werten von 1 bis 2000 belegt werden. Am Ende geben wir den Speicher frei.

```c
int *p, i;

p = malloc(2000*sizeof(int));
for(i=0; i<2000; i++){
```

```
    *(p+i)=i+1;
}
...
free(p);
```

Der Operator `sizeof` ermittelt den Platzbedarf eines Datentyps in Bytes. In der Regel braucht man für ein `int` 4 Bytes, dann benötigen wir insgesamt 8000 Bytes. Eine Allokation mit `malloc(2000)` würde nur Platz für 500 `int` bieten, daher dürfen wir den `sizeof`-Operator nicht vergessen.

Der Ausdruck `p+i` im Schleifenkörper bedeutet nicht, dass wir die Adresse, auf die `p` zeigt, um `i` Bytes erhöhen, also im zusammenhängend reservierten Speicherbereich um `i` Bytes nach rechts wandern. Mit `p+i` schreiten wir `i*4` Bytes voran, weil `p` vom Typ `int*` ist.

Die Klammern im Ausdruck `*(p+i)` sind erforderlich, weil der Operator *, den man auch Dereferenzierungsoperator nennt, eine höhere Priorität hat als der Operator +. Ohne Klammern würden wir nicht nur einen logischen Fehler begehen (wir würden den Wert an der Adresse `p` um `i` hochzählen), sondern auch einen Compilerfehler hervorrufen, weil `*p+i` nicht als L-Wert erlaubt wäre. Die freigebende Funktion `free(p)` gibt `void` zurück.

Zeiger als Funktionsargumente

Eine C-Funktion kann die Argumente, mit denen sie aufgerufen wird, nicht ändern. Wenn wir allerdings Zeiger als Argumente verwenden, kann die Funktion die Inhalte der Adressen ändern, auf die die Zeiger deuten. Hier ein Beispiel für eine Funktion, die die Inhalte ihrer beiden Argumente vertauscht:

```
void vertausche(int *pi, int *pj) {
  int temp;

  temp = *pi;
  *pi = *pj;
  *pj = temp;
}
```

Ließen wir die beiden * im Funktionskopf weg, würde das zwar den Compiler nicht stören, aber die Werte würden nur lokal innerhalb der Funktion vertauscht werden, und der Programmteil, der die Funktion aufruft, bekäme davon nichts mit. Der Aufruf wäre also bedeutungslos.

Zeiger und Arrays

Dass Zeiger und Arrays in C ähnlich sind, haben wir schon gesagt, denn ihre Elemente werden nacheinander im Speicher abgelegt. Beispiel:

```
int a[10], x;
int *pa;

pa = &a[0];   /* pa zeigt auf a[0] Gleichbedeutend waere pa = a */

x = *pa;      /* x = der Inhalt von pa, also a[0]              */
```

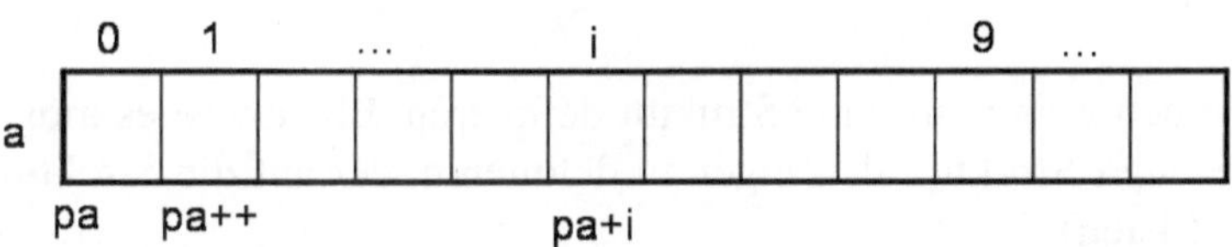

Abb. 1.2: Zeiger und Arrays

Dann folgt:

- `pa+i` ist die Adresse von `a[i]`. Wir können auch `a+i` oder `&a[i]` schreiben.

- `pa[i]` ist `*(pa+i)` oder `a[i]` oder `*(a+i)`.

Trotz dieser Gemeinsamkeiten von Zeigern und Arrays unterscheiden sie sich deutlich darin:

- Ein Zeiger ist eine Variable, Ausdrücke wie `pa = a` und `pa++` sind gültig.

- Ein Array ist keine Variable, Ausdrücke wie `a = pa` und `a++` sind ungültig.

Wichtig

Wenn ein Array mit Zeigern manipuliert wird, prüfen C-Compiler nicht, ob innerhalb der Arraygrenzen gearbeitet wird. Es besteht also die Gefahr, dass Speicher überschrieben wird, der gar nicht zum Array gehört und im schlimmsten Fall von anderen Objekten reserviert ist.

Um mehrdimensionale Arrays mit Zeigern zu bearbeiten, muss man wissen, in welcher Reihenfolge die Arrayelemente im Speicher abgelegt werden. Das haben wir weiter oben schon angesprochen, aber zur Wiederholung hier nochmal ein Beispiel:

```c
char satz[2][5]= {
                 {'G', 'u', 't', 'e', 'n'},
                 {' ', 'T', 'a', 'g', '!'}
             };
```

Irgendwo im Speicher findet sich das Array als:

G	u	t	e	n		T	a	g	!

Zeiger und Strukturen

Wir können natürlich einen Zeiger auf eine Struktur definieren. Ebenso ist es möglich, eine Komponente einer Struktur als Zeiger zu definieren, der auf die Struktur selbst zeigt (verkettete Listen).

Beispiel

```c
struct COORD {float x, y, z;} punkt;
struct COORD *p_punkt;

...
p_punkt = &punkt; /* Zuweisung der Adresse der Struktur
                     punkt zur Zeigervariablen p_punkt */
```

Mit dem Operator -> können wir auf die Komponenten der Struktur per Zeiger zugreifen:

```c
p_punkt->x = 1.0;
p_punkt->y = p_punkt->y - 3.0;
```

Beispiel für verkettete Listen:

```c
typedef struct {
  int value;
  ELEMENT *next;
} ELEMENT;
```

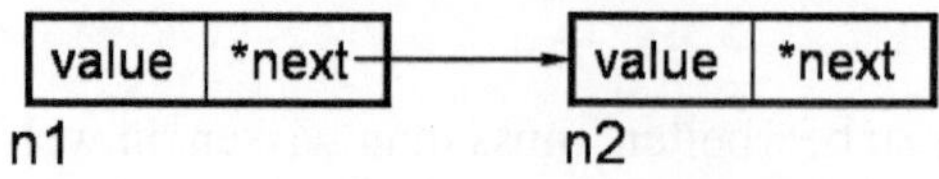

Abb. 1.3: Verkettung zweier Zellen

<table>
<tr>
<td>

```
ELEMENT n1, n2;

n1.next = &n2;

n1.next
```
■ ist Zeiger vom Typ ELEMENT*

■ erhält die Adresse von n2

</td>
<td>

```
ELEMENT *n1, *n2;

n1->next = n2;

n1->next
```
■ ist vom Typ ELEMENT*

■ erhält n2

</td>
</tr>
</table>

Häufige Fehler beim Umgang mit Zeigern

Speicher nicht reserviert

Es treten unerwartete Effekte auf, wenn man den Speicher, der von einem Zeiger referenziert wird, vor der Verwendung des Zeigers nicht reserviert. Beispiel:

<table>
<tr>
<td>

```
int *x;
*x = 100;
```

</td>
<td>

Wenn wir ein einfaches Programm nur mit diesen Anweisungen kompilieren, gibt es keine Fehler. Höchstwahrscheinlich (das hängt vom Compiler ab) wird aber zur Laufzeit ein Fehler generiert, etwa:

```
First-chance exception in test_pointer.exe: 0
xC0000005: Access Violation.
```

</td>
</tr>
</table>

Ungültige Indirektion

Die Funktion `malloc()` aus der Standard-Definitionsdatei `stdlib.h` reserviert während der Laufzeit Speicherplatz. Die Funktion gibt einen Zeiger auf **void** zurück.

```
void *malloc(size_t size);
```

Deswegen muss man diesen Zeiger explizit in den Typ umwandeln, auf den er zeigen soll. Falls die Reservierung erfolgreich war, liefert `malloc()` einen Zeiger auf den Beginn des Speicherblocks zurück, anderenfalls NULL.

Beispiel mit Fehler:

```
char *p;
*p = (char*) malloc(100);
/* malloc versucht, 100 Bytes im Speicher zu reservieren */
*p = 'y';
```

In der zweiten Zeile haben wir falsch `*p = ...` geschrieben. Richtig muss es `p = ...` heißen, denn `(char*)malloc(100)` liefert einen Zeiger vom Typ `(char*)` zurück.

Wenn `malloc()` den angeforderten Speicher nicht reservieren kann, schlägt die Zuweisung `*p = 'y'` fehl. Vergessen Sie also nie, das Ergebnis von `malloc()` zu prüfen:

```
char *p;
p = (char*) malloc(100);
if(p == NULL){
  printf("Fehler bei Speicherreservierung! ");
  exit(1);
}
*p = 'y';
```

1.2.9.1 Zeichenketten

Darstellung von Zeichenketten

Wie oben schon angedeutet, ist eine konstante Zeichenkette wie beispielsweise

```
"Guten Tag!"
```

ein eindimensionales Zeichen-Array. Intern stellt C die Zeichenkette so dar:

G	u	t	e	n		T	a	g	!	\0

Automatisch wird `\0` angehängt, um das Ende zu kennzeichnen. Vergessen wir also nicht, dass jede Zeichenkette mit einem `\0` endet, also benötigen wir im Speicher ein Byte mehr.

Konstante Zeichenketten braucht man oft zur Ausgabe von Nachrichten, zum Beispiel mit Hilfe der Funktion `printf()`:

```
printf("Hallo Europa!\n");
printf("Der Wert von x ist: %f\n", x);
```

Operationen mit Zeichenketten: die Bibliothek <string.h>

C bietet keine Operatoren, um mit Zeichenketten umzugehen, dafür aber eine Menge Funktionen, die sich in der Standardbibliothek `string.h` befinden. Die am häufigsten verwendeten Funktionen präsentiert die Tabelle 1.6.

Wir nehmen an, dass s, s1, und s2 den Typ **char*** haben, c ist vom Typ **char** und n vom Typ size_t.

Syntax	Bedeutung
char *strcat(s1, s2)	Fügt die Zeichenkette s2 am Ende von s1 ein und liefert s1 zurück.
char *strchr(s, c)	Liefert einen Zeiger auf das erste c in s oder NULL, falls c nicht gefunden wird.
int strcmp(s1, s2)	Vergleicht die Zeichenketten s1 und s2 lexikographisch, wobei zwischen Groß- und Kleinschreibung unterschieden wird (*case sensitive*); liefert einen Wert kleiner 0, wenn s1<s2, 0, wenn s1==s2 und einen Wert größer 0, wenn s1>s2.
int stricmp(s1, s2)	Wie strcmp(s1, s2), aber zwischen Groß- und Kleinschreibung wird nicht unterschieden (*case insensitive*).
char *strcpy(s1, s2)	Zeichenkette s2 in s1 kopieren, inklusive \0; liefert s1.
size_t strlen(s)	Liefert die Länge von s (ohne \0).
char *strncat(s1, s2, n)	Fügt maximal n Zeichen von s2 mit einem \0 am Ende von s1 ein und liefert s1.
int strncmp(s1, s2, n)	Vergleicht maximal n Zeichen von s1 und s2 lexikographisch (*case sensitive*); liefert einen Wert kleiner 0, wenn s1<s2, 0, wenn s1==s2 und einen Wert größer 0, wenn s1>s2.
int strnicmp(s1, s2, n)	Wie strncmp(s1, s2, n), aber *case insensitive*.
char *strncpy(s1, s2, n)	Kopiert maximal n Zeichen von s2 in s1; liefert s1. Mit \0 auffüllen, wenn s2 weniger als n Zeichen hat.
char *strrchr(s, c)	Liefert einen Zeiger auf das letzte c in s oder NULL, falls c nicht gefunden wird.

Tabelle 1.6: Häufig verwendete String-Funktionen

1.3 11 gelöste Probleme in C

1.3.1 Problem 1

Geben Sie auf dem Bildschirm den Text `Willkommen in der C-Welt!` aus.

Programm 1

```c
#include <stdio.h>

int main(void)
{
   printf("Willkommen in der C-Welt!");
   return 0;
}
```

Programmanalyse

- Die erste Zeile weist den Präprozessor an, die Standard-Header-Datei `stdio.h`, die die Funktion `printf` beinhaltet, aufzunehmen.

- Die Hauptfunktion `main()` gibt **void** zurück, also brauchen wir keine **return**-Anweisung.

- Wenn wir die Zeile **#include** `<stdio.h>` am Anfang vergessen, bekommen wir den Fehler: `'printf': undeclared identifier`

Ausgabe

```
Willkommen in der C-Welt!
```

Eine andere Möglichkeit, dieses Problem zu lösen, besteht in der Verwendung einer symbolischen Konstante:

Programm 2

```c
#include <stdio.h>
#define NACHRICHT "Willkommen in der C-Welt!"

int main(void)
{
  printf(NACHRICHT);
  return 0;
}
```

Der Präprozessor ersetzt vor dem Kompilieren überall im Programm NACHRICHT durch `"Willkommen in der C-Welt!"`. Die Daten, die der Compiler vom Präprozessor erhält, sind also für Programm 1 und 2 identisch.

1.3.2 Problem 2

Schreiben Sie ein Programm, das von der Tastatur den Namen einer Person liest und damit einen persönlichen Gruß ausgibt.

Programm

```c
#include <stdio.h>

int main(void)
{
  char name[15];
  printf("Ihr Name: ");
  scanf("%s", name);
  printf("Gruess Dich, %s!", name);
  return 0;
}
```

Programmanalyse

Zuerst nehmen wir wieder die Standard-Header-Datei `stdio.h` auf, die auch die Funktion `scanf()` enthält. Die Hauptfunktion `main()`

- deklariert die Zeichenkette `name` als Array mit maximal 14 Zeichen;

- schreibt die konstante Zeichenkette `"Ihr Name:"` auf den Bildschirm;

- liest den Namen in die Variable `name` ein, die die Adresse des ersten Arrayelements beinhaltet;

- gibt die Nachricht `"Gruess Dich, Doina!"` aus. Das Formatelement `%s` wird dabei durch die Variable hinter dem Komma ersetzt.

Ausgabe

```
Ihr Name: Doina
Gruess Dich, Doina!
```

1.3.3 Problem 3

Schreiben Sie ein Programm, das die Inhalte zweier Variablen vom Typ **int** vertauscht.

Programm

```c
#include <stdio.h>

int main(void)
{
  int a, b, aux;
  printf("Geben Sie die Werte ein:\n");
  printf("a = "); scanf("%d", &a);
  printf("b = "); scanf("%d", &b);
  aux = a;
  a   = b;
  b   = aux;
  printf("Nach dem Vertauschen: a = %d, b = %d", a, b);
  return 0;
}
```

Programmanalyse

- Die erste Zeile inkludiert die Deklarationsdatei `stdio.h`, um die Ein- und Ausgabe-Funktionen `scanf()` und `printf()` bereitzustellen;

- weil für die Funktion `main()` kein Rückgabetyp vereinbart ist, wird er automatisch auf **int** gesetzt;

- in der ersten Zeile im Funktionskörper werden drei ganze Zahlen vom Typ **int** deklariert: `a`, `b` und `aux`;

- mit der Funktion `prinf()` wird die Zeichenkette `"Geben Sie die Werte ein :\n"` ausgegeben. Das Zeichen `\n` ist der Zeilenvorschub;

- es folgen zwei Zeilen, die mit `printf()` nach `"a="` und `"b="` fragen und mit `scanf()` die Eingaben in die Variablen `a` und `b` einlesen. Das Formatelement `%d` kennzeichnet Dezimalwerte;

- das Vertauschen gelingt mit drei einfachen Zuweisungen nach dem Prinzip der "Drei-Gläser-Methode":

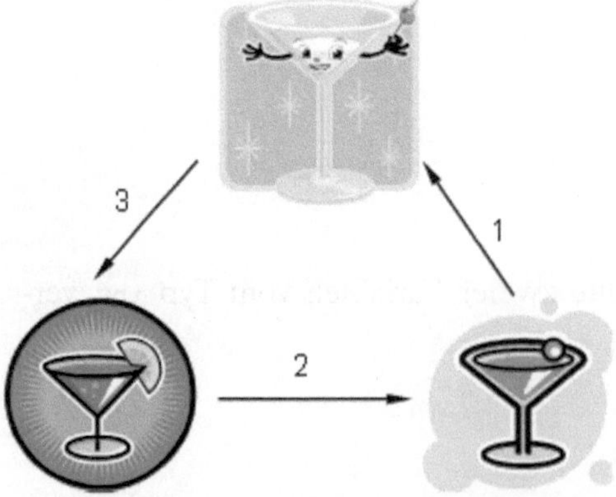

- jetzt können die beiden Integer-Zahlen ausgegeben werden. Die Formatelemente `%d` werden durch die Inhalte der Variablen `a` und `b` hinter dem Komma ersetzt;

- zuletzt wird mit der **return**-Anweisung der Wert 0 zurückgegeben. Ohne **return** würde sich der Compiler mit dem Fehler `'main' : no` **return** `value` beklagen.

Ausgabe

```
Geben Sie die Werte ein:
a = 34
b = -234
Nach dem Vertauschen: a = -234, b = 34
```

1.3.4 Problem 4

Berechnen Sie die Quersumme einer natürlichen Zahl, die höchstens neun Ziffern hat.

Programm

```c
#include <stdio.h>

int main(void)
{
  unsigned long n, m;
  short s = 0;
  printf("n = "); scanf("%lu", &n);
  m = n;
  while (m)
  {
    s += (short)(m % 10);
    m /= 10;
  }
  printf("Quersumme der Zahl %lu lautet %hd.", n, s);
  return 0;
}
```

Programmanalyse

- In der Hauptfunktion `main()` geht es mit den Deklarationen der Variablen `m` und `n` vom Typ **unsigned int** und `s` vom Typ **short** los.

- Die Variable `s`, die die Quersumme aufnimmt, wird mit 0 initialisiert;

- Die Zahl `n` wird eingelesen. Beachten Sie das Formatelement `%ld`, es steht für **long** dezimal;

- m wird n zugewiesen, um diesen Wert in der weiteren Verarbeitung nicht zu verlieren;

- Es folgt eine **while**-Schleife mit zwei Zuweisungen. Die erste sorgt dafür, dass zu s die letzte Ziffer von m addiert wird. Mit der zweiten Zuweisung wird m um die hinterste Ziffer gekürzt. Die **while**-Schleife wird verlassen, sobald m gleich 0 ist, also alle Ziffern verarbeitet wurden;

- Das Ergebnis mit printf() ausgeben.

Ausgabe

```
n = 450987126
Quersumme der Zahl 450987126 lautet 42.
```

Bemerkung

Sehen Sie sich auch die folgende Lösung an:

```c
#include <stdio.h>

int main(void)
{
  unsigned long n, m;
  short s = 0;
  printf(" n = "); scanf("%lu", &n);
  m = n;
  do
  {
    s += (short)(m % 10);
    m /= 10;
  }
  while(m);
  printf("Quersumme der Zahl %lu lautet %hd.", n, s);

  return 0;
}
```

1.3.5 Problem 5

Schreiben Sie ein Programm, das einen Taschenrechner für ganze Zahlen simuliert. Man gibt zwei ganze Zahlen und eine der Operationen +, -, *, / oder % ein.

Programm

```c
#include <stdio.h>
```

```c
int main(void)
{
  int a, b, res;
  char op;
  short ok = 1;
  scanf("%d %d %c", &a, &b, &op);
  switch( op )
  {
    case '+': res = a + b; break;
    case '-': res = a - b; break;
    case '*': res = a * b; break;
    case '/': if(b) res = a/b;
              else {printf("Division durch 0 nicht erlaubt");
                    return;}
              break;
    case '%': if(b) res = a%b;
              else {printf("Modulo durch 0 nicht erlaubt");
                    return;}
              break;
    default:  ok = 0;
  }
  if(ok) printf("%d %c %d = %d", a, op, b, res);
  else printf("Ungueltiger Operator!");

  return 0;
}
```

Programmanalyse

- Vereinbarung der Variablen `a`, `b`, `res` vom Typ **int**, `op` vom Typ **char** und `ok` vom Typ **short**. Sie stellen die beiden Operanden, das Resultat, den Operator und die Gültigkeit des Operators dar;

- Dem Einlesen folgt eine Mehrfachselektion mit **switch**. Die entsprechende Rechenoperation wird ausgeführt, aber bei Division und Modulo wird vorab geprüft, ob der zweite Operand ungleich 0 ist. Wenn er gleich 0 ist, wird darauf hingewiesen und das Programm mit **return** beendet;

- Wenn der Operator kein Zeichen aus der Menge {+, -, *, /, %} ist, wird der Variablen `ok` der Wert 0 zugewiesen und später `Ungueltiger Operator!` ausgegeben.

Ausgabe

Variante 1	Variante 2
9 0 /	3 8 *
Division durch 0 nicht erlaubt	3 * 8 = 24

Bemerkung

Entfernen Sie die **break**-Anweisungen aus dem Programm und lassen Sie es anschließend ein paar Mal laufen. Was passiert?

1.3.6 Problem 6

Testen Sie, ob eine natürliche Zahl prim ist. (Eine Primzahl ist eine natürliche Zahl größer als 1, die nur durch sich selbst und durch 1 teilbar ist.)

Programm

```c
#include <stdio.h>
#include <math.h>

int prim(unsigned long n)
{
  unsigned long i;
  if(n<=1) return 0;
  for(i=2; i<= sqrt(n); i++)
    if(n % i == 0)
      return 0;
  return 1;
}


int main(void)
{
  unsigned long n;
  printf("Geben Sie die Zahl an: ");
  scanf("%lu", &n);
  if(prim(n))
    printf("Die Zahl %lu ist eine Primzahl!", n);
  else
    printf("Die Zahl %lu ist keine Primzahl!", n);

  return 0;
}
```

Programmanalyse

- Die Definitionsdateien stdio.h und math.h einschließen. math.h beinhaltet die Funktion sqrt();

- Die Funktion prim() wird deklariert und implementiert. Ihr Parameter ist eine Zahl n vom Typ **unsigned long** und ihr Rückgabewert 1 oder 0, je nachdem, ob n prim ist oder nicht. Wenn n kleiner gleich 1 ist, wird prim() mit dem Wert 0 verlassen. Wenn n größer als 1 ist, wird eine **for**-Schleife mit dem Schleifenzähler i gestartet, der von 2 bis $\sqrt{n}$ inkrementiert wird. Sobald n durch ein i teilbar ist (der Rest der Division ist 0), wird `prim()` mit dem Wert 0 verlassen. Findet sich kein solches `i`, gibt die Funktion 1 zurück, also ist `n` prim.

■ in `main()` wird `n` als ganze Zahl vom Typ **unsigned long** deklariert und eingelesen. Danach wird die Funktion `prim()` als **if**-Bedingung verwendet.

Ausgabe Bemerkung

Variante 1	Variante 2
Geben Sie die Zahl an: 79	Geben Sie die Zahl an: 3453537
Die Zahl 79 ist eine Primzahl!	Die Zahl 3453537 ist keine Primzahl!

Wenn wir innerhalb der Funktion `prim()` nur eine **return**-Anweisung verwenden wollen, dann sieht die Funktion so aus:

```c
int prim(unsigned long n)
{
  unsigned long i;
  int p = 1;
  if(n<=1)p = 0;
  for(i=2; i<= sqrt(n); i++)
    if(n % i == 0) p = 0 ;
  return p;
}
```

1.3.7 Problem 7

Schreiben Sie ein Programm, das das Minimum und Maximum in einem Array findet.

Programm

```c
#include <stdio.h>

int min(int x, int y)
{
  return x < y ? x : y;
}

int max(int x, int y)
{
  return x > y ? x: y;
```

```c
}

int main(void)
{
  int a[100];
  int n, i;
  int Min, Max;
  printf("Array-Groesse: "); scanf("%d", &n);
  printf("Seine Elemente: ");
  for(i=0; i<n; i++)
    scanf("%d", &a[i]);
  Min = Max = a[0];
  for(i=1; i<n; i++)
  {
    Min = min(Min, a[i]);
    Max = max(Max, a[i]);
  }
  printf("Das Minimum im Array ist %d!\n", Min);
  printf("Das Maximum im Array ist %d!", Max);

  return 0;
}
```

Programmanalyse

- Die Funktionen `min()` und `max()` bestimmen für zwei natürliche Zahlen mit Hilfe des bedingten Ausdrucks `?:`, welche Zahl kleiner bzw. größer als die andere ist. Wenn der Wert vor `?` nicht Null ist, wird der Ausdruck nach dem `?` zum Ergebnis, anderenfalls der Ausdruck nach dem `:`.

- Es folgen Deklarationen für das Array `a[]` mit maximal 100 Elementen, für die Variablen `n`(die eingegebene Array-Größe) und `i` (Schleifenzähler) und die Variablen `Min` und `Max`, die das aktuelle Minimum und Maximum speichern.

- Weiter geht es mit dem Einlesen des Arrays (zuerst wird die Größe abgefragt, dann die Elemente in einer **for**-Schleife). Die Arrayelemente werden mit `a[i]` angesprochen, wobei `i` die Folge 0, 1, 2, ..., `n-1` durchläuft.

- Statt `&a[i]` könnte man auch `a+i` schreiben, das ist die andere Notation für die Adresse des `i`-ten Elements.

- `Min` und `Max` erhalten den Wert `a[0]`.

- Alle eingegebenen Zahlen werden in der zweiten **for**-Schleife durchlaufen und in jedem Schritt werden die Variablen `Min` und `Max` mit den Funktionen `min()` und `max()` aktualisiert.

Die Resultate werden mit `printf()` auf den Bildschirm ausgegeben. Das Zeichen `\n` sorgt dafür, dass der Cursor an den Anfang der nächsten Zeile springt.

Ausgabe

Variante 1	Variante 2
Array-Groesse: 7 Seine Elemente: 45 -90 12 67 13 0 -3 Das Minimum im Array ist -90! Das Maximum im Array ist 67!	Array-Groesse: 1 Seine Elemente: 23 Das Minimum im Array ist 23! Das Maximum im Array ist 23!

1.3.8 Problem 8

Über die Tastatur wird eine Zeichenkette, bestehend aus Buchstaben und Ziffern, eingegeben. Geben Sie die Anzahl der Ziffern und der Groß- und Kleinbuchstaben aus, ebenso die Zeichenkette in Großschreibung und die Angabe, ob es sich dabei um ein Palindrom handelt. Ein Palindrom ist ein Wort, das von hinten und vorne gelesen dasselbe ergibt (Beispiel: REITTIER).

Programm

```c
#include <stdio.h>
#include <ctype.h>
#include <string.h>

int main(void)
{
  char s[200];
  int nc = 0, nl = 0, nL = 0;
  short palindrom = 1;
  size_t i, n;
  printf("Die Zeichenkette: ");
  scanf("%s", s);
  n = strlen(s);
  for(i=0; i<n; i++)
  {
    if(isdigit(s[i])) nc++;
    if(islower(s[i])) nl++;
    if(isupper(s[i])) nL++;
    s[i] = toupper(s[i]);
  }
  for(i=0; i<n/2; i++)
    if(s[i] != s[n-1-i]){palindrom=0; break;}
  printf("Anzahl Grossbuchstaben: %d\n", nL);
  printf("Anzahl Kleinbuchstaben: %d\n", nl);
  printf("Anzahl Ziffern: %d\n", nc);
  printf("Alles in Grossbuchstaben: %s \n",s);
```

```
  if(palindrom) printf("Palindrom!");
  else printf("Kein Palindrom!");
  return 0;
}
```

Programmanalyse

- Die ersten drei Zeilen fügen die Headerdateien `stdio.h` (Ein- und Ausgabe-Funktionen), `ctype.h` (Funktionen zur Bearbeitung von Zeichen – `isdigit()`, `islower()`, `isupper()`, `toupper()`) und `string.h` (für die Funktion `strlen()`) hinzu;

- Deklaration der Zeichenkette `s` mit maximal 200 Zeichen und der ganzzahligen Variablen `nc` (Anzahl der Ziffern), `nl` (Anzahl der Kleinbuchstaben) und `nL` (Anzahl der Großbuchstaben). `nc`, `nl` und `nL` werde mit 0 initialisiert;

- Die Variable `palindrom` wird deklariert und auf 1 gesetzt. Der Wert 1 bedeutet, dass die eingegebene Zeichenkette ein Palindrom ist.

- Nach dem Einlesen der Zeichenkette in `s` wird ihre Länge mit der Funktion `strlen()` ermittelt und in der Variablen `n` gespeichert;

- Eine **for**-Schleife durchläuft `s` von 0 bis n-1. Für das aktuelle Zeichen wird geprüft, ob es sich um eine Ziffer, einen Klein- oder einen Großbuchstaben handelt. Genau eine Prüfung wird erfolgreich sein, und der betreffende Zähler (`nc`, `nl`, bzw. `nL`) wird um 1 erhöht. Außerdem wird auf das aktuelle Zeichen die Funktion `toupper()` angewendet. Ist das aktuelle Zeichen ein kleiner Buchstabe, wandelt ihn `toupper()` in einen großen Buchstaben um. In allen anderen Fällen macht die Funktion nichts;

- Die zweite **for**-Schleife findet heraus, ob die Zeichenkette ein Palindrom ist. Das erste Zeichen `s[0]` wird mit dem letzten `s[n-1]` verglichen, das zweite Zeichen `s[1]` mit dem vorletzten `s[n-2]` usw. bis zuletzt `s[i]` mit `s[n-1-i]` verglichen wird. Sobald ein Vergleich misslingt, ist klar, dass kein Palindrom vorliegt. Die Variable `palindrom` erhält den Wert 0 und die Schleife wird mit **break** verlassen;

- Ausgabe der Ergebnisse.

Ausgabe

Variante 1	Variante 2
Die Zeichenkette: Co2j2oc Anzahl Grossbuchstaben: 1 Anzahl Kleinbuchstaben: 4 Anzahl Ziffern: 2 Alles in Grossbuchstaben: CO2J2OC Palindrom!	Die Zeichenkette: ABC12asdc345 Anzahl Grossbuchstaben: 3 Anzahl Kleinbuchstaben: 4 Anzahl Ziffern: 5 Alles in Grossbuchstaben: ABC12ASDC345 Kein Palindrom!

1.3.9 Problem 9

Schreiben Sie den Inhalt einer gegebenen Datei auf den Bildschirm.

Programm

```c
#include <stdio.h>

int main(void)
{
  char c, s[16];
  FILE *f;
  printf("Dateiname:   ");
  scanf("%s", s);
  f = fopen(s, "r");
  while (f && !feof(f))
  {
    c =  fgetc(f);
    putc(c, stdout);
  }
  fclose(f);
  return 0;
}
```

Programmanalyse

- Variablen werden deklariert: c für das aktuelle Zeichen, das aus der Datei gelesen und ausgegeben wird, s für den maximal 16 Zeichen langen Dateinamen und f für die Datei;

- Der Dateiname wird gelesen und die durch s spezifizierte Datei wird im Modus "r" (ausschließlich zum Lesen) geöffnet;

- Es folgt eine **while**-Schleife: solange f existiert und wir noch nicht am Dateiende angelangt sind, lesen wir das aktuelle Zeichen und schreiben es auf die Standardausgabe;

- Der Stream f wird geschlossen.

1.3.10 Problem 10

Schreiben Sie ein Programm, das die Kommandozeilen-Parameter, mit denen es aufgerufen wird, ausgibt.

Programm

```c
#include <stdio.h>
```

```
int main(int argc, char **argv)
{
    int counter;
    puts("Die Kommandozeilen-Parameter sind:");
    for (counter=0; counter<argc; counter++)
        puts(argv[counter]);

    return 0;
}
```

Programmanalyse

■ Die Variable `counter` vom Typ **int** wird vereinbart und mit ihr werden in der
  for-Schleife die Elemente des Arrays `argv[]` durchlaufen;

■ Im Schleifenkörper werden alle Elemente mit der Funktion `puts()` ausgegeben.

1.3.11 Problem 11

Eine Matrix soll mit Hilfe eines Zeigers erzeugt und ausgegeben werden. Nach dem
Einlesen der Zeilen- und Spaltenanzahl von der Tastatur wird Speicher für sie reserviert. Klappt das nicht, wird die Ausführung mit einem Fehler abgebrochen. War
die Reservierung erfolgreich, wird die Matrix mit Zufallszahlen bevölkert, die Zahlen sind natürlich und kleiner 1000. Schreiben Sie eine Funktion, die die Elemente
der Matrix einmal in der üblichen zweidimensionalen Form ausgibt und einmal von
links nach rechts, indem der Zeiger inkrementiert wird.

Beispiel 1

```
Zeilenanzahl: 2
Spaltenanzahl: 4

 Die Matrix a:
    941     526     247     934
    986       1     418     361


Die 8 Werte an der Adresse a sind:
941 526 247 934 986 1 418 361
```

Beispiel 2

```
Zeilenanzahl: 35346546
Spaltenanzahl: 575675675
Fehler bei der Speicherreservierung!
```

Programm

```c
#include <stdio.h>
#include <stdlib.h>
#include <time.h>

void fillMatrix(int *a, int m, int n){
  int i, j;
  srand((unsigned)time(NULL));
  for(i=0; i<m; i++)
    for(j=0; j<n; j++)
      *(a+(i*n)+j) = (int)(rand()*1000/RAND_MAX);
}

void writeMatrix(int *a, int m, int n){
  int i, j;
  printf( "\n Die Matrix a: \n" );
  for(i=0; i<m; i++){
    for(j=0; j<n; j++){
      printf( "%6d", *(a+(i*n)+j) );
    }
    printf( "\n" );
  }
}

void writeValuesA( int *a, int m, int n )
{
  int i;
  printf( "\nDie %d Werte an der Adresse a sind:\n", m*n);
  for(i=0; i<m*n; i++, a++){
    printf( "%d ", *a );
  }
}

int main(void)
{
  int *a;
  int m, n;
  printf( "Zeilenanzahl: " ); scanf( "%d", &m );
  printf( "Spaltenanzahl: " ); scanf( "%d", &n );
  a = (int*) malloc (m*n*sizeof(int));
  if(a == NULL) {
    printf( "Fehler bei der Speicherreservierung!" ); exit(1);
  } else{
    fillMatrix(a, m, n);
    writeMatrix(a, m, n);
    writeValuesA(a, m, n);
  }
  free(a);
  return 0;
}
```

Programmanalyse

Mathematisch wird die Matrix so dargestellt:

a_{00}	a_{01}	$\cdots$	$a_{0,n-1}$
a_{10}	a_{11}	$\cdots$	$a_{1,n-1}$
$\cdots$	$\cdots$	$\cdots$	$\cdots$
$a_{m-1,0}$	$a_{m-1,1}$	$\cdots$	$a_{m-1,n-1}$

Der Speicher sieht so aus:

a_{00}	a_{01}	$\cdots$	$a_{0,n-1}$	a_{10}	a_{11}	$\cdots$	$a_{1,n-1}$	$\cdots$	$a_{m-1,0}$	$a_{m-1,1}$	$\cdots$	$a_{m-1,n-1}$

Und folgendermaßen, wenn die Elemente mit e bezeichnet werden:

e_0	e_1	$\cdots$	e_{n-1}	e_n	e_{n+1}	$\cdots$	e_{2n-1}	$\cdots$	$e_{i*(m-1)}$	$e_{i*(m-1)+1}$	$\cdots$	e_{m*n-1}

Die Adresse des ersten Elements a_{00} ist a, die des nächsten Elements a_{01} ist a+1 usw. Insgesamt verwaltet der Zeiger m×n Speicheradressen und ein Element a_{ij} befindet sich an der (i*n+j)-ten Adresse. Diesen Hinweis gilt es zu beachten, wenn die Matrix befüllt und ausgegeben wird.

Das Hauptprogramm

- Die Standardbibliothek `stdlib.h` stellt die Funktionen `malloc()` für das Reservieren von Speicher und `srand()` und `rand()` für die Erzeugung von Zufallszahlen bereit. Die Bibliothek `time.h` wird eingebunden, weil die Funktion `time()` benötigt wird;

- In `main()` werden der Zeiger a und die Variablen m und n, alle vom Typ **int**, erklärt;

- Die Zeilenanzahl wird in m und die Spaltenanzahl in n eingelesen;

- Für die Matrix wird jetzt der Speicher allokiert.

```c
a = (int*) malloc(m*n*sizeof(int));
```

(a zeigt auf die Anfangsadresse des reservierten Bereichs)

- Der Erfolg der Funktion `malloc()` wird geprüft. Sie sollten das immer tun;

- `fillMatrix()` wird aufgerufen, um die Zufallszahlen zu erzeugen;

- Die Matrix wird zweimal ausgegeben: in mathematischer Form mit der Funktion `writeMatrix()` und als lineare Speichersequenz mit der Funktion `writeValuesA()`;

- Mit `free()` den Speicher freigeben.

Die Funktion `fillMatrix()`

- Ihre Parameter sind der Zeiger `a`, der die Anfangsadresse der Matrix enthält, und die Zeilen- und Spaltenanzahl `m` und `n`; ihr Rückgabetyp ist **void**;

- Die Funktion `srand()` initialisiert den Zufallsgenerator mit der aktuellen Systemzeit, die von der Funktion `time()` geliefert wird.

```
srand((unsigned)time(NULL));
```

Ohne diese Zeile würde das Programm bei jedem Aufruf dieselben Zufallszahlen mit `rand()` (weiter unten) generieren. `time()` erwartet eine Zeigervariable als Argument, der ebenso wie dem Rückgabewert der Funktion die aktuelle Zeit zugewiesen wird. Weil im Programm nur der Rückgabewert von Interesse ist, ist das Argument `NULL`;

- Es folgen zwei verschachtelte **for**-Schleifen, die äußere läuft durch die Zeilen und die innere durch die Spalten der Matrix. Weil `a` auf die erste Adresse des reservierten Speicherbereichs zeigt, spricht man das Element a_{ij} mit `(a+(i*n)+j)` und den darin enthaltenen Wert mit `*(a+(i*n)+j)` an.

```
*(a+(i*n)+j) = (int)(rand()*1000/RAND_MAX);
```

Die Funktion `rand()` liefert eine zufällige ganze Zahl zwischen 0 und der Konstanten `RAND_MAX`, die ebenfalls aus `stdlib.h` stammt.

Die Funktion `writeMatrix()`

- Sie hat dieselben Parameter wie `fillMatrix()`: `a`, `m`, und `n`;

- Wieder läuft eine äußere **for**-Schleife durch die Zeilen und eine innere durch die Spalten der Matrix. Jedes Matrixelement wird ausgegeben.

```
printf( "%6d", *(a+(i*n)+j) );
```

(Das Formatelement `%6d` bedeutet, dass eine ganze Zahl mit der Feldbreite 6 ausgegeben werden soll.)

- Nachdem eine komplette Zeile geschrieben wurde, erfolgt ein Zeilenvorschub:

```
printf( "\n" );
```

Die Funktion `writeValuesA()`

- Sie hat dieselben Parameter wie `fillMatrix()` und `writeMatrix()`;

- In einer **for**-Schleife werden die Zufallszahlen nacheinander ausgegeben.

```
for(i=0; i<m*n; i++, a++){
  printf( "%d ", *a );
}
```

Wie Sie sehen, ist es erlaubt, im dritten Ausdruck des Kopfes einer **for**-Schleife, der Reinitialisierung, nicht nur den Schleifenzähler zu verändern.

Aufgaben zu diesem Problem

1. Entfernen Sie die Prüfung nach `malloc()` im Programm und testen Sie mit sehr großen Zahlen für `m` und `n` , was passiert.

2. Kommentieren Sie die Zeile

```
srand((unsigned)time(NULL));
```

aus, lassen Sie das Programm ein paar Mal laufen und beobachten Sie die Zufallszahlen.

3. Modifizieren Sie die Funktion `fillMatrix()` so, dass nur eine **for**-Schleife verwendet wird.

```
void writeValuesA( int *a, int m, int n )
{
    int i;
    printf("\nDie %d Werte an der Adresse a sind:\n", m*n);
    for(i=0; i<m*n; i++, a++){
      printf( "%d ", *a );
    }
}
```

4. Fügen Sie das folgende Fragment nach dem Ende der **for**-Schleife der Funktion `writeValuesA()` ein:

```
a--;
for(i=0; i<m*n; i++, a--){
  printf("%d ", *a);
}
```

Was passiert? Und was erwarten Sie, wenn Sie anstatt `a--` im Schleifenkopf `a -=2` schreiben? Probieren Sie es aus.

Abb. 1.4: Winterlandschaft in Saalbach, Österreich

1.4 Aufgaben

1. Denken Sie an die Einleitung dieses Kapitels zurück und geben Sie ein paar Argumente an, die dafür sprechen, C zu erlernen. Wer hat C entwickelt?

2. Welches Zeichen entspricht dem ASCII-Code 0? Kann man dieses Zeichen ausdrucken? Wofür benutzt man es?

3. Was sind Bezeichner? Wofür werden sie verwendet? Ist `234sortierung` ein Bezeichner? Finden Sie die Bezeichner in den obigen Programmen.

4. Erklären Sie, was ein Datentyp ist und durch was er gekennzeichnet ist. Geben Sie mehrere C-Datentypen an. Suchen Sie die Datentypen in den Programmen oben.

5. Was bedeutet `void`?

6. Was ist eine Variable? Ist ein Array eine Variable? Begründen Sie Ihre Antwort. Finden Sie die Variablen in den obigen Programmen.

7. Was ist ein Kommentar? Wozu dient er?

8. Definieren Sie den Begriff "Ausdruck". Was ist ein Operand? Was ist ein Operator? Geben Sie Beispiele.

9. Beschreiben Sie die allgemeine Struktur eines C-Programms. Wozu dienen die Präprozessordirektiven?

10. Was ist eine Bibliothek? Nennen Sie Beispiele.

11. Was ist eine "Funktion"? Wie sehen die Funktionsköpfe aus, die `main()` haben kann?

12. Geben Sie Beispiele für Ausdrucks-Anweisungen an. Welche Syntax hat die `if`-Anweisung? Wie lauten die wiederholenden Anweisungen mit unbekannter bzw. mit bekannter Schrittanzahl? Schreiben Sie deren Syntax auf.

13. Beschreiben Sie die Anweisungen **switch**, **break** und **continue**. Geben Sie Beispiele.

14. Wie heißen die Funktionen für die formatierte Ein- und Ausgabe? In welcher Bibliothek befinden sie sich?

15. Mit welchen Funktionen verarbeitet man Dateien?

16. Wie können wir mehrere Datentypen gruppieren?

17. Sind Strukturen in Strukturen zulässig? Wenn ja, nennen Sie Beispiele.

18. Wie heißt der Aufzählungstyp? Was ist eine Union?

19. Gegeben ist die folgende Deklaration:

```
typedef struct point {
  double x, y;
} POINT;
```

Wahr oder falsch?

▷ Die Code-Sequenz `POINT p; p->x=5;` ist gültig.

▷ Die Code-Sequenz `POINT p; p.x=5;` ist gültig.

▷ `struct point p; p.y=45;` ist nicht gültig.

▷ `point p; p.y = 56.78;` ist gültig.

▷ `struct POINT p; p.x = p.y;` ist gültig.

Schreiben Sie ein Programm, das diese Aussagen testet.

20. Was muss man tun, um den aktuellen Member einer Union bestimmen zu können?

21. Wahr oder falsch?

▷ In einem Array kann man verschiedene Datentypen speichern.

▷ `int a[20]; a[20] = 56;` ist gültig.

▷ `float a[20]; a[-1] = 4.52;` ist gültig.

▷ `int a[2] = {1, 2, 3};` ist gültig.

▷ **int** `a[2] = 1;` ist nicht gültig.

▷ **float** `temp[300] = {5.0, 6.7};` In diesem Fall werden die letzten 298 Elemente mit 0 initialisiert.

▷ Zeichen-Arrays können mit Funktionen aus der Bibliothek `string.h` manipuliert werden.

▷ Ein Zeiger ist eine Variable, die eine Speicheradresse beinhaltet.

▷ Wenn `i` vom Zeiger `p` referenziert wird, das heißt `p = &i;`, dann haben `i` und `*p` denselben Wert.

▷ Aus der Deklaration **int** `*p;` folgt, dass `p` ein **int** ist.

▷ Aus der Deklaration **int** `*p;` folgt, dass `*p` ein **int** ist.

▷ Bei der Deklaration eines Zeigers wird Speicher für die Adresse reserviert, aber nicht für die Variable, die der Zeiger anspricht.

▷ Mit Zeigern kann während der Laufzeit eines Programms Speicher belegt und freigegeben werden.

▷ Speicher wird mit der Funktion `malloc()` aus der Bibliothek `stdlib.h` reserviert. Der Aufruf `malloc(n)` reserviert n Bytes im Speicher.

▷ Die Funktion `free()` aus der Bibliothek `stdlib.h` gibt Speicher frei.

▷ Mit dem Aufruf `malloc(2000)` wird Speicher für 2000 ganze Zahlen reserviert.

▷ Mit dem Aufruf `malloc(`**sizeof**`(`**int**`))` wird Speicher für 2000 ganze Zahlen reserviert.

▷ Die Elemente eines Arrays befinden sich hintereinander im Speicher.

▷ Wenn `a[]` ein Array und `p` ein Zeiger ist, darf man nicht schreiben: `p=a; p++;`.

▷ Wenn `a[]` ein Array und `p` ein Zeiger ist, darf man schreiben: `a=p; a++;`.

Wenn Sie bei einer Antwort nicht sicher sind, dann können Sie sich mit einem Programm schnell Gewissheit verschaffen.

Abb. 1.5: Wellensurfer im Eisbach, München

Kapitel 2
Elementare Operationen

2.1 Teilbarkeit durch Subtraktionen

Schreiben Sie ein Programm, dass die Teilbarkeit zweier natürlicher Zahlen größer 0 prüft. Vergeben Sie für die Zahlen den Typ **unsigned** und verwenden Sie ausschließlich die Operation "Subtraktion", um die Aufgabe zu lösen. Beispiel:

```
Geben Sie die Zahlen ein:
p = 45
q = 9
45 ist durch 9 teilbar.
```

Problemanalyse und Entwurf der Lösung

Nach dem Einlesen der beiden Zahlen bestimmen wir mit sukzessiven Subtraktionen, ob p durch q teilbar ist: Solange p größer gleich q ist, ziehen wir q von p ab. Es gilt, dass p dann und nur dann durch q teilbar ist, wenn p durch die fortschreitenden Subtraktionen gleich 0 wird. Im Programm initialisieren wir p1 mit p, weil wir die zuerst eingegebene Zahl für die Ausgabe benötigen.

Programm

```c
#include <stdio.h>

int main(void){
  unsigned p, q, p1;
  printf("Geben Sie die Zahlen ein: \np = ");
  scanf("%d", &p); p1 = p;
  printf("q = ");
  scanf("%d", &q);
  while(p >= q)
    p -= q;
  if (p!=0) printf("%d ist durch %d teilbar.\n", p1, q);
  else printf("%d ist nicht durch %d teilbar.\n", p1, q);
```

```
   return 0;
}
```

Aufgaben

1. Ändern Sie das Programm so, dass man beliebige ganze Zahlen eingeben kann.

2. Erweitern Sie das Programm so, dass auch der Quotient und der Rest der Division von `p` durch `q` angezeigt werden.

2.2 Euklidischer Algorithmus

Schreiben Sie ein Programm, das den größten gemeinsamen Teiler zweier Zahlen mit Hilfe des Euklidischen Algorithmus berechnet. Es wird angenommen, dass die gegebenen natürlichen Zahlen in den Typ **unsigned long** passen. Beispiel:

```
a = 73356
b = 326
-----------------------------------------
ggT(73356, 326) = 2
```

Problemanalyse und Entwurf der Lösung

Der Euklidische Algorithmus zur Berechnung des größten gemeinsamen Teilers zweier natürlichen Zahlen: Seien $a, b \in \mathbb{R}$ mit $a \geq b$ und $a_1 = a$ und $b_1 = b$. Wir definieren die Paare (m_i, r_i), so dass $a_i = m_i b_i + r_i$ mit $0 \leq r_i < b_i$. Für einen beliebigen Index i sei außerdem $a_i + 1 = b_i$ und $b_i + 1 = r_i$. Dann gibt es einen Index k, so dass $r_k = 0$ ist. Für dieses k gilt $ggT(a, b) = r_{k-1}$ (größter gemeinsamer Teiler von a und b). Der Algorithmus in Pseudocode:

```
ALGORITHM_EUKLID

   1. Lese a, b ∈ ℕ, a ≥ b > 0

   2. a₁ ← a, b₁ ← b, i ← 1

   3. While (bᵢ ≠ 0) Do

         3.1 aᵢ₊₁ ← bᵢ
         3.2 bᵢ₊₁ ← rᵢ (= aᵢ mod bᵢ)
         3.3 i ← i + 1

      End_While

   4. ggT(a, b) = rᵢ₋₁

END_ALGORITHM_EUKLID
```

Abb. 2.1: Pseudocode für Euklidischen Algorithmus

Im Programm bilden wir die Schritte des Algorithmus so ab: Solange b ungleich 0 ist, erhält b den Wert (a mod b) und a den Wert des alten b. In zusätzlichen Variablen merken wir uns die ursprünglichen Werte a und b, weil sie sich ändern.

Programm

```c
#include <stdio.h>

int main(void) {
  unsigned long a, b, r;
  unsigned long auxa, auxb;
  printf( "a = " ); scanf( "%lu", &a );
  printf( "b = " ); scanf( "%lu", &b );
  auxa = a; auxb = b;
  while(b != 0) {
    r = a % b;
    a = b;
    b = r;
  }
  printf("-------------------------------------\n");
  printf( "ggT(%lu, %lu) = %lu", auxa, auxb, a );
  return 0;
}
```

Aufgaben

1. Was passiert, wenn die **while**-Schleife im Programm nur so aussieht?

```c
while(b != 0) {
  a = b;
  b = r; }
```

2. Schreiben Sie ein Programm, das den größten gemeinsamen Teiler mit diesem Algorithmus berechnet:

ALGORITHM_GGT

   1. Lese $a, b \in \mathbb{N}$, $a \geq b > 0$

   2. **While** $(b_i \neq 0)$ **Do**

      If $(a > b)$

         $a \leftarrow a - b$

      Else

         $b \leftarrow b - a$

      End_While

   3. $ggT(a, b) = a$

END_ALGORITHM_GGT

Abb. 2.2: Pseudocode für einen GGT-Algorithmus

2.3 Einfacher Primalitätstest

Entwerfen Sie ein Programm, das herausfindet, ob eine natürliche Zahl prim ist.
Wir nehmen an, dass die Zahl in den Datentyp `unsigned long` passt. Falls die Zahl
nicht prim ist, geben Sie ihren kleinsten Teiler größer 1 aus, wie im Beispiel:

n = 35347 35347 ist nicht prim! Kleinster Teiler groesser 1 ist 13	n = 7919 7919 ist eine Primzahl!

Problemanalyse und Entwurf der Lösung

Wir verwenden die Variable `k`, die schrittweise alle natürlichen Zahlen zwischen
2 und $\sqrt{n}$ aufnimmt, solange kein Teiler von n gefunden wird. Das wird in einer
`while`-Schleife erledigt. Zu Beginn nehmen wir an, dass die Zahl prim ist, deshalb
setzen wir die Variable `prim` auf 1. Wenn ein Teiler von n ermittelt wird, weisen wir
`prim` den Wert 0 zu.

Programm

```c
#include <stdio.h>

int main(void){
  unsigned long n, k;
  short prim = 1;
  printf("n = "); scanf("%lu", &n);
  k = 2;
  while(prim && k*k<=n){
    prim = (n%k != 0);
    k++;
  }
  if(prim) printf( "\n%lu ist eine Primzahl!", n );
  else{
    printf("\n%lu ist nicht prim!", n);
    printf("\nKleinster Teiler groesser 1 ist  %lu", --k);
  }
  return 0;
}
```

Aufgaben

1. Schauen Sie sich die Lösung des sechsten Problems im ersten Kapitel an.

2. Verwenden Sie statt der `while`- eine `do-while`–Schleife.

3. Was passiert, wenn Sie die ganze `while`-Schleife im Programm inklusive ihres
   Körpers durch die folgende einzelne Zeile ersetzen?

```
while((prim=(n%k++!=0)?1:0)  && k<sqrt(n));
```

Erklären Sie das Ergebnis.

4. Es ist ausreichend, wenn wir `k` nur mit 2 und den ungeraden natürlichen Zahlen bis $\sqrt{n}$ belegen. Implementieren Sie die Verbesserung.

5. Schreiben Sie ein Programm, das alle Primzahlen mit 4 Ziffern ausgibt.

2.4 Der Punkt mit dem kürzesten Abstand

Es sei der Punkt P_0 und eine Menge A mit n Punkten in der Ebene gegeben. Schreiben Sie ein Programm, das den Punkt findet, der P_0 am nächsten liegt und den Abstand zwischen diesen beiden Punkten ausgibt. Die Punkte mit ihren Koordinaten geben wir über die Tastatur ein.

Beispiel

```
Geben Sie P0 ein:
x = 5.43
y = 3.21
Geben Sie die Anzahl der Punkte in A ein: 3
Geben Sie die Koordinaten ein:
Erster Punkt:
x = 1.2
y = 2.43
2-ter Punkt:
x = 5.43
y = 1.2
3-ter Punkt:
x = 6.54
y = 3.21
Der Punkt mit dem kleinsten Abstand zu P0 ist (6.54, 3.21)
Der Abstand betraegt 1.1100
```

Problemanalyse und Entwurf der Lösung

Es seien zwei Punkte $P_1(x_1,y_1)$ und $P_2(x_2,y_2)$ in der Ebene gegeben. Dann ist der Abstand zwischen ihnen:

$$P_1P_2 = \sqrt{(x_2-x_1)^2+(y_2-y_1)^2}$$

Wir stellen zwei Programme vor, die die Aufgabe lösen. Das erste arbeitet ohne und das zweite mit benutzerdefinierten Datentypen und Funktionen.

Im ersten Programm lesen wir den Punkt P_0 ein und dann die Punkte aus der Menge
A. Die Variable `dist` enthält den kleinsten Abstand, der zwischen P_0 und den bisher
eingelesenen Punkten ermittelt wurde.

Im zweiten Programm verwenden wir den Datentyp `TPoint`, um die Punkte darzustellen und außerdem die Funktionen

```
double dist(TPoint p, TPoint q);
```

und

```
int readPoint(TPunct *p);
```

um den Abstand zwischen zwei Punkten zu berechnen und einen Punkt zu lesen.
Beachten Sie den Adressoperator `*` für den Parameter der Funktion `readPoint()`.

Erstes Programm

```
#include <stdio.h>
#include <math.h>

int main(void){

  double x0, y0, x1, y1, x, y;
  double dist, d;
  int n, i;
  printf("Geben Sie P0 ein: \nx = ");
  scanf("%lf", &x0);
  printf("y = ");
  scanf("%lf", &y0);
  printf("Geben Sie die Anzahl der Punkte in A ein: ");
  scanf("%d", &n);
  printf("Geben Sie die Koordinaten ein: ");
  printf("Erster Punkt: \nx = ");
  scanf("%lf", &x); x1 = x;
  printf("y = "); scanf("%lf", &y); y1 = y;
  dist = sqrt((x0 - x)*(x0 - x) + (y0 - y)*(y0 - y));

  for(i = 2; i <= n; i++ ){
    printf("\n%d-ter Punkt: \nx = ", i);
    scanf("%lf", &x);
    printf("y = ");
    scanf("%lf", &y);
    d = sqrt((x0 - x)*(x0 - x) + (y0 - y)*(y0 - y));
    if (d < dist){
      x1 = x;
      y1 = y;
      dist = d;
    }
  }
  printf(
```

```c
        "\nDer Punkt mit dem kleinsten Abstand zu P0 ist        \
        (%.2lf, %.2lf) \nDer Abstand betraegt %.4lf", x1, y1, dist);
   return 0;
}
```

Zweites Programm

```c
#include <stdio.h>
#include <math.h>

typedef struct{
  double x, y;
}TPoint;

double dist(TPoint p, TPoint q){
  return
    sqrt((p.x - q.x)*(p.x - q.x) + (p.y - q.y)*(p.y - q.y));
  }

int readPoint(TPoint *p){
  printf("x = "); scanf("%lf", &p->x);
  printf("y = "); scanf("%lf", &p->y);
  return 0;
}

int main(void){

  int n, i;
  TPoint P0, P1, P;
  double dAux, d;
  printf("Der Punkt P0: \n"); readPoint( &P0 );
  printf("Geben Sie die Anzahl der Punkte in A ein: ");
  scanf("%d", &n);
  printf("Geben Sie die Koordinaten ein: \n");
  printf("Erster Punkt: \n"); readPoint( &P1 );
  d = dist( P0, P1 );

  for(i=2; i<=n; i++){
    printf("\nDer %d-te Punkt:\n", i);
    readPoint(&P);
    dAux = dist(P0, P);
    if(dAux < d){
      P1 = P;
      d = dAux;
    }
  }
  printf(
    "\nDer Punkt mit dem kleinsten Abstand zu P0 ist    \
    (%.2lf, %.2lf) \nDer Abstand betraegt %.4lf", P1.x, P1.y, d)
    ;
  return 0;
}
```

Aufgaben

1. Machen Sie ein Beispiel auf einem Blatt Papier mit P_0 und vier weiteren Punkten. Schreiben Sie auch die Schritte des Algorithmus nieder.

2. Ändern Sie das zweite Programm so ab, dass die Ermittlung der Distanzen erst dann erfolgt, wenn alle Punkte eingelesen wurden. Nutzen Sie dafür ein eindimensionales Array mit Elementen vom Typ `TPoint`.

3. Ergänzen Sie beide Programme um die Ausgabe des Punktes, der am weitesten von P_0 entfernt ist und des Abstandes zwischen diesen Punkten.

4. Gegeben sind die Punkte $P_1(x_1, y_1)$ und $P_2(x_2, y_2)$. Die Koordinaten des Mittelpunktes $M(x, y)$ der Strecke $P_1 P_2$ sind:

$$x = \frac{x_1 + x_2}{2}, \quad y = \frac{y_1 + y_2}{2}$$

   Erweitern Sie beide Programme so, dass sie die Mittelpunkte der Strecken zwischen P_0 und allen Punkten der Menge A ausgeben.

5. Es sei eine Menge A mit n Punkten in der Ebene gegeben. Schreiben Sie ein Programm, das den am weitesten von der x- und y-Achse entfernten Punkt ausgibt.

2.5 Größe des Speicherplatzes

Innerhalb einer Funktion darf eine beliebige Anzahl von Variablen verwendet werden. Ermitteln Sie, wieviel Speicher insgesamt für die Variablen erforderlich ist. Wir nehmen an, dass dieser Wert (in Bytes) in den Datentyp **long** passt.

Beispiel:

```
Anzahl der verwendeten Datentypen? 3

Wieviel Bytes benoetigt der Datentyp 1? 200
Wieviel Variablen werden von diesem Typ gebraucht? 3
Wieviel Bytes benoetigt der Datentyp 2? 300
Wieviel Variablen werden von diesem Typ gebraucht? 7
Wieviel Bytes benoetigt der Datentyp 3? 400
Wieviel Variablen werden von diesem Typ gebraucht? 6

Gesamtgroesse des erforderlichen Speichers = 5100 Bytes.
```

Problemanalyse und Entwurf der Lösung

Wir fragen zuerst nach der Anzahl der verschiedenen Datentypen (n), die für die Variablen benötigt werden. Dann wollen wir schrittweise für jeden Typ wissen, wie viel Bytes er im Speicher belegt (dim) und wie viel Variablen auf ihm deklariert werden (nv). Jedes mal zählen wir zur Variablen s, die mit 0 initialisiert ist, das Produkt aus dim und nv hinzu.

Programm

```c
#include <stdio.h>

int main(void){
  int n, i;
  int nv, dim;
  long s = 0;
  printf("Anzahl der verwendeten Datentypen?");
  scanf("%d", &n);
  for(i=1; i<=n; i++){
    printf("Wieviel Bytes benoetigt der Datentyp %d?", i);
    scanf("%d", &dim);
    printf("Wieviel Variablen werden von diesem Typ gebraucht?");
    scanf("%d", &nv);
    s += nv * dim;
  }
  printf(
   "\nGesamtgroesse des erforderlichen Speichers = %ld Bytes.\n",
    s);
  return 0;
}
```

Aufgabe

Lassen Sie einen Fehler ausgeben, wenn der Typ **long** für die gesamte Anzahl der Bytes zu klein wird.

2.6 Goldener Schnitt

Leonardo Pisano, der als Fibonacci bekannt ist, wurde ca. 1180 in Pisa geboren. Weil sein Vater Handel mit nordafrikanischen Ländern betrieb, erlernte Fibonacci die hindu-arabischen Ziffern und die Rechenmethoden der arabischen Mathematiker. Fibonacci schrieb das Buch "Liber Abaci" (Buch vom Abakus), in dem er die Anwendung der hindu-arabischen Ziffern befürwortet und eindrucksvolle mathematische Probleme vorstellt, die später immer wieder von anderen Autoren aufgegriffen wurden, so z. B.:

Abb. 2.3: Fibonacci
Quelle im Anhang B

Jemand setzt ein Kaninchenpaar in einen Garten, der von einer Mauer umgeben ist. Wie viele Kaninchenpaare werden jedes Jahr geboren, wenn man annimmt, dass jeden Monat jedes Paar ein weiteres Paar zeugt, und dass Kaninchen ab dem Alter von zwei Monaten geschlechtsreif sind?

Die Zahlenreihe, die aus diesem Problem abgeleitet werden kann, ist als Fibonacci-Folge bekannt: $F_0 = 0$, $F_1 = 1$ und weiter $F_{n+1} = F_n + F_{n-1}$. Die ersten Fibonacci-Zahlen sind also: 0, 1, 1, 2, 3, 5, 8, 13, 21, 34, 55, 89, 144, 233, 377,... Der Quotient zweier aufeinander folgender Fibonacci-Zahlen nähert sich an den Goldener Schnitt an, der eine vielfältige Bedeutung in der Kunst und Natur hat.

Schreiben Sie ein Programm, das das n-te Glied der Folge $\dfrac{F_n}{F_{n+1}}$ ausgibt ($0 \leq n \leq$ 40).

Beispiel

```
Geben Sie den Index ein: 4
F4/F5 = 0.6250
```

Problemanalyse und Entwurf der Lösung

Innerhalb einer `while`-Schleife berechnen wir iterativ die Fibonacci-Zahlen, wobei `f` und `fNew` die momentan letzten beiden Glieder widerspiegeln.

Programm

```c
#include <stdio.h>

int main(void){

  long f = 1, fNew = 1;
  long fAux;
  int n, naux;
  printf("Geben Sie den Index ein: ");
  scanf("%d", &n); naux = n;

  while(naux){
    naux--;
    fAux = f + fNew;
    f = fNew;
    fNew = fAux;
  }
  printf("F%d/F%d = %.4f", n, n+1, (double)f/fNew);
  return 0;
}
```

Aufgaben

1. Ändern Sie das Programm so ab, dass es die n-te Fibonacci-Zahl berechnet ($0 \leq n \leq 40$). n wird wieder von der Tastatur gelesen.

2. Erweitern Sie das Programm so, dass es alle Quotienten $\dfrac{F_i}{F_{i+1}}$ ausgibt ($0 \leq i \leq 40$), einen Quotienten pro Zeile. Was bemerken Sie?

3. Lesen Sie bei Wikipedia über die Fibonacci-Folge und den Goldener Schnitt nach:

```
http://de.wikipedia.org/wiki/Fibonacci-Folge
http://de.wikipedia.org/wiki/Goldener_Schnitt
```

2.7 Position eines Punktes im Kreis

Fünf reelle Zahlen werden von der Tastatur eingelesen: x_m, y_m, r, x_0 und y_0. Sie beschreiben den Mittelpunkt $M(x_m, y_m)$ und Radius (r) eines Kreises und die Koordinaten (x_0, y_0) eines Punktes P in der Ebene. Entwickeln Sie ein Programm, das entscheidet, ob der Punkt innerhalb oder außerhalb des Kreises oder auf der Kreislinie liegt.

Beispiel

Variante 1	Variante 2

```Geben Sie den Kreis ein:```
 ``` Mittelpunkt:```
 ``` xm = 0```
 ``` ym = 0```
 ``` Radius = 2```
 ```Geben Sie den Punkt P ein:```
 ``` x0 = 1```
 ``` y0 = 1```
 ```P ist innerhalb des Kreises```
	```Geben Sie den Kreis ein:```
	 ``` Mittelpunkt:```
	 ``` xm = -67```
	 ``` ym = -45.71```
	 ``` Radius = 34.56```
	 ```Geben Sie den Punkt P ein:```
	 ``` x0 = 1000.78```
	 ``` y0 = 678.90```
	 ```P ist ausserhalb des Kreises```

Problemanalyse und Entwurf der Lösung

Die Gleichung des Kreises lautet:

$$(x - x_m)^2 + (y - y_m)^2 = r^2$$

Alle Punkte in der Ebene, die diese Gleichung erfüllen, befinden sich auf dem Kreisrand. Die Punkte in der Ebene, die die Ungleichung

$$(x - x_m)^2 + (y - y_m)^2 < r^2$$

erfüllen, befinden sich innerhalb des Kreises. Die Punkte in der Ebene, die die Ungleichung

$$(x - x_m)^2 + (y - y_m)^2 > r^2$$

erfüllen, befinden sich außerhalb des Kreises. Das folgende Programm basiert auf diesen Feststellungen. Wir berechnen den Abstand d zwischen dem Mittelpunkt $M(x_m, y_m)$ und dem Punkt $P(x_0, y_0)$:

$$MP = \sqrt{(x_0 - x_m)^2 + (y_0 - y_m)^2}$$

Programm

```c
#include <stdio.h>
#include <math.h>

int main(void){
  float xm, ym, r, x0, y0;
  double d;
  printf("Geben Sie den Kreis ein:\n");
  printf(" Mittelpunkt:\n x = "); scanf("%f", &xm);
  printf(" y = "); scanf("%f", &ym);
  printf(" Radius = "); scanf("%f", &r);
  printf("Geben Sie den Punkt P ein:\n");
  printf(" x0 = "); scanf("%f", &x0);
  printf(" y0 = "); scanf("%f", &y0);
  d = sqrt((x0-xm)*(x0-xm)+(y0-ym)*(y0-ym));
  if (d>r) printf("P ist ausserhalb des Kreises");
  else if(d == r)
    printf("P ist auf der Kreislinie");
  else
    printf("P ist innerhalb des Kreises");
  return 0;
}
```

Aufgaben

1. Modifizieren Sie das Programm so, dass es mehrere Kreise bei der Eingabe akzeptiert und feststellt, ob der Punkt innerhalb der Schnittfläche aller Kreise liegt.

2. Schreiben Sie ein Programm, das einen Punkt und mehrere Quadrate, beschrieben durch ihren oberen linken Punkt und ihre Kantenlänge, einliest. Das Programm soll ausgeben, ob der Punkt innerhalb der Schnittfläche aller Quadrate liegt.

3. Es seien a und c reelle positive Zahlen mit $a > c$ und F_1 und F_2 feste Punkte in der Ebene mit der Eigenschaft $F_1 F_2 = 2c$. Die Menge aller Punkte P in der Ebene mit der Eigenschaft $PF_1 + PF_2 = 2a$ heißt *Ellipse* (siehe Abb. 2.4).

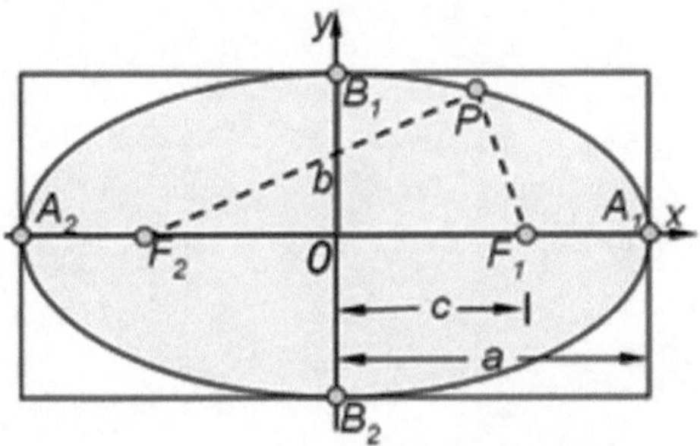

Abb. 2.4: Ellipse

Ein Punkt $P(x,y)$ gehört dann und nur dann der Ellipse E an, wenn:

$$\frac{x^2}{a^2} + \frac{y^2}{b^2} = 1 \quad \text{wobei} \quad b = \sqrt{a^2 - c^2}$$

Implementieren Sie ein Programm, das entscheidet, ob sich ein Punkt innerhalb oder außerhalb einer Ellipse befindet, oder auf ihrem Rand.

2.8 Das arithmetische Mittel

Schreiben Sie ein Programm, das das arithmetische Mittel n reeller Zahlen berechnet, die von der Tastatur eingelesen werden. Für die Zahlen genügt der Datentyp **float** und n ist kleiner als die Konstante MAX_INT. Das Programm darf keine Arrays verwenden. Beispiel:

```
Wie viele Zahlen sind es? 7
Geben Sie die Zahlen ein:
7 1 2 3 4 7.89 4.53
Das arithmetische Mittel: 4.203.
```

Problemanalyse und Entwurf der Lösung

Das arithmetische Mittel der Zahlen $a_1, a_2, ..., a_n$ berechnet man mit der Formel:

$$m_a = \frac{a_1 + a_2 + ... + a_n}{n} = \frac{a_1}{n} + \frac{a_2}{n} + ... + \frac{a_n}{n}$$

Weil es sein kann, dass die Summe der Elemente in keinen Datentyp passt, arbeiten wir mit dem rechten Teil der Gleichung.

Programm

```c
#include <stdio.h>

int main(void) {
```

```
 float a;
 int n, i;
 float mA = 0;
 printf("Wie viele Zahlen sind es?");
 scanf("%d", &n);
 printf("Geben Sie die Zahlen ein: ");
 for(i=0; i<n; i++){
   scanf("%f", &a);
   mA += a/n;
 }
 printf("Das arithmetische Mittel: %.3f.\n", mA);
 return 0;
}
```

Aufgaben

1. Erweitern Sie das Programm so, dass es den Wert

$$m_b = \sqrt{\frac{a_1^2 + a_2^2 + \dots + a_n^2}{n}}$$

berechnet, wobei die a_i^2 in den Typ **float** passen und die Summe $a_1^2 + a_2^2 + \dots + a_n^2$ beliebig groß sein kann.

2. Schreiben Sie ein Programm, das n reelle Zufallszahlen generiert, mit ihnen die Werte m_a und m_b berechnet und die Ungleichung

$$m_a \leq m_b$$

prüft. Was stellen Sie fest, wenn Sie das Programm mehrere Male laufen lassen? Beweisen Sie Ihre Beobachtung mathematisch.

2.9 Lineare Rekurrenz

Schreiben Sie ein Programm, das das i-te Mitglied der Folge

$$f(0) = 0, \quad f(n) = \frac{f(n-1) + n}{2}$$

bestimmt. Beispiel:

```
n = 5
f(5) = 4.031
```

Problemanalyse und Entwurf der Lösung

Wir berechnen innerhalb einer **for**-Schleife schrittweise die Elemente der Folge.

Programm

```c
#include <stdio.h>

int main(void){
  float f;
  int n, i;
  printf("n = ");
  scanf("%d", &n);
  f=0;
  for(i=1; i<=n; i++)
    f = (f + i)/2;
  printf("f(%d) = %.3f\n", n, f);
  return 0;
}
```

Aufgaben

1. Verwenden Sie anstatt der **for**- eine **while**-Schleife.

2. Ändern Sie das Programm so, dass es alle Werte $f(i)$ ausgibt ($1 \leq i \leq 100$). Was bemerken Sie? Beweisen Sie das Resultat (eventuell durch vollständige Induktion).

2.10 Synonyme Funktion mit `atol()`

In der Headerdatei `stdlib.h` befinden sich mehrere Funktionen für die numerische Umwandlung. Ein Beispiel ist die Funktion `atol()`, die eine Zeichenkette in ihr numerisches Äquivalent vom Datentyp **long** umwandelt. Entwerfen Sie eine Funktion, die dieselbe Aufgabe erfüllt wie die Funktion `atol()`. Beispiele:

```
Geben Sie die Zeichenkette ein: 56789012
atol(56789012) = 56789012.
```

```
Geben Sie die Zeichenkette ein: 56tg678
Die Eingabe ist keine Zahl!
```

Problemanalyse und Entwurf der Lösung

Wir schreiben die Funktion `isNumber()`, die entscheidet, ob die gegebene Zeichenkette eine gültige ganze Zahl ist: Zuerst wird mit einer **if**-Anweisung geprüft, ob

das erste Zeichen "+" oder "-" ist. Dann wird für jedes weitere Zeichen der Zeichenkette festgestellt, ob es eine Ziffer ist. Sehen Sie sich an, wie wir dafür die Funktion
`isdigit()` aus der Bibliothek `ctype.h` einsetzen. `isNumber()` liefert 1 zurück,
wenn die Zeichenkette eine gültige Zahl ist, und 0, wenn nicht.

Wir nennen unsere selbst implementierte Funktion auch `atol()`. Wieder prüfen wir
zuerst, ob die Zeichenkette mit einem "+" oder "-" beginnt. Die Variable `sign` initialisieren wir mit 1, und wenn das erste Zeichen "-" lautet, setzen wir `sign` auf -1.
Nun lesen wir eine Ziffer $s[i]$ nach der anderen aus der Zeichenkette, multiplizieren die Variable `result`, die mit 0 initialisiert ist, mit 10 und addieren $s[i]$. Wenn
zum Beispiel `result` den Wert 345 enthält, und sich im aktuellen $s[i]$ die Ziffer 9
befindet, wird das neue `result` = `345*10+9`, also 3459. Weil die Ziffern "0", "1",
..., "9" die ASCII-Codes 48, 49, ..., 57 haben, müssen wir vom aktuellen $s[i]$ erst
die "0", sprich den ASCII-Code 48, abziehen.

Programm

```c
#include <stdio.h>
#include <string.h>
#include <ctype.h>

long atol(char[30]);
short isNumber(char[30]);

int main(void){
  char s[30];
  printf("Die Zeichenkette: ");
  scanf("%s", s);
  if(!isNumber(s))
    printf( "Die Eingabe ist keine Zahl!" );
  else
    printf( "atol(%s) = %ld.", s, atol(s));
  return 0;
}
short isNumber(char s[30]){
  short ok = 1;
  unsigned i;
  if( !isdigit(s[0]) && s[0] != '-' && s[0] != '+' )
    ok=0;
  for( i=1; ok && i<strlen(s); i++ )
    if(!isdigit(s[i])) ok = 0;
  return ok;
}

long atol(char s[30]){
  int sign = 1;
  unsigned i = 0;
  long result = 0;
  if(s[0] == '+') i++;
  else if( s[0] == '-' ) {i++; sign = -1;}
  while (i < strlen(s)){
```

```
      result = result * 10 + (s[i] - '0');
      i++;
   }
   result *= sign;
   return result;
}
```

Aufgaben

1. Lassen Sie die Funktion `isNumber()` prüfen, ob die Zahl, die durch eine Zeichenkette repräsentiert ist, in den Datentyp **long** passt.

2. Schreiben Sie ein Programm, das die umgekehrte Funktion `ltoa()` erledigt, also eine Zahl in eine Zeichenkette transformiert.

3. Informieren Sie sich in der Hilfe über die Bedeutung der numerischen Funktionen `atol()`, `ltoa()`, `atoi()`, `itoa()` und `atof()` aus der Bibliothek `stdlib.h`. Schreiben Sie ein Beispielprogramm mit allen Funktionen.

2.11 Informationen über Zeichen

Schreiben Sie ein Programm, das ein Zeichen von der Tastatur in eine Variable liest und das Zeichen selbst, seinen ASCII-Code und die Speicheradresse der Variable ausgibt. Beispiel:

```
Geben Sie das Zeichen ein: G
 Wert: G
 ASCII-Code: 71
 Adresse: 0013FED7
```

Problemanalyse und Entwurf der Lösung

Um die Informationen auszugeben, verwenden wir Formatelemente und den Adressoperator &.

Programm

```c
#include <stdio.h>
int main(void){
  char c;
  printf("Geben Sie das Zeichen ein: ");
  scanf("%c", &c);
  printf(" Wert: %c\n", c);
  printf(" ASCII-Code: %d\n", c);
  printf(" Adresse: %p ", &c);
  return 0;
}
```

Aufgaben

1. Schreiben Sie ein Programm, das eine Tabelle mit allen Zeichen des ASCII-Codes erstellt: Zeichen und ASCII-Code.

2. Lesen Sie in der Hilfe nach, welche Funktionen in der Bibliothek `ctype.h` deklariert sind, und schreiben Sie ein Programm, das alle Funktionen verwendet.

2.12 Palindrom und Quersumme

Eine natürliche Zahl ist *palindrom*, wenn sie, egal ob von links nach rechts oder von rechts nach links gelesen, denselben Wert ergibt. Beispiele: 23432, 121, 7890987. Eine natürliche Zahl, die in den Datentyp **unsigned long** passt, wird von der Tastatur eingelesen. Schreiben Sie ein Programm, das prüft, ob die Zahl *palindrom* ist und außerdem ihre Quersumme berechnet. Beispiele:

```
Geben Sie die Zahl ein: 4567654

 4567654 ist palindrom!
 Die Quersumme von 4567654 ist 37.
```

```
Geben Sie die Zahl ein: 4567

 4567 ist nicht palindrom!
 Die Quersumme von 4567 ist 22.
```

Problemanalyse und Entwurf der Lösung

Eine Zahl von rechts nach links zu lesen, heißt die Zahl umzudrehen bzw. zu spiegeln. Deshalb nennen wir unsere Funktion `mirrored()`, sie liest die Ziffern von rechts nach links und baut die gespiegelte Zahl in `m` auf:

```
while(n) {
   m = m*10 + n%10;
   n /=10;
}
```

Um die Quersumme zu berechnen, implementieren wir die Funktion `sumDigits()`. Die Ziffern werden nacheinander, von rechts nach links, zur Variablen `sum` addiert.

Programm

```
#include <stdio.h>
```

```c
unsigned long mirrored(unsigned long n){
  unsigned long m = 0;
  while(n){
    m = m*10 + n%10;
    n /=10;
  }
  return m;
}

short sumDigits(unsigned long n){
  short sum=0;
  while(n){
    sum += (short)(n%10);
    n /= 10;
  }
  return sum;
}

int main(void){
  unsigned long n;
  printf("Geben Sie die Zahl ein: ");
  scanf("%lu", &n);
  if(n == mirrored(n))
    printf("\n %lu ist palindrom!\n", n);
  else printf("\n %lu ist nicht palindrom!\n", n);
  printf(" Die Quersumme von %lu ist %hd. ", n, sumDigits(n));
  return 0;
}
```

Aufgaben

1. Schreiben Sie auf einem Blatt Papier die Schritte und Zwischenergebnisse für die beiden Beispiele nieder.

2. Bauen Sie das Programm so um, dass die `main()`-Funktion die einzige ist.

3. Schreiben Sie ein Programm, das eine natürliche Zahl von Typ **unsigned long** einliest und entscheidet, ohne den Modulo-Operator `%` zu verwenden, on sie teilbar durch 2, 3, 4, 5, 9 oder 25 ist.

2.13 Unendliche Wurzel

Kalkulieren Sie den Wert des Ausdrucks:

$$\sqrt{20+\sqrt{20+\sqrt{20+\sqrt{20+\ldots}}}}$$

Problemanalyse und Entwurf der Lösung

Wir bezeichnen diesen Wert mit s. Dann resultiert die Gleichung

$$20 + s = s^2$$

und die einzige positive Lösung ist 5. Wir schreiben ein Programm, ohne dieses Resultat zu benutzen, und werden auch 5 als Ergebnis erhalten.

Programm

```c
#include <stdio.h>
#include <math.h>

int main(void){
  double s = 20;
  while(s != sqrt( 20+s )) s = sqrt(20 + s);
  printf("Resultat = %f  !!!\n", s);
  return 0;
}
```

Aufgaben

1. Wie lautet die letzte Ziffer der Zahl $7^{7^{7^7}}$?

2. Berechnen Sie für eine eingegebene, natürliche Zahl n mit maximal 9 Ziffern die letzte Ziffer der Zahl $7^{n^{n^n}}$.

2.14 Reihe mit dem Wert π

Die Zahl $\pi = 3,1415926535...$ gibt das Verhältnis an, das der Umfang eines beliebigen Kreises zum Kreisdurchmesser hat. π ist eine irrationale Zahl (π kann nicht als Bruch von ganzen Zahlen geschrieben werden) und hat daher unendlich viele Nachkommastellen.

Schon die alten Ägypter und Babylonier kannten π und heutzutage spielt die Kreiszahl in vielen Gebieten eine Rolle, zum Beispiel in der Wahrscheinlichkeitstheorie, der Analysis, der Zahlentheorie und in der Physik. Jedes Jahr feiert das Museum „Exploratorium" in San Francisco am 14. März den π-Tag, weil die Zahl mit 3,14 beginnt. Schreiben Sie ein Programm, das den Wert von π mit einer Fehlerabschätzung mit Hilfe der Reihe

$$\pi = 4 \cdot \left(1 - \frac{1}{3} + \frac{1}{5} - \frac{1}{7} + \frac{1}{9} - ... \right)$$

berechnet. Wir bezeichnen

$$\pi(n) = 4 \sum_{i=1}^{n} (-1)^{i-1} \cdot \frac{1}{2i-1} = 4\left(1 - \frac{1}{3} + \ldots + (-1)^{n-1} \frac{1}{2n-1}\right)$$

Das heißt $\quad \pi(1) = 4 \cdot 1, \quad \pi(2) = 4\left(1 - \frac{1}{3}\right), \quad \pi(3) = 4\left(1 - \frac{1}{3} + \frac{1}{5}\right), \ldots$

Die Fehlerabschätzung EPS wird von der Tastatur gelesen und wir nehmen an, dass π mit der Fehlerabschätzung berechnet ist, wenn $|\pi(n+1) - \pi(n)| < EPS$ gilt, wobei $\pi(n)$ und $\pi(n+1)$ zwei nacheinander folgende Abschätzungen sind. Beispiel:

```
EPS = 0.00000001
------------------------------------------
PI mit EPS 0.00000001 = 3.141593
```

Problemanalyse und Entwurf der Lösung

Die Variablen `pi1` und `pi2` nehmen schrittweise die Werte $\pi(n)/4$ bzw. $\pi(n+1)/4$ an, wobei gilt: $n = 1, 2, 3, \ldots$

Den Wert `|pi2-pi1|` berechnen wir mit dem bedingten Operator `?:` so:

```
pi2>pi1 ? pi2-pi1 : pi1-pi2
```

`pi1` wird mit 1 und `pi2` mit $1 - 1/3$ initialisiert. Die Variable `sign` alterniert zwischen -1 und 1 und die Variable `i` durchläuft die Werte $5, 7, 9, \ldots$.

Programm

```c
#include <stdio.h>

int main(void){
  double EPS, pi1, pi2;
  int i = 5, sign = 1;
  printf("EPS = ");
  scanf("%lf", &EPS);
  pi1 = 1.0;
  pi2 = (double)1.0 - (double)1.0/3;
  while(4*(pi2>pi1?pi2-pi1:pi1-pi2) >= EPS){
    pi1    = pi2;
    pi2   += sign*((double)1.0/i);
    i     += 2;
    sign  *= -1;
  }
  printf("\n--------------------------------------\n");
  printf("PI mit EPS %lf = %lf\n", EPS, 4*pi2);
  return 0;
}
```

Aufgaben

1. Erweitern Sie das Programm so, dass es auch die Iteration n bekannt gibt, in dem die Annäherung erreicht wird.

2. *Archimedes-Verfahren.* Archimedes von Syrakus (287-212 v. Chr.) hat als Erster eine Methode zur Bestimmung von π vorgeschlagen. Er zeichnete regelmäßige Vielecke um und in einen Kreis und hat Folgendes herausgefunden: Je mehr Ecken ein Polygon hat, desto näher kommt dessen Umfang dem Kreisumfang. Der Umfänge der Vielecke, die er um den Kreis malte, näherten sich von oben an den Kreisumfang, und die Umfänge der Vielecke, die er im Kreis konstruierte, näherten sich von unten an den Kreisumfang.

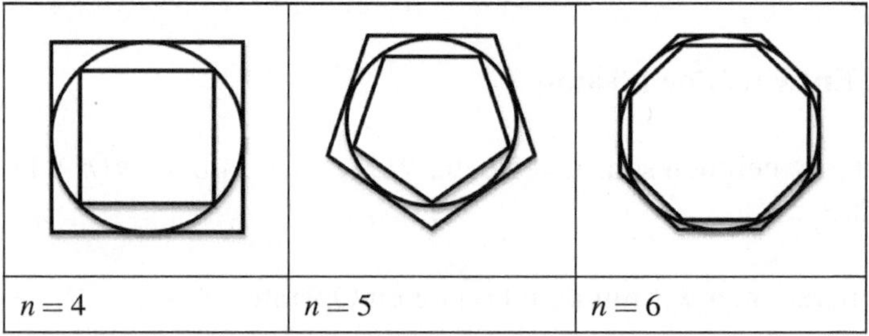

| $n = 4$ | $n = 5$ | $n = 6$ |

Wir geben einen Kreis mit dem Radius 1 und regelmäßige Vielecke mit $3 \times 2^{n-1}$ Kanten ($n = 1, 2, 3, \ldots$) vor. Für die in dem Kreis eingezeichneten Polygone definieren wir die Folge (a_n). Jedes Folgenglied entspricht der Hälfte des jeweiligen Polygonumfangs. Für die Vielecke, die den Kreis umschließen, definieren wir analog dazu die Folge (b_n). Weil der Kreisumfang 2π beträgt, nähert sich (a_n) aufsteigend π an und (b_n) absteigend:

$$a_n < \pi < b_n \quad \text{für alle} \quad n = 1, 2, \ldots$$

Mit ein bisschen Trigonometrie (es gibt auch andere Wege) kommen wir zu diesen rekursiven Formeln:

$$b_{n+1} = \frac{2a_n b_n}{a_n + b_n} \quad \text{und} \quad a_{n+1} = \sqrt{a_n b_{n+1}}$$

Für die Startglieder a_0 und b_0 handelt es sich bei den Polygonen um Dreiecke, also gilt:

$$a_0 = 3 \quad \text{und} \quad b_0 = 2\sqrt{3}$$

Implementieren Sie diesen Algorithmus in einem Programm, um die genäherte Kreiszahl nach n gegebenen Iterationen auszugeben. Der Algorithmus im Pseudocode ist auf Abb. 2.5 dargestellt:

```
ALGORITHM_ARCHIMEDES

    1. a ← 3

    2. b ← 2√3

    3. n ← Anzahl_Iterationen

    4. For (i ← 1; i ≤ n; step 1)

    5. b ← 2ab/(a+b)

    6. a ← √ab

    7. End_For

    8. return a

END_ALGORITHM_ARCHIMEDES
```

Abb. 2.5: Archimedes-Verfahren

3. Erweitern Sie Ihr Programm aus der letzten Aufgabe. Es soll diese Tabelle erzeugen:

n	a_n	b_n
0	3	3.4641016151377544
1	3.1058285412302493	3.2153903091734728
2	3.1326286132812382	3.1596599420975005
3	3.1393502030468672	3.1460862151314348
4	3.1410319508905093	3.1427145996453683
5	3.141452472285462	3.1418730499798242

4. Aus $\tan\dfrac{\pi}{4} = 1$ folgt $\pi = 4 \cdot \arctan 1$.

Die Mathematiker *James Gregory* und *Gottfried Wilhelm Leibniz* haben ca. 1670 unabhängig voneinander die folgende unendliche Reihe für arctan entdeckt:

$$\arctan x = x - \frac{x^3}{3} + \frac{x^5}{5} - \frac{x^7}{7} + ..., \quad \text{für alle } x \text{ mit } x \leq 1$$

Sie kann auch so geschrieben werden:

$$\arctan x = \sum_{n=0}^{\infty} (-1)^n \left(\frac{x^{2n+1}}{2n+1} \right), \quad \text{für alle } x \text{ mit } x \leq 1$$

James Gregory (1638-1675)
Quelle im Anhang B

Gottfried Wilhelm Leibniz (1646-1716)
Quelle im Anhang B

Mit einem kleinen Testprogramm, das mit dieser Reihe den Wert $\pi = 4 \cdot \arctan 1$ berechnet, erhalten wir Werte wie:

n	$\approx \pi$
0	4
1	2.666666666666667
2	3.4666666666666668
3	2.8952380952380956
4	3.3396825396825403
5	2.9760461760461765
100000	3.1416026534897203
100001	3.1415826537897158
200000	3.1415976535647618
200001	3.1415876536397613
300000	3.1415959869120198
300001	3.1415893202786864
400000	3.1415951535834941
400001	3.1415901536022441

Wir erkennen, dass die Teilfolge der geraden Glieder absteigend ist (alle Werte sind größer als π), wohingegen die Teilfolge der ungeraden Glieder aufsteigend ist (alle Werte sind kleiner als π). Der Algorithmus, der daraus folgt, ist:

```
ALGORITHM_ARCTAN

    1. n ← Anzahl_Iterationen

    2. x ← 1

    3. Vorzeichen ← 1

    4. Zähler ← x

    5. Nenner ← 1

    6. For (i ← 1; i ≤ n; step 1)

    7. Resultat ← Vorzeichen · Zähler/Nenner

    8. Zähler ← Zähler · x²

    9. Nenner ← Nenner + 2

    10. Vorzeichen ← Vorzeichen · (−1)

    11. End_For

    12. return 4.0 · Resultat

END_ALGORITHM_ARCTAN
```

Schreiben Sie ein auf diesem Algorithmus basierendes Programm, das die Abschätzung von π für eine eingegebene Iteration n ausgibt.

5. Eine andere bekannte irrationelle Zahl ist die Eulersche Zahl e, die nicht so alt wie π ist. Eine mögliche Näherungsformel ist

$$e = 1 + \frac{1}{1!} + \frac{1}{2!} + \frac{1}{3!} + \ldots + \frac{1}{n!} + \ldots$$

Schreiben Sie ein Programm, das e mit der Fehlerabschätzung EPS berechnet.

Das heißt, dass $|e(n+1) - e(n)| < EPS$, wobei $e(n)$ und $e(n+1)$ zwei aufeinander folgende Abschätzungen von e durch die obige Reihe sind. Bemerkung: Der Wert $n! = 1 \cdot 2 \cdot \ldots \cdot n$ (gesprochen: n Fakultät) wächst sehr schnell!

6. Berechnen Sie wie in der vorigen Aufgabe die linken Seiten der Gleichungen mit einer gegebenen Fehlerabschätzung EPS und "prüfen" Sie sie.

$$a.\ 1 - \frac{1}{1!} + \frac{1}{2!} - \frac{1}{3!} + \ldots \pm \frac{1}{n!} \mp \ldots = \frac{1}{e}$$

$$b.\ 1 - \frac{1}{2} + \frac{1}{3} - \frac{1}{4} + \ldots \pm \frac{1}{n} \mp \ldots = \ln 2$$

$$c.\ 1 + \frac{1}{2} + \frac{1}{4} + \frac{1}{8} + \ldots + \frac{1}{2^n} + \ldots = 2$$

$$d.\ 1 - \frac{1}{2} + \frac{1}{4} - \frac{1}{8} + \ldots \pm \frac{1}{2^n} \mp \ldots = \frac{2}{3}$$

$$e. \ \frac{1}{1\cdot 2}+\frac{1}{2\cdot 3}+\frac{1}{3\cdot 4}+\dots+\frac{1}{n(n+1)}+\dots=1$$

$$f. \ \frac{1}{1\cdot 3}+\frac{1}{3\cdot 5}+\frac{1}{5\cdot 7}+\dots+\frac{1}{(2n-1)(2n+1)}+\dots=\frac{1}{2}$$

$$g. \ \frac{1}{1\cdot 3}+\frac{1}{2\cdot 4}+\frac{1}{3\cdot 5}+\dots+\frac{1}{(n-1)(n+1)}+\dots=\frac{3}{4}$$

$$h. \ \frac{1}{3\cdot 5}+\frac{1}{7\cdot 9}+\frac{1}{11\cdot 13}+\dots+\frac{1}{(4n-1)(4n+1)}+\dots=\frac{1}{2}-\frac{\pi}{8}$$

$$i. \ \frac{1}{1\cdot 2\cdot 3}+\frac{1}{2\cdot 3\cdot 4}+\dots+\frac{1}{n(n+1)(n+2)}+\dots=\frac{1}{4}$$

$$j. \ 1+\frac{1}{2^2}+\frac{1}{3^2}+\frac{1}{4^2}+\dots+\frac{1}{n^2}+\dots=\frac{\pi^2}{6}$$

$$k. \ 1-\frac{1}{2^2}+\frac{1}{3^2}-\frac{1}{4^2}+\dots\pm\frac{1}{n^2}\mp\dots=\frac{\pi^2}{12}$$

7. Lesen Sie die Artikel über π und e auf Wikipedia:
   Kreiszahl π: `http://de.wikipedia.org/wiki/Kreiszahl`
   Eulersche Zahl e: `http://de.wikipedia.org/wiki/Eulersche_Zahl`

2.15 Der bedingte Ausdruck ?:

Die mathematische Operation $min(x,y)$ können wir mit dem bedingten Ausdruck so formulieren:

```
(x < y) ? x : y
```

Schreiben Sie ein kurzes Programm, das den Wert $min(x,y,z)$ damit berechnet. Beispiel:

```
Geben Sie drei Zahlen ein: 45 34 12
Minimaler Wert: 12
```

Problemanalyse und Entwurf der Lösung
Von diesem Entscheidungsbaum leiten wir die bedingte Anweisung ab:

```
x<y ?(y<=z?x:(x<z?x:z)):(x<z?y:(z<y?z:y));
```

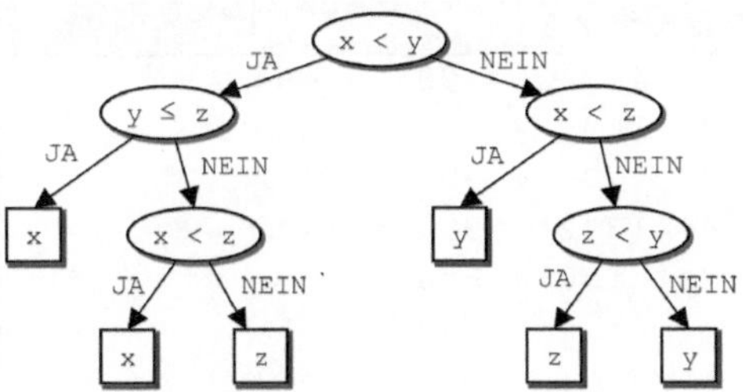

Programm

```c
#include <stdio.h>

int main(void){
  int x, y, z;
  int min;
  printf("Geben Sie drei Zahlen ein: ");
  scanf("%d %d %d", &x, &y, &z);
  min = x<y?(y<=z?x:(x<z?x:z)):(x<z?y:(z<y?z:y));
  printf("Minimaler Wert: %d\n", min);
  return 0;
}
```

Aufgaben

1. Erweitern Sie das Programm so, dass es das Maximum dreier natürlicher Zahlen bestimmt.

2. Schreiben Sie ein Programm, das das Minimum und Maximum von vier natürlichen Zahlen ermittelt. Arbeiten Sie wieder mit bedingten Ausdrücken.

2.16 Besondere Paare

Es sei die natürliche Zahl $n, 0 < n < 9000$ gegeben. Schreiben Sie ein Programm, das

a) alle Paare (x,y) natürlicher Zahlen ausgibt, für die $x^2 + n = y^2$ gilt,
b) das Paar (x,y) natürlicher Zahlen findet, für das $n = 2^x \cdot (2 \cdot y + 1)$ gilt.

Beispiel:

Variante 1	Variante 2
Geben Sie n ein! n = 234	Geben Sie n ein! n = 987
a)	a)

Variante 1	Variante 2

` Es gibt 0 Paare.`
 	
`b)`
` 234 = 2^1 * (2*58 + 1)`
	`1. 493^2 + 987 = 494^2`
	`2. 163^2 + 987 = 166^2`
	`3. 67^2 + 987 = 74^2`
	`4. 13^2 + 987 = 34^2`
	` Es gibt 4 Paare.`
	
	`b)`
	` 987 = 2^0 * (2*493 + 1)`

Problemanalyse und Entwurf der Lösung

Die Gleichung aus **a)** formen wir so um, dass wir n als Produkt der Terme $(y-x)$ und $(y+x)$ erhalten:

$$x^2 + n = y^2 \quad \Leftrightarrow \quad n = y^2 - x^2 \quad \Leftrightarrow \quad n = (y-x) \cdot (y+x)$$

Wenn a und b Teiler von n mit den Bedingungen $a < b$ und $a \cdot b = n$ sind, können wir das einfache System

$$\begin{cases} y - x = a \\ y + x = b \end{cases}$$

aufbauen. Es hat die Lösungen:

$$x = \frac{b-a}{2} \quad y = \frac{b+a}{2}$$

Weil x und y aus $\mathbb{N}$ sind, kommt noch die Bedingung dazu, dass $b-a$ und damit auch $b+a$ Vielfache von 2 sein müssen.

Für die Gleichung $n = 2^x \cdot (2 \cdot y + 1)$ aus **b)** gilt, dass x der Exponent von 2 in der Primfaktorzerlegung von n ist. y ist der größte ungerade Teiler von n.

Programm

```c
#include <stdio.h>
#include <math.h>

int main(void){
  unsigned long x, y, n, n1;
  int counter = 0;
  printf("Geben Sie n ein!\n");
  printf("n = "); scanf("%lu", &n);
  printf("\na)");
  for(x = 1; x<=sqrt(n); x++)
    if(n%x == 0){
      y = n/x;
      if((x+y)%2 == 0){
        counter++;
        printf("\n %d. ", counter);
```

```
            printf("%4lu^2 + %4lu = %4lu^2",
                (y-x)/2, n,  (y+x)/2);
        }
    }
    printf("\n Es gibt %d Paare.\n", counter);
    x = 0;
    n1 = n;
    while(n1%2 == 0){
        x++;
        n1 /= 2;
    }
    printf("\nb)\n");
    printf(" %lu = 2^%lu * (2*%lu + 1) ",
              n, x, (n1-1)/2);
    return 0;
}
```

Aufgaben

1. Ändern Sie das Programm so ab, dass es bei der Bestimmung der Lösung für die
   Teilaufgabe **b)** zuerst y und dann x berechnet.

2. Implementieren Sie die Lösungssuche für die Teilaufgabe **a)** auf eine andere Art
   und Weise. Zum Beispiel mit einer *Brute-Force*-Methode, die die passenden Zahlen systematisch sucht.

2.17 Die Farey-Reihe

Eine Farey-Reihe vom Rang n besteht aus allen ausgekürzten Brüchen, deren Wert
zwischen 0 und 1 liegt, und deren Nenner maximal n ist. Die Brüche sind aufsteigend sortiert.

$$F_7 = \left\{ \frac{0}{1}, \frac{1}{7}, \frac{1}{6}, \frac{1}{5}, \frac{1}{4}, \frac{2}{7}, \frac{1}{3}, \frac{2}{5}, \frac{3}{7}, \frac{1}{2}, \frac{4}{7}, \frac{3}{5}, \frac{2}{3}, \frac{5}{7}, \frac{3}{4}, \frac{4}{5}, \frac{5}{6}, \frac{6}{7}, \frac{1}{1} \right\}$$

Wenn die x_i die Zähler und die y_i die Nenner der Farey-Brüche sind, dann sieht das
Bildungsgesetz einer Farey-Reihe mit dem Rang n so aus:

$$x_0 = 0, \quad x_1 = y_0 = 1, \quad y_1 = n$$

und

$$x_k = ((x_{k-2} + n)/y_{k-1}) \cdot x_{k-1} - x_{k-2}$$
$$y_k = ((y_{k-2} + n)/y_{k-1}) \cdot y_{k-1} - y_{k-2}$$

Schreiben Sie ein Programm, das die Farey-Brüche für einen gegebenen Rang n ($0 \leq
n \leq 1000$) ausgibt. Beispiel:

```
Geben Sie n ein:
 n = 7
Farey-Brueche mit Rang 7:
0/1   1/7   1/6   1/5   1/4   2/7   1/3   2/5   3/7   1/2   4/7
3/5   2/3   5/7   3/4   4/5   5/6   6/7   1/1
```

Problemanalyse und Entwurf der Lösung

Analog zum Bildungsgesetz bauen wir die Reihe von links nach rechts mit den drei Variablenpaaren $(x_{k-2}, y_{k-2}), (x_{k-1}, y_{k-1})$ und (x_k, y_k) auf. Weil wir uns bei dieser Lösung immer nur die letzten beiden Brüche merken wollen, initialisieren wir xk_2 mit 0, xk_1 und yk_2 mit 1 und yk_1 mit n.

Programm

```c
#include <stdio.h>

int main(void){
  unsigned n, xk, yk, xk_1, yk_1, xk_2, yk_2;
  printf("Geben Sie n ein:\n n = ");
  scanf("%u", &n);
  xk_2=0; xk_1=yk_2=1; yk_1=n;
  printf(" Farey-Brueche mit Rang %u:\n", n);
  printf(" %u/%u  %u/%u ", xk_2, yk_2, xk_1, yk_1);
  while(xk_1!=1 || yk_1!=1){
    xk = (xk_2+n)/yk_1*xk_1-xk_2;
    yk = (yk_2+n)/yk_1*yk_1-yk_2;
    xk_2 = xk_1; yk_2 = yk_1;
    xk_1 = xk;   yk_1 = yk;
    printf(" %u/%u ", xk, yk);
  }
  return 0;
}
```

Aufgaben

1. Schreiben Sie die Schritte des Algorithmus und die Brüche für $n = 8$ auf ein Blatt Papier.

2. Erweitern Sie das Programm so, dass es auch die Anzahl der Brüche zählt und ausgibt.

3. Finden Sie eine von n abhängige Formel für die Anzahl der Brüche.

4. Lesen Sie mehr über die Farey-Brüche im Internet nach, z. B. bei Wolfram MathWorld:

   ```
   http://mathworld.wolfram.com/FareySequence.html
   ```

2.18 Gemeinsame Teiler

Es seien zwei natürliche Zahlen n und d gegeben, $2 < d < n$. Schreiben Sie ein Programm, das alle Paare natürlicher Zahlen $(m1, m2)$ ausgibt, die beide kleiner gleich n und Vielfache von d sind. Die beiden Zahlen passen in den Typ `unsigned int`.

Beispiel:

```
Geben Sie n ein: 218
Geben Sie d ein: 37
(74, 37)(111, 37)(111, 74)(148, 37)(148, 74)(148, 111)
(185, 37)(185, 74)(185, 111)(185, 148)
```

Problemanalyse und Entwurf der Lösung

Wir stellen zwei Varianten vor. Die erste sucht mit *Brute Force* nach allen Paaren, die die Bedingungen erfüllen. Die zweite Variante durchläuft alle möglichen Vielfachen von d, indem innerhalb zweier `for`-Schleifen nur die Paare (i, j) mit der Bedingung $1 \leq j < i \leq n/d$ berücksichtigt werden. Die Lösungspaare lauten $(i \cdot d, j \cdot d)$. Das erste Programm ist natürlich viel langsamer als das zweite, prüfen Sie das mit Werten wie $n = 200.000$ und $d = 57$.

Programm Variante 1

```c
#include <stdio.h>

int main(void){

  unsigned int d, n, i, j;
  printf("Geben Sie n ein: ");
  scanf("%d",&n);
  printf("Geben Sie d ein: ");
  scanf("%d",&d);

  for(i=d; i<=n; i++)
    for(j=d; j<i; j++)
      if(j%d==0 && i%d==0)
        printf("(%d, %d)", i, j);

  return 0;
}
```

Programm Variante 2

```c
#include <stdio.h>

int main(void){

  unsigned int d, n, i, j;
```

```
  printf("Geben Sie n ein: ");
  scanf("%d",&n);
  printf("Geben Sie d ein: ");
  scanf("%d",&d);

  for(i = 2; i<=n/d; i++)
    for(j=1; j<i; j++)
      printf("(%d, %d)", i*d, j*d);

  return 0;
}
```

Aufgaben

1. Finden Sie eine von n und d abhängige Formel für die Anzahl der Paare.

2. Es seien die natürlichen Zahlen (m,n) gegeben. Entwickeln Sie ein Programm, das die kleinste Zahl p findet, die durch m und n teilbar ist.

2.19 Zahlenumwandlung ins Dezimalsystem

Schreiben Sie ein Programm, das mit Hilfe der Funktion `strtol()` aus der Bibliothek `stdlib.h` eine Zahl in einer gegebenen Basis ins Dezimalsystem umwandelt.

Beispiele:

Tastatur	Bildschirm
Basis: 5	1230321(Basis 5) = 23836(Basis 10)
Zahl in Basis 5: 1230321	
Basis: 2	Scannen gestoppt bei: stop
Zahl in Basis 2: 0101011111110011stop	0101011111110011(Basis 2) = 45043(Basis 10)

Problemanalyse und Entwurf der Lösung

Die Funktion `strtol()` hat den Kopf:

```
long strtol(const char *nptr, char **endptr, int basis);
```

Sie liefert eine in der Zeichenkette `nptr` gespeicherte Zahl in der Basis `basis` (zwischen 2 und 32) als Dezimalzahl vom Typ **long** zurück. Wenn das Resultat zu groß wird, gibt `strtol()` je nach Vorzeichen `LONG_MAX` oder `LONG_MIN` zurück. Eventuelle Leerzeichen am Anfang der Zeichenkette ignoriert die Funktion.

Programm

```c
#include <stdio.h>
#include <stdlib.h>

int main(void){

  int basis;
  char zahl[30], *p;
  long nr;
  printf("Basis: "); scanf("%d",&basis);
  printf("Zahl in Basis %d: ", basis);
  scanf("%s", zahl);
  nr = strtol(zahl, &p, basis);

  if(!p) printf("Ungueltiges Zeichen: %c ",*p);
  else {
    if(*p!='\0')printf("Scannen gestoppt bei: %s", p);
    *p='\0';
    printf("\n%s(Basis %d)=%ld(Basis %d)", zahl, basis, nr, 10);
  }
  return 0;
}
```

Aufgaben

1. Lesen Sie in der Hilfe mehr über die Funktion `strtol()` nach. Was passiert,
   wenn man als Basis 0 oder einen Wert größer 32 eingibt?

2. Informieren Sie sich auch über die verwandten Funktionen `strtod()` und `strtoul
   ()` und schreiben Sie Beispielsprogramme damit.

3. Implementieren Sie eine eigene, zu `strtol()` synonyme Funktion.

2.20 Formatierung der natürlichen Zahlen

Schreiben Sie ein Programm, das die Zahl 12345 mit verschiedenen Formatelementen links- und rechtsbündig und mit einer bestimmten Stellenanzahl ausgibt. Beispiel:

```
12345
12345
    12345
12345
0000012345
12345
```

Problemanalyse und Entwurf der Lösung

Wir verwenden dafür die Ausgabefunktion `printf()`.

Programm

```c
#include <stdio.h>

int main(void){
  int y=12345;
  printf("%d\n", y);
  printf("%5d\n", y);
  printf("%10d\n", y);
  printf("%03d\n", y);
  printf("%010d\n", y);
  printf("%-10d\n", y);
  return 0;
}
```

Aufgaben

1. Formatieren Sie auch binäre, oktale und hexadezimale Zahlen.

2. Schreiben Sie ein Testprogramm für die verschiedenen Formate für reelle Zahlen.

2.21 Vollkommene Zahlen

Eine natürliche Zahl ist vollkommen, wenn sie gleich der Summe ihrer echten positiven Teiler ist. Schreiben Sie ein Programm, das alle vollkommenen Zahlen kleiner 20.000 auflistet. Beispiel:

```
Vollkommene Zahlen kleiner 20000:
    6    28    496   8128
```

Problemanalyse und Entwurf der Lösung

Für jede Zahl `i` zwischen zwei und 20.000, berechnet man in `s` mit Hilfe einer **for**-Schleife die Summe ihrer echten positiven Teiler.

Programm

```c
#include <stdio.h>
#define max 20000

int main(void){
```

```c
unsigned long long i, j, s;
printf("Vollkommene Zahlen kleiner %d:\n", max);
for (i=2; i<= max; i++){
  s=0;
  for (j=1;j<=i/2;j++)
    if (i%j==0) s += j;
  if (i==s) printf("%6lu", i);
}
return 0;
}
```

Aufgaben

1. Erweitern Sie das Programm so, dass es auch alle Teiler ausgibt, und zwar in
   dieser Form:

```
   6 = 1 + 2 + 3
  28 = 1 + 2 + 4 + 7 + 14
 496 = 1 + 2 + 4 + 8 + 16 + 31 + 62 + 124 + 248
8128 = 1 + 2 + 4 + 8 + 16 + 32 + 64 + 127 + 254 + 508 + 1016 +
       2032 + 4064
```

2. Hier können Sie mehr über die perfekten Zahlen erfahren:
   http://de.wikipedia.org/wiki/Vollkommene_Zahl
   http://www-history.mcs.st-andrews.ac.uk/HistTopics/Perfect_
   numbers.html

2.22 Befreundete Zahlen

Wir sagen, dass zwei natürliche Zahlen befreundet sind, wenn die Summe aller echten Teiler jeder Zahl gleich der anderen Zahl ist. Schreiben Sie ein Programm, das
alle befreundeten Zahlen kleiner als 20.000 ausgibt.

Beispiel:

```
Paare befreundeter Zahlen kleiner 20000:
(284, 220)   (1210, 1184)   (2924, 2620)   (5564, 5020)   (6368,
   6232)   (10856, 10744)   (14595, 12285)   (18416, 17296)
```

Problemanalyse und Entwurf der Lösung

Zwei Varianten betrachten wir. Die erste errechnet per *Brute Force* für jede mögliche Kombination zweier natürlicher Zahlen deren Teilersummen. In der zweiten,
schlaueren Variante, berechnen wir zuerst die Teilersummen aller Zahlen und speichern sie in einem Array. Daraus bedienen wir uns anschließend, wenn wir für alle

möglichen Zahlenpaare die Teilersumme jeder Zahl mit der anderen Zahl vergleichen. Weil die erste Variante die Summe der Teiler bei jedem Auftreten einer Zahl erneut berechnet, dauert die Ausführung lange, und deshalb lassen wir hier nur Zahlen kleiner 2.000 zu. Untersuchen Sie die Laufzeiten beider Programme, indem Sie die Konstante max mit den Werten 500, 600, ..., 2.000 belegen.

Programm Variante 1

```c
#include <stdio.h>

#define max 2000

int main(void){
  unsigned long i, k, j1, j2, s1, s2;
  printf("Paare befreundeter Zahlen");
  printf(" kleiner %lu:\n", max);
  for (i=1; i<max-1; i++){
    s1=1;
    for (j1=2; j1<=i/2; j1++)
      if (i%j1==0) s1=s1+j1;
    for(k=i+1; k<max; k++){
      s2=1;
      for (j2=2; j2<=k/2; j2++)
        if (k%j2==0) s2=s2+j2;
      if(s2==i && s1==k)
        printf("(%lu, %lu)", i, k);
    }
  }
  return 0;
}
```

Programm Variante 2

```c
#include <stdio.h>
#include <conio.h>

#define max 20000

int main(void){
  unsigned long i, j, j1, s1;
  unsigned long a[max];
  for (i=1; i<max; i++){
    s1=1;
    for(j1=2; j1<=i/2; j1++)     /*Erzeugen des Tabelle A mit der   */
      if(i%j1==0) s1=s1+j1;       /* Summen aller Teiler      */
    a[i-1]=s1;
  }
  printf("Paare befreundeter Zahlen");
  printf(" kleiner %lu:\n", max);
  for(i=1; i<max; i++)
    for(j=1; j<i; j++)
```

```
      if(a[i-1]==j && a[j-1]==i)
        printf("(%lu, %lu)  ", i, j);
  return 0;
}
```

Aufgaben

1. Erweitern Sie beide Programme so, dass sie auch alle Teiler der Zahlen anzeigen.

2. Ermitteln Sie außerdem mit der Funktion `time()` aus der Bibliothek `time.h` die Laufzeiten beider Programme in Sekunden.

2.23 Summe der dritten Potenzen

Es sei eine natürliche Zahl n gegeben, die in den Typ **int** passt. Finden Sie alle Zahlen kleiner n, für die die Summe der dritten Potenzen der Ziffern der Zahl gleich der Zahl selbst ist.

Beispiel

```
Geben Sie n ein: 400
Ergebnis:
 153
 370
 371
```

Problemanalyse und Entwurf der Lösung

Alle Zahlen kleiner n werden durchlaufen, und für jede wird die Summe der dritten Potenzen ihrer Ziffern bestimmt und mit der Zahl verglichen.

Programm

```c
#include <stdio.h>

int main(void){
  int n, i, j, s;
  printf("Geben Sie n ein: ");
  scanf("%d", &n);
  printf("Ergebnis:\n");
  for(i=2;i<=n;i++){
    s=0;
    j=i;
    while(j!=0){
      s=s+(j%10)*(j%10)*(j%10);
      j=j/10;
    }
```

```
    if(i==s) printf(" %d\n", i);
  }
  return 0;
}
```

Aufgabe

Schreiben Sie ein Programm, das alle 4-Tupel (a, b, c, d) mit $a, b, c, d \in \{1, 2, \ldots, 100\}$ auflistet, für die $a^3 = b^3 + c^3 + d^3$ gilt.

2.24 ASCII-Codes

Schreiben Sie ein Programm, das alle ASCII-Zeichen und deren Codes auflistet.

Beispiel

```
. . . . . . . . . . . .
0x1c  |||            0x1d  |↔|            0x1e  |▲|
0x1f  |▼|             0x20  | |             0x21  |!|
0x22  |"|            0x23  |#|            0x24  |$|
0x25  |%|            0x26  |&|            0x27  |'|
0x28  |(|            0x29  |)|            0x2a  |*|
0x2b  |+|            0x2c  |,|            0x2d  |-|
0x2e  |.|            0x2f  |/|            0x30  |0|
0x31  |1|            0x32  |2|            0x33  |3|
0x34  |4|            0x35  |5|            0x36  |6|
0x37  |7|            0x38  |8|            0x39  |9|
0x3a  |:|            0x3b  |;|            0x3c  |<|
0x3d  |=|            0x3e  |>|            0x3f  |?|
0x40  |@|            0x41  |A|            0x42  |B|
0x43  |C|            0x44  |D|            0x45  |E|
0x46  |F|            0x47  |G|            0x48  |H|
0x49  |I|            0x4a  |J|            0x4b  |K|
0x4c  |L|            0x4d  |M|            0x4e  |N|
. . . . . . . . . . . . .
```

Problemanalyse und Entwurf der Lösung

Wir gehen alle Zeichen des ASCII-Codes durch und geben sie mit Formatelementen aus.

Programm

```c
#include <stdio.h>

int main(void){
  unsigned char c;
```

```c
    char buf[50];
    for(c = 0; c < 255; c++){
        sprintf(buf, "0x%x", (int)c);
        sprintf(buf, "%s |%c|", buf, c);
        printf("%-20s", buf);
        if((c % 3) == 0) printf("\n");
    }
    printf("\n");
    return 0;
}
```

Aufgabe

Ändern Sie das Programm so ab, dass es alle Zeichen ausgibt, die zwischen zwei von der Tastatur gelesenen Zeichen liegen.

2.25 Aufgaben

Lösen Sie alle Aufgaben, ohne Arrays zu verwenden.

1. Eine natürliche Zahl N wird eingegeben ($1 \leq N \leq 10.000$). Berechnen Sie die Anzahl der geraden und ungeraden Ziffern in N^2.

2. Geben Sie alle Primzahlen aus, die palindrom sind und in einem gegebenen Intervall $[a, b]$ mit $1 < a < b < 10.000$ liegen.

3. Bestimmen Sie alle natürlichen palindromen Zahlen, die kleiner als eine gegebene natürliche Zahl (< 50.000) sind.

4. Ermitteln Sie alle Primzahlen mit vier Ziffern, die die Quersumme 14 haben.

5. Bestimmen Sie die maximale Zahl, die man durch das Löschen einer beliebigen Ziffer einer natürlichen Zahl N ($100 < N < 1.000.000$) erhalten kann.

6. Es sei eine natürliche Zahl N mit maximal neun Ziffern gegeben. Finden Sie die größte Zahl, die sich mit den Ziffern von N bilden lässt.

7. Wir sagen, dass eine natürliche Zahl N besonders ist, wenn eine natürliche Zahl M existiert, so dass $N = M + Q(M)$, wobei $Q(M)$ die Quersumme von M darstellt. Schreiben Sie ein Programm, das alle besonderen Zahlen aus einem Intervall $[a, b]$ ausgibt, wobei a und b natürliche Zahlen aus $[5, 50.000]$ sind.

8. Finden Sie mit einem Programm die Tripel (n, m, k), die die Gleichung $n! + m! = k$ erfüllen, wobei k eine natürliche Zahl aus dem Intervall $[a, b]$ ist. a und b werden über die Tastatur eingegeben: $2 \leq a < b \leq 50.000$.

9. Eine natürliche Zahl in der Form $z_1 z_2 ... z_m$ nennen wir einen Berg (ein Tal), wenn es eine Position k ($1 < k < m$) gibt, so dass die Ziffern von z_1 bis z_k aufsteigend (absteigend) und von z_k bis z_m absteigend (aufsteigend) sind. Beispiele:

136732 $\to$ Berg, 753469 $\to$ Tal. Schreiben Sie ein Programm, das eine natürliche, höchstens neunstellige Zahl einliest und danach entscheidet, ob sie Berg oder Tal ist. Erweitern Sie das Programm so, dass es alle Berge und Täler aus einem gegebenen Intervall ausgibt.

10. Es seien zwei Zahlen gegeben, sie haben maximal vier Ziffern. Berechnen Sie mit einem Programm das Produkt der beiden Zahlen mit Hilfe des klassischen arithmetischen Algorithmus. Implementieren sie die beiden Varianten:

Die amerikanische Variante, von rechts nach links	Die englische Variante, von links nach rechts
981	981
1234	1234
---------------	---------------
3924	981
2943	1962
1962	2943
981	3924
---------------	---------------
1210554	1210554

11. Wie lautet die größte Primzahl, die kleiner als 10^9 ist?

12. Bestimmen Sie die zwei kleinsten natürlichen Zahlen N mit der Eigenschaft:

    a) 7 ist ein Teiler von $N^3 + N - 2$

    b) 5 ist ein Teiler von $N^3 - 3N + 6$.

13. Geben Sie alle Zahlen aus, die die Form $2^p - 2$ haben und in den Datentyp `long` passen, wobei p eine Primzahl ist. Außerdem sollen Sie für jedes p den Rest der Division von $2^p - 2$ durch p angeben. Was bemerken Sie? Können Sie es auch beweisen?

14. Wenn N eine natürliche Zahl ist, dann ist die Zahl $M = N(N+1)(N+2)(N+3) + 1$ eine Quadratzahl. Prüfen Sie diese Aussage mit einem Programm für die ersten zwölf Primzahlen.

15. Entwickeln Sie ein Programm, das die letzte Ziffer von Zahlen wie 323^{700}, 1244^{51}, 1982^{83}, 164^{41}, 194^{53}, $17^{60} + 12^{40}$ und $13^{20} + 22^{30}$ bestimmt. Lassen Sie flexible Formate der Eingabedaten zu.

16. Es sei eine natürliche Zahl N gegeben, $1 \leq N \leq 5000$. Geben Sie mit einem Programm die letzte Ziffer der Zahl $1! + 2! + \ldots + N!$ aus $(k! = 1 \cdot 2 \cdot \ldots \cdot k)$. Das Programm soll solange nach neuen N fragen und die Resultate ausgeben, bis eine Abbruchbedingung erfüllt ist (z. B. die Zahl 0 gelesen wird). Was fällt Ihnen auf? Können Sie Ihre Vermutung beweisen?

17. Finden Sie die ersten zehn Primzahlen, die die Form $4k - 1$ haben und die ersten zehn Primzahlen, die die Form $6k - 1$ haben, wobei k eine natürliche Zahl ist.

18. Es sei eine natürliche Zahl $N \leq 2000$ gegeben. Ermitteln Sie alle Primzahlen p, die kleiner als N sind und berechnen Sie für jedes p auch den Rest der Division von p^2 durch 12. Merken Sie was?

19. Wir bezeichnen das Produkt der Ziffern der natürlichen Zahl M mit $P(M)$. Berechnen Sie für eine gegebene Zahl N ($1 \leq N \leq 5000$) den Wert $P(1) + P(2) + ... + P(N)$.

20. Wie viele Möglichkeiten gibt es, 447 als Summe von aufeinander folgenden ungeraden Zahlen darzustellen? Formulieren Sie die Verallgemeinerung dieser Problemstellung und schreiben Sie das entsprechende Programm dafür.

21. Es sei $a, b \in \mathbb{N}$ so dass $a \cdot b = 300$. Wie viele Paare (a, b) gibt es, so dass a und b keinen gemeinsamen Teiler haben? Verallgemeinern Sie die Problemstellung und entwickeln Sie das entsprechende Programm.

22. Jede Ziffer entspricht einem bestimmten Buchstaben. Dann ist KANGAROO + 10000*AROO − 10000*KANG gleich: a) AROOAROO, b) AROOKANG, c) KANGKANG, d) KANGAROO, d) KANGOOO. Finden Sie mit einem Programm heraus, welche Ziffern sich hinter den Buchstaben verbergen.

23. Gegeben ist eine natürliche Zahl N mit neun Ziffern. Entfernen Sie mit einem Programm vier Ziffern aus N derart, dass die resultierende Zahl die kleinstmögliche ist.

24. Lösen Sie mit einem Programm die Gleichungen $x + y = xy$ und $5x + 7y^2 = 1600$.

25. Schreiben Sie ein Programm, um alle natürlichen Zahlenpaare (x, y) auszugeben, für die

$$\frac{1}{x} + \frac{1}{y} = \frac{1}{2} \quad \text{gilt}$$

26. Wie lauten die letzten beiden Ziffern der Zahl 2^n? Wir nehmen an, dass n in den Datentyp **unsigned long** passt.

27. *Dreieck oder Trapez?* Implementieren Sie ein Programm, das für eine gegebene Zahl n ($1 \leq n \leq 1000$) ein gleichschenkliges Dreieck oder ein gleichschenkliges Trapez wie in den folgenden Beispielen mit Sternchen auf den Bildschirm zeichnet. Jede Zeile unterscheidet sich von der vorhergehenden durch je ein Zeichen '*' an ihren Enden. Falls keine Lösung existiert, geben Sie `Keine Loesung` aus. Beispiele:

n=1	n=4	n=5	n=12	n=16

`*`	`  *`
	`***`
		`Keine`
		`Loesung.`
			`  **`
			` ****`
			`******`
				`   *`
				`  ***`
				` *****`
				`*******`

28. *Kontrollziffer.* Die Kontrollziffer einer eingegebenen natürlichen Zahl N berechnen wir wie folgt: Zuerst bilden wir die Quersumme über N und wenn das

Resultat mehr als eine Ziffer beansprucht, bestimmen wir die Quersumme der Quersumme, und das solange, bis das Resultat nur noch aus einer Ziffer besteht. Beispiel: Die Kontrollziffer von 465329 ist 2. Quersumme(465329)=29, Quersumme(29)=11, Quersumme(11)=2. Wenn wir statt einer Zahl ein Datum in der Form $TT.MM.JJJJ$ einlesen, definieren wir die Kontrollziffer über die Zahl $TTMMJJJJ$. Schreiben Sie ein Programm, das die Kontrollziffer für ein gegebenes Datum ermittelt. Beispiel:

Tastatur	Bildschirm
Tag = 23	Kontrollziffer(23.12.1989)=8
Monat = 12	
Jahr = 1989	

29. *Potenzen von k.* Gegeben sind eine natürliche Zahl k ($2 \leq k \leq 9$) und ein Intervall $[a,b]$. Finden Sie alle natürlichen Zahlen aus dem Intervall $[a,b]$, die Potenzen von k sind ($2 \leq a \leq b \leq 9.000.000$). Beispiel:

Tastatur	Bildschirm
k=2	16 32 64
a=15	
b=70	

$$(16 = 2^4, \quad 32 = 2^5, \quad 64 = 2^6)$$

30. Es seien zwei ganze Zahlen a und b und eine natürliche Zahl n gegeben. Schreiben Sie ein Programm, das zuerst prüft, ob a und b teilerfremd sind. Wenn die Antwort "ja" lautet, bestimmen Sie das Paar (x,y) mit den natürlichen Zahlen x und y, so dass $n = ax + by$ gilt.

Abb. 2.7: Winterlandschaft in Ried, Österreich

Kapitel 3
Arrays und Zeiger

3.1 Kleinstes Element einer Folge

Schreiben Sie ein Programm, das als Eingabe eine Folge von natürlichen Zahlen größer Null hat und das kleinste Element der Folge und alle Positionen, an denen dieses Element auftritt, ausgibt. Die Zahlen werden nacheinander eingelesen, bis eine 0 das Ende signalisiert (die 0 zählt nicht zur Folge). Alle Zahlen sind kleiner als 60.000 und es gibt maximal 100 davon, mindestens eine.

Beispiel:

```
Geben Sie die Elemente an:
45 67 7 67 89 7 453 23 7 7 7 89 90 0

_Ausgabe_
Der minimale Wert ist 7.
Er befindet sich an den Stellen: 3 6 9 10 11.
```

Problemanalyse und Entwurf der Lösung

Wir verwenden die folgenden Variablen:

- `lmin` – das aktuelle Minimum;

- `a[]` – die bisher gefundenen Positionen des aktuellen Minimums (`a[0]` wird mit 1 initialisiert);

- `imax` – die Anzahl der bisher gefundenen Positionen des aktuellen Minimums (initialisiert mit 1);

- `el` – die eingelesene Zahl;

- `i` – die Position der eingelesenen Zahl (initialisiert mit 0).

Mit der ersten eingelesenen Zahl initialisieren wir `lmin`. Für jede nun gelesene Zahl verfahren wir so:

- Ist sie kleiner als das aktuelle Minimum `lmin`, wird sie zum aktuellen Minimum. Außerdem setzen wir `a[0]` auf `i` und `imax` wieder auf 1 zurück.

- Ist sie gleich dem aktuellen Minimum, fügen wir ihre Position `a[]` hinzu und inkrementieren `imax`.

Programm

```c
#include <stdio.h>

int main(void){
  unsigned imax = 1, lmin, i = 0;
  int a[100];
  unsigned el;
  printf("Geben Sie die Elemente an:\n");
  scanf("%d", &el);
  a[0] = 1; lmin = el; i++;
  while(scanf("%d", &el) == 1 && el>0){
    i++;
    if(el == lmin) a[imax++] = i;
    if(el<lmin){
      a[0] = i; imax = 1;
      lmin = el;
    }
  }
  printf("\n_Ausgabe_\n");
  printf("Der minimale Wert ist %d!\n", lmin);
  printf("Er befindet sich an den Stellen: ");
  for(i=0; i<imax; i++) printf("%d  ", a[i]);
  printf("\n\n");
  return 0;
}
```

Aufgaben

1. Modifizieren Sie das Programm so, dass es die Zahlenfolge in einem Array speichert und dann, ohne dass ein zweites Array verwendet werden darf, das Ergebnis liefert.

2. Erweitern Sie das Programm so, dass es zusätzlich auch den maximalen Wert und seine Stellen ausgibt.

3. Schreiben Sie ein neues Programm, das eine Matrix einliest, deren Elemente wieder die natürlichen Zahlen sind. Alle Positionen des minimalen Wertes sollen als Paar (Zeile, Spalte) ausgegeben werden.

3.2 Bubble Sort

Wir wollen bis zu 200 ganze Zahlen, die in den Typ `int` passen, aufsteigend mit der *Bubble-Sort*-Methode sortieren. Dazu geben wir zuerst per Tastatur die Anzahl der Zahlen ein und dann die Zahlen selbst.

Beispiel:

```
Wie viele Zahlen? 6
Die Zahlen:
54 3 -12 5 76 4

Ausgabe:
 -12   3   4   5   54   76
```

Problemanalyse und Entwurf der Lösung

Wir sortieren das gegebene Array, indem wir seine Elemente von links nach rechts durchlaufen. Jedes Element vergleichen wir mit allen Elementen rechts von ihm, und wenn eines davon kleiner ist, vertauschen wir die beiden. Dadurch sortieren wir das Array.

Das Vertauschen zweier Variablen `a` und `b` können wir mit Hilfe einer dritten Variable `aux` realisieren ("Drei-Gläser-Methode"), etwa so:

```
aux=a;  a=b;  b=aux;
```

Wenn die beiden Variablen Zahlen beinhalten, können wir sie auch ohne eine dritte Variable vertauschen:

```
a=a-b;  b=a+b;  a=b-a;
```

Die Komplexität des *Bubble-Sort*-Algorithmus ist $O(n^2)$, wegen der zwei verschachtelten `for`-Schleifen.

Programm

```c
#include <stdio.h>

int main(void){
  int i, j, n, a[100], aux;
  printf("Wie viele Zahlen? "); scanf("%d", &n);
  printf("Die Zahlen:\n");
  for(i=0; i<n; i++)
    scanf("%d", &a[i]);
  for(i=0; i<n-1; i++)
    for(j=i+1; j<n; j++)
```

```
      if(a[i]>a[j])
         {aux=a[i]; a[i]=a[j]; a[j]=aux;}
   printf("\nAusgabe:\n");
   for(i=0; i<n; i++) printf(" %d ", a[i]);
   return 0;
}
```

Aufgaben

1. Schreiben Sie auf einem Blatt Papier die Schritte des Algortihmus für das gegebene Beispiel auf.

2. *Insertion-Sort* (die Kartenhand). Ein neu gelesenes Element wird im Array an
   der richtigen Stelle hinzugefügt, so dass sich die Elemente, die kleiner als das
   gelesene sind, links von ihm befinden und die größeren Elemente rechts von
   ihm. In Pseudocode können wir es so darstellen:

```
insertValueInSequenz(Array a, int n, Wert){
   int i = n-1;
   while (i>=0 && a[i]>Wert) {
       a[i+1] = a[i];
       i--;
   }
   a[i+1] = Wert;
}

insertionSort(Array a, int n){
   int i;
   for(i=1; i<n; i++) {
       insertValueInSequenz (a, i, a[i]);
   }
}
```

Geben Sie auf einem Blatt Papier für das Beispiel aus der Problembeschreibung
die Schritte mit diesem Verfahren an. Schreiben Sie dafür ein Programm.

3. Hier noch mal die Code-Sequenz, die die Werte in den Variablen a und b vertauscht:

```
a=a-b; b=a+b; a=b-a;
```

Ersetzen Sie die '?' in der Sequenz

```
b = a + ?; ? = ? ? ?; ? = ? ? ?;
```

so mit Zeichen aus der Menge $\{a, b, +, -\}$, dass Sie auch damit die Inhalte von
a und b vertauschen.

3.3 Ableitung eines Polynoms

Schreiben Sie ein Programm, das die Ableitung eines gegebenen Polynoms und dessen Funktionswert für eine reelle, eingelesene Zahl ausgibt. Die Koeffizienten des Polynoms sind ganze Zahlen aus dem Intervall $[-25.000, 25.000]$, der maximale Grad ist 100 und die Zahl passt in den Datentyp `float`.

Beispiel:

```
Grad des Polynoms: 3
Geben Sie die Koeffizienten ein:
a0 = 1
a1 = 2
a2 = 3
a3 = 4
Zahl fuer die Berechnung der Ableitung: 1.45

_Ausgabe_
P'(X) = 2 + 6X^1 + 12X^2
Funktionswert des abgeleiteten Polynoms:
P'(1.450) = 35.930
```

Problemanalyse und Entwurf der Lösung

Wenn wir das Polynom

$$P(X) = a_0 + a_1 X + a_2 X^2 + ... + a_n X^n, \text{ mit } a_n \neq 0$$

betrachten, dann lautet seine Ableitung

$$P'(X) = a_1 + 2a_2 X + 3a_3 X^2 + ... + n \cdot a_n X^{n-1}$$

Die Funktion `read()` liest den Grad und die Koeffizienten eines Polynoms in die Parameter n und a[] ein. n ist ein Zeiger, weil sich dieser Wert nach dem Aufruf der Funktion ändert.

Die Funktion `calculate()` errechnet den Funktionswert eines Polynoms vom Grad n und den Koeffizienten a[] an einem beliebigen Punkt x. Die Hilfsvariable x_aux beinhaltet die Potenzen von x: 0, 1, 2,... .

Die Funktion `derivate()` liefert die Ableitung des gegebenen Polynoms, indem sie seine Koeffizienten $a_0, a_1, ..., a_n$ zu $1 \cdot a_1, 2 \cdot a_2, 3 \cdot a_3, ..., n \cdot a_n$ transformiert.

Die Komplexität des Algorithmus ist linear $O(n)$, weil wir nur eine **for**-Schleife benötigen, um die Koeffizienten des Polynoms zu durchlaufen.

Programm

```c
#include <stdio.h>

int read(int *n, int a[100]){
  int i;
  printf("Grad des Polynoms: ");
  scanf("%d", n);
  printf("Geben Sie die Koeffizienten ein:\n");
  for(i=0; i<=*n; i++){
    printf("a%d = ", i);
    scanf("%d", &a[i]);
  }
  return 0;
}

double calculate(int n, int a[], double x){
  double x_aux = 1, val = a[0];
  int i;
  for(i=1; i<=n; i++){
    x_aux *= x;
    val    += a[i]*x_aux;
  }
  return val;
}

void derivate(int *n, int a[]){
  int i;
  for(i=0; i<*n; i++)
    a[i] = (i+1)*a[i+1];
  (*n)--;
}

void write(int *n, int a[]){
  int i;
  if(*n<0) return;
  printf("%d", a[0]);
  for(i=1; i<=(*n); i++)
    printf(" + %dX^%d", a[i], i);
  printf("\n");
}

int main(void){
  int n, p[100];
  float x;
  read(&n, p);
  printf("Zahl fuer die Berechnung der Ableitung: ");
  scanf("%f", &x);
  printf("\n_Ausgabe_\n");
  derivate(&n, p);
  printf("P'(X) = ");
  write(&n, p);
  printf(
  "Funktionswert des abgeleiteten Polynoms:\nP'(%.3lf) = %.3lf",
```

```
    x, calculate(n, p, x));
  return 0;
}
```

Aufgaben

1. Notieren Sie sich die Schritte des Algorithmus für das gegebene Beispiel auf ein Blatt Papier.

2. Bestimmen Sie die Ableitungen der Polynome:

$$(a)\ 1 - X + 23X^5 - 4X^7 \quad (b)\ 4 + 3X^3 + 5X^4 - 13X^5$$

3. Es seien zwei Polynome mit ganzzahligen Koeffizienten gegeben. Ihr Grad beträgt höchstens 100. Bestimmen Sie mit einem Programm die Summe, die Differenz und das Produkt der beiden Polynome. Schreiben Sie ein Programm, das diese Anforderungen erfüllt.

4. Ändern Sie das Programm so, dass es die Summe und das Produkt mehrerer Polynome ausgibt.

5. Verallgemeinern Sie unser Problem und Problem 3. Die Koeffizienten des Polynoms sollen komplexe Zahlen sein, ebenso der Funktionswert der Ableitung. Ändern Sie die beiden Programme ab.

3.4 Bestimmung der größeren Zahlen

Wir lesen eine Sequenz von höchstens 200 reellen Zahlen aus dem Intervall $[-32.000, 32.000]$ ein. Schreiben Sie ein Programm, das die Zahlen auswählt, die größer als eine gegebene Grenze x_0 sind.

Beispiel:

```
EINGABE:
Anzahl der Elemente: 5
Die Elemente: -9.87 456.78 -321.09 -456.901 5.432
Grenze x0: -10.34

AUSGABE:
Es gibt 3 Zahlen, die groesser als die Grenze -10.340 sind:
-9.870  456.780  5.432
```

Problemanalyse und Entwurf der Lösung

Die Zahlen der Sequenz gehen wir schrittweise durch. Die, die größer als x0 sind, fügen wir dem Array b[] hinzu. Die Komplexität des Algorithmus ist linear $O(n)$.

Programm

```c
#include <stdio.h>

int main(void){
  float a[201], x0, b[201];
  int n, i, m;
  printf("EINGABE: \n");
  printf("Anzahl der Elemente: ");
  scanf("%d", &n);
  printf("Die Elemente: ");
  for(i=0; i<n; i++)
    scanf("%f", &a[i]);
  printf("Grenze x0: ");
  scanf("%f", &x0);
  m=0;
  for(i=0; i<n; i++)
    if(a[i]>x0) b[m++]=a[i];
  printf("\nAUSGABE:\n");
  printf("Es gibt %d Zahlen, die groesser als die Grenze %.3f
    sind: \n",
         m, x0);
  for(i=0; i<m; i++) printf("%.3f  ", b[i]);
  return 0;
}
```

Aufgaben

1. Erweitern Sie das Programm so, dass es auch die Zahlen ausgibt, die kleiner als die Grenze $\sqrt{|x_0|}$ sind.

2. Transformieren Sie die Problemstellung und das Programm so, dass es auch komplexe Zahlen für die Folge und die Grenze verarbeitet. Wir fragen nach den Zahlen, die im Betrag größer als $|x_0|$ sind.

3.5 Produkt eines Polynoms mit (X-a)

Wir geben über die Tastatur eine reelle Zahl a und ein Polynom n-ten Grades (höchstens 50) ein. Bestimmen Sie die Koeffizienten des Produktes aus dem Polynom mit dem Polynom $(X - a)$. Wir nehmen an, dass die Koeffizienten beider Polynome in den Typ **float** passen.

Beispiel:

```
a = 4.23
Grad des Polynoms n = 2
Koeffizienten:
p1[0] = 1
```

```
p1[1] = 2
p1[2] = 3

Koeffizienten des Produktes:
p2[0] =    -4.230
p2[1] =    -7.460
p2[2] =   -10.690
p2[3] =     3.000
```

Problemanalyse und Entwurf der Lösung

Wenn das gegebene Polynom

$$P(X) = a_0 + a_1 X + a_2 X^2 + ... + a_n X^n$$

ist, dann ist das Produkt

$$P(X) \cdot (X - a) = -a \cdot a_0 + (a_0 - a a_1)X + (a_1 - a a_2)X^2 + ... + (a_{n-1} - a a_n)X^n + a_n X^{n+1}$$

Das heißt, dass die Koeffizienten des neuen Polynoms $b_0 = -a \cdot a_0$, $b_{n+1} = a_n$, $b_i = a_{i-1} - a a_i$ für alle $i = 1, 2, ..., n$ sind. Die Komplexität des Algorithmus ist linear $O(n)$.

Programm

```c
#include <stdio.h>

int main(void){
  int n, i;
  float a, p1[51], p2[51];
  printf("a = ");
  scanf("%f", &a);
  printf("Grad des Polynoms n = ");
  scanf("%d", &n);
  printf("Koeffizienten:\n");
  for(i=0; i<=n; i++){
    printf("p1[%d] = ", i);
    scanf("%f", &p1[i]);
    if(i) p2[i] = p1[i-1]-a*p1[i];
  }
  p2[0] = (-1)*a*p1[0];
  p2[n+1] = p1[n];
  printf("\nKoeffizienten des Produktes:");
  for(i=0; i<=n+1; i++)
  printf("\np2[%d] = %8.3f", i, p2[i]);
  return 0;
}
```

Aufgaben

1. Berechnen Sie die Produkte der folgenden Polynome mit dem Polynom $(X + 5)$:

$$(a)\ 1 + 4X + 3X^3 - X^4 \quad (b)\ -2 + 3X + 11X^2 - 8X^3.$$

2. Schreiben Sie ein Programm, das den Quotienten und den Rest der Division des gegebenen Polynoms P durch $(X - a)$ liefert.

3.6 Produkt zweier Matrizen

Schreiben Sie ein Programm, das das Produkt zweier Matrizen bildet. Die Elemente der gegebenen Matrizen und des Produktes passen in den Datentyp `int`, die Dimensionen der Matrizen betragen höchstens 100. Wir nehmen an, dass die eingegebenen Daten korrekt sind, also die Spaltenanzahl der ersten Matrix gleich der Zeilenanzahl der zweiten Matrix ist.

Beispiel:

```
EINGABE:
Matrize A:
Anzahl Zeilen m = 3
Anzahl Spalten n = 2
Die Elemente: 1 2 3 4 5 6
Matrize B:
Anzahl Zeilen m = 2
Anzahl Spalten n = 2
Die Elemente: 7 8 9 10

AUSGABE:
Produktmatrix:
      25       28
      57       64
      89      100
```

Problemanalyse und Entwurf der Lösung

Um zwei Matrizen A und B miteinander multiplizieren zu können, muss A ebenso viele Spalten haben wie B Zeilen. Wenn A m Zeilen und n Spalten und B n Zeilen und p Spalten hat, dann besteht $A \cdot B$ aus m Zeilen und p Spalten. Die Berechnung des Produkts erfordert $m \cdot n \cdot p$ elementare Multiplikationen.

A und B können so geschrieben werden $(m, n, p \in \mathbb{N} \setminus \{0\})$:

$$A = \begin{pmatrix} a_{11} & a_{12} & \cdots & a_{1n} \\ a_{21} & a_{22} & \cdots & a_{2n} \\ \cdots & \cdots & \cdots & \cdots \\ a_{m1} & a_{m2} & \cdots & a_{mn} \end{pmatrix}, \qquad B = \begin{pmatrix} b_{11} & b_{12} & \cdots & b_{1p} \\ b_{21} & b_{22} & \cdots & b_{2p} \\ \cdots & \cdots & \cdots & \cdots \\ b_{n1} & b_{n2} & \cdots & b_{np} \end{pmatrix}$$

Dann hat die Produktmatrix $C = A \cdot B$ die Form

$$C = \begin{pmatrix} c_{11} & c_{12} & \cdots & c_{1p} \\ c_{21} & c_{22} & \cdots & c_{2p} \\ \cdots & \cdots & \cdots & \cdots \\ c_{m1} & c_{m2} & \cdots & c_{mp} \end{pmatrix}$$

wobei $c_{ij} = a_{i1} \cdot b_{1j} + a_{i2} \cdot b_{2j} + ... + a_{in} + b_{nj} = \sum_{k=1}^{n} a_{ik} \cdot b_{kj}$ für alle $i \in \{1, ..., m\}$, $j \in$
$\{1, ..., p\}$.

Für alle Elemente c_{ij} des Produkts berechnen wir diese Summe, das sieht im Programm so aus:

```c
for(i=0; i<A.m; i++)
  for(j=0; j<B.n; j++)
    for(k=0; k<A.n; k++)
      C->a[i][j] += A.a[i][k] * B.a[k][j];
```

Eine Matrize ist mittels einer Struktur vollständig definiert: m - Anzahl der Zeilen, n - Anzahl der Spalten und das Array `a[][]` nimmt die Elemente auf:

```c
typedef struct{
   int m, n;
   int a[100][100];
}TMatrix;
```

Die Komplexität des Algorithmus ist wegen der drei verschachtelten `for`-Schleifen kubisch $O(m \cdot n \cdot p)$.

Programm

```c
#include <stdio.h>

typedef struct{
   int m, n;
   int a[100][100];
}TMatrix;

void read(TMatrix *A){
   int i, j;
   printf("Anzahl Zeilen m = ");
   scanf("%d", &A->m);
   printf("Anzahl Spalten n = ");
```

```c
    scanf("%d", &A->n);
    printf("Die Elemente: ");
    for(i=0; i<A->m; i++)
      for(j=0; j<A->n; j++)
        scanf("%d", &A->a[i][j]);
}

void product(TMatrix A, TMatrix B, TMatrix *C){
  int i, j, k;
  C->m = A.m;
  C->n = B.n;
  for(i=0; i<A.m; i++)
    for(j=0; j<B.n; j++)
      C->a[i][j] = 0;
  for(i=0; i<A.m; i++)
    for(j=0; j<B.n; j++)
      for(k=0; k<A.n; k++)
        C->a[i][j] += A.a[i][k] * B.a[k][j];
}

void write(TMatrix A){
  int i, j;
  for(i=0; i<A.m; i++){
    printf("\n");
    for(j=0; j<A.n; j++)
      printf("%7d", A.a[i][j]);
  }
}

int main(void){
  TMatrix A, B, C;
  printf("EINGABE:\nMatrize A:\n");
  read(&A);
  printf("Matrize B:\n");
  read(&B);
  product(A, B, &C);
  printf("\nAUSGABE:\nProduktmatrix:");
  write(C);
  return 0;
}
```

Aufgaben

1. Berechnen Sie auf dem Papier die folgenden Produkte $A \cdot B$:

$$(a) \quad A = \begin{bmatrix} -4 & 1 & 2 & 8 \\ 3 & -11 & 7 & 23 \end{bmatrix} \quad B = \begin{bmatrix} 3 & 4 \\ 5 & -3 \\ 2 & 10 \\ 8 & -6 \end{bmatrix}$$

$$(b) \quad A = \begin{bmatrix} 5 & 6 & 1 \\ -2 & 0 & -3 \\ 6 & 4 & 5 \end{bmatrix} \quad B = \begin{bmatrix} 9 & 4 \\ 3 & 1 \\ -2 & -6 \end{bmatrix}$$

2. Schreiben Sie Funktionen, die die Summe und die Differenz zweier Matrizen mit gleicher Dimension bestimmen. Erweitern Sie das Programm so, dass die beiden Funktionen zum Einsatz kommen, wenn die gegebenen Matrizen quadratisch sind.

3. Erweitern Sie das Programm um eine neue Funktion, die eine Matrix mit einem Vektor multipliziert, wobei der Vektor ein Array ist. Der Kopf der Funktion soll so aussehen:

```
product(TMatrix, int[], int[])
```

4. Implementieren Sie die Validierung der Eingabedaten im Programm (z. B. keine negative Zeilen- oder Spaltenanzahl, die Anzahl der Spalten der ersten Matrix muss gleich der Anzahl der Zeilen der zweiten Matrix sein).

3.7 Die Goldbachsche Vermutung

Christian Goldbach ist ein berühmter Mathematiker. Er ist am 19 März 1690 in Königsberg, (heute Kaliningrad) geboren und am 20. November 1764 in Moskau gestorben. Er studierte Jura und beschäftigte sich insbesondere mit der Zahlentheorie. Aber auch an anderen mathematischen Themen wie unendlichen Reihen und der Kurven- und Gleichungstheorie war er interessiert. Er war oft auf Reisen und konnte deswegen viele fruchtbare Gespräche mit anderen berühmten Mathematikern wie Leibniz, Bernoulli, de Moivre und Hermann führen. Mit Euler stand er fast 20 Jahre in regem Briefwechsel und diese Briefe gehören zu den wichtigsten wissenschaftlichen Dokumenten des 18. Jahrhunderts. Goldbach war Professor für Mathematik und Historiker an der Akademie St. Petersburg und Prinz Peter, der spätere Zar Peter der Zweite, war sein Schüler. Von Goldbachs Feder stammt eine bekannte Vermutung der Zahlentheorie. Erstmals formulierte er sie 1742 in einem Brief an Euler so: "Es sieht so aus, als ob jede Zahl größer 2 als Summe dreier Primzahlen geschrieben werden kann". Damals zählte er auch die 1 zu den Primzahlen, aber wie wir wissen, betrachtet man die Zahl 1 mittlerweile nicht mehr als prim. Euler drückte diese Vermutung anders aus: "Jede gerade natürliche Zahl ≥ 4 kann als Summe zweier Primzahlen geschrieben werden" (das ist die "starke" oder "binäre" Goldbachsche Vermutung).

Schreiben Sie ein Programm, das eine $m \times n$-Matrix ($1 \leq m, n \leq 100$) mit natürlichen Zahlen aus dem Intervall $[4, 1000]$ einliest und die Positionen der geraden Zahlen, die geraden Zahlen selbst und alle Zerlegungen in Summen zweier Primzahlen ausgibt.

Beispiel:

Tastatur	Bildschirm
Matrixdimensionen: 3 2 Die Elemente: 23 46 52 8 19 3	Die Matrix: 23 46 52 8 19 3 Gerade Zahlen >=4 und Goldbach-Zerlegungen: a[1][2] = 46 46 = 3 + 43 46 = 5 + 41 46 = 17 + 29 46 = 23 + 23 a[2][1] = 52 52 = 5 + 47 52 = 11 + 41 52 = 23 + 29 a[2][2] = 8 8 = 3 + 5

Problemanalyse und Entwurf der Lösung

Mit der Funktion `prim()` finden wir heraus, ob eine natürliche Zahl prim ist:

```
short prim(int n)
```

Im Hauptprogramm bestimmen wir mit Hilfe von `prim()` die Zerlegungen für alle
geraden Zahlen.

Programm

```c
#include <stdio.h>

short prim(int n){
  int i;
  if(n==1) return 0;
  for(i=2; i*i<=n; i++)
    if(n%i==0) return 0;
  return 1;
}

int main(void){
```

```c
  int m, n, i, j, k;
  int a[100][100];
  printf("Matrixdimensionen:\n");
  scanf("%d %d", &m, &n);
  printf("Die Elemente:\n");
  for(i=0; i<m; i++)
    for(j=0; j<n; j++)
      scanf("%d", &a[i][j]);
  printf("\nDie Matrix: \n");
  for(i=0; i<m; i++){
    printf("\n");
    for(j=0; j<n; j++)
      printf("%4d", a[i][j]);
  }
  printf("\n\nGerade Zahlen >=4\n und Goldbach-Zerlegungen:\n");
  for(i=0; i<m; i++)
    for(j=0; j<n; j++)
      if(a[i][j]%2==0){
        printf("\na[%d][%d] = %d\n", i+1, j+1, a[i][j]);
        for(k=2; k<=a[i][j]/2; k++)
          if(prim(k) && prim(a[i][j]-k))
            printf("%d = %d + %d \n", a[i][j], k, a[i][j]-k);
      }
  return 0;
}
```

Aufgaben

1. Der einzige gerade Primzahl ist 2. Mit dieser Bemerkung können Sie die Funktion `prim()` effizienter machen.

2. Schreiben Sie ein Programm, das alle Primzahlen mit 4 Ziffern und der Quersumme 14 ausgibt.

3. Ändern Sie das Programm so ab, dass es ohne die Funktion `prim()` auskommt.

4. Erstellen Sie ein Programm, das alle Primzahlzwillinge kleiner als 2000 ausgibt. Zwei Primzahlen sind Zwillinge, wenn ihre Differenz im Betrag gleich 2 ist. Beispiele: 5 und 7, 11 und 13.

5. Listen Sie mit einem Programm alle Primzahlen aus dem Intervall $[a,b]$ auf, wobei a und b natürliche Zahlen sind.

3.8 Nachbarn mit Differenz 1

Von der Tastatur lesen wir ein Array mit maximal 200 Elementen aus dem Intervall $[-1000, 1000]$ ein. Sie sollen mit einem Programm alle Paare im Array identifizieren, deren Elemente benachbart sind und voneinander subtrahiert im Betrag gleich 1 sind. Die Ausgabe sollen Sie so wie im Beispiel erzeugen. Dazu gehört auch die

Menge der Elemente, jeder Wert soll also nur einmal berücksichtigt werden, auch wenn er mehrmals auftritt.

Beispiel:

```
Anzahl Elemente: 11
Geben Sie die Elemente ein:
-34 -33 -32 -33 1 0 -1 74 75 74 75

 |a[1]  - a[2]|  = |-34 + 33| = 1
 |a[2]  - a[3]|  = |-33 + 32| = 1
 |a[3]  - a[4]|  = |-32 + 33| = 1
 |a[5]  - a[6]|  = |1 - 0| = 1
 |a[6]  - a[7]|  = |0 + 1| = 1
 |a[8]  - a[9]|  = |74 - 75| = 1
 |a[9]  - a[10]| = |75 - 74| = 1
 |a[10] - a[11]| = |74 - 75| = 1


 Die Menge der Elemente:
{ -34, -33, -32, 1, 0, -1, 74, 75}
```

Problemanalyse und Entwurf der Lösung

Mit einer **for**-Schleife laufen wir über alle Elemente des Arrays und entscheiden, ob die Bedingungen erfüllt sind. In der Schleife prüfen wir auch, ob sich das aktuelle Element bereits in der Array-Menge b[] befindet. Wenn nicht, nehmen wir es auf:

```
if(!found) b[m++]=a[i];
```

(*m* stellt die Anzahl der Elemente in der Array-Menge b[] dar). Um Ergebnisse wie

```
|a[1] - a[2]|  = |-34 - -33| = 1
```

schöner auszudrücken, verwenden wir das Zeichen ch, das den Wert "+" annimmt, wenn a[i+1] negativ ist und "-", wenn a[i+1] echt positiv ist. Wir erhalten damit

```
|a[1] - a[2]|  = |-34 + 33| = 1
```

denn wir schreiben nach ch die Zahl $|a[i+1]|\,(abs(a[i+1]))$.

Programm

```c
#include <stdio.h>
#include <stdlib.h>

int main(void){
  int n, i, k, m;
```

```c
int a[200], b[200];
short found;
char ch;
printf("Anzahl Elemente: ");
scanf("%d", &n);
printf("Geben Sie die Elemente ein:\n");
for(i=0; i<n; i++)
  scanf("%d", &a[i]);
m = 0;
for(i=0; i<n; i++){
  if(i<n-1 && abs(a[i]-a[i+1])==1){
    ch = (a[i+1]<0) ? '+' : '-';
    printf("\n |a[%d] - a[%d]| = |%d %c %d| = 1 ",
      i+1, i+2, a[i], ch, abs(a[i+1]));
  }
  found = 0;
  for(k=0; !found && k<m; k++)
    if(b[k]==a[i]) found=1;
  if(!found) b[m++]=a[i];
}
printf("\n\n Die Menge der Elemente:\n{");
for(i=0; i<m-1; i++) printf(" %d,", b[i]);
if(m) printf(" %d", b[m-1]);
printf("}\n");

return 0;
}
```

Aufgaben

1. Erweitern Sie das Programm so, dass es die Menge der Elemente aufsteigend
   sortiert ausgibt.

2. Lassen Sie Ihr Programm mitzählen, wie oft jedes Element vorkommt.

3.9 Lösen von Gleichungen zweiten Grades

Es sei ein zweidimensionales Array mit n Zeilen ($1 \leq n \leq 200$) und drei Spalten
gegeben. Die Elemente sind reelle Zahlen und die Zahlen in der ersten Spalte dürfen
nicht Null sein. Die drei Elemente jeder Zeile symbolisieren die Koeffizienten a, b, c
einer Gleichung zweiten Grades. Geben Sie die Gleichungen und die Lösungen wie
im Beispiel aus.

```
Anzahl Zeilen: 3

Die Matrix:
1 2 1
1 0 1
2.34 4.67 0.32
```

```
--------
ERGEBNISSE
--------

Gleichung 1:
 1.000X^2 + 2.000X + 1.000 = 0
 Doppelte Loesung x1 = x2 = -1.000

Gleichung 2:
 1.000X^2 + 0.000X + 1.000 = 0
 Keine reellen Loesungen!

Gleichung 3:
 2.340X^2 + 4.670X + 0.320 = 0
 x1 = -1.925    x2 = -0.071
```

Problemanalyse und Entwurf der Lösung

Nach dem Einlesen der Matrix verarbeiten wir jede Zeile schrittweise mit dem klassischen Algorithmus zum Lösen von Gleichungen zweiten Grades:

$$ax^2 + bx + c = 0, \quad \text{mit} \quad a \neq 0 \tag{3.1}$$

Wir berechnen $\Delta = b^2 - 4 \cdot a \cdot c$.

Wenn $\Delta \geq 0$ ist, hat die Gleichung reelle Lösungen:

$$x_{1,2} = \frac{-b \pm \sqrt{\Delta}}{2a} \quad \left(\text{für } \Delta = 0 \text{ sind die Lösungen identisch } x_1 = x_2 = \frac{-b}{2a} \right).$$

Wenn $\Delta < 0$ ist, gibt es keine reellen Lösungen, sondern nur komplexe.

Programm

```c
#include <stdio.h>
#include <math.h>

int main(void){
  int n, i;
  float m[200][3];
  float a, b, c, delta;
  printf("Anzahl Zeilen: ");
    scanf("%d", &n);
  printf("\nDie Matrix:\n");
  for(i=0; i<n; i++)
    scanf("%f %f %f", &m[i][0], &m[i][1], &m[i][2]);
  printf("\n--------\nERGEBNISSE\n--------\n");
  for(i=0; i<n; i++){
    a=m[i][0]; b=m[i][1]; c=m[i][2];
    printf("\nGleichung %d:\n ", i+1);
```

```
    printf("%3.3fX^2 + %3.3fX + %3.3f = 0 \n", a, b, c);
    delta = b*b - 4*a*c;
    if(delta < 0) printf(" Keine reellen Loesungen!\n");
    else if(delta == 0)
      printf(" Doppelte Loesung x1 = x2 = %3.3f\n", -b/(2*a));
    else printf(" x1 = %3.3f   x2 = %3.3f\n ",
      (-b-sqrt(delta))/(2*a), (-b+sqrt(delta))/(2*a));
  }
  return 0;
}
```

Aufgaben

1. Modifizieren Sie das Programm so, dass es die komplexen Lösungen anzeigt,
   wenn keine reellen existieren:

$$x_{1,2} = \frac{-b \pm i\sqrt{\Delta}}{2a}$$

2. Prüfen Sie bei der Eingabe, ob die ersten Elemente jeder Zeile (die Koeffizienten
   a) ungleich Null sind. Wenn ein $a = 0$ ist, ignorieren Sie die Zeile einfach.

3. Ändern Sie das Programm so, dass es Gleichungen ersten Grades löst. Die Matrix
   hat zwei Spalten für die Koeffizienten a und b einer Gleichung. *Bemerkung*: Die
   Lösung der Gleichung $ax + b = 0$ mit $a \neq 0$ ist folgende:

$$x_0 = -\frac{b}{a}$$

3.10 Suchen eines Wertes im eindimensionalen Array

Höchstens 200 natürliche Zahlen, von denen jede in den Typ **unsigned long** passt,
geben wir in ein eindimensionales Array ein und außerdem eine natürliche Zahl x,
nach der Sie im Array suchen sollen. Wenn Sie nicht fündig werden, fügen Sie x am
Anfang des Arrays ein.

Beispiel 1:

```
Anzahl Elemente: 4
Geben Sie die Elemente ein:
1 2 3 4
Zu suchender Wert: 5

 5 ist NICHT im Array!
 Das neue Array:  5  1  2  3  4
```

Beispiel 2:

```
Anzahl Elemente: 5
Geben Sie die Elemente ein:
45 65 3 12 9
Zu suchender Wert: 12

 12 ist im Array!
```

Problemanalyse und Entwurf der Lösung

Wir gehen elementweise durch das Array und setzen die mit 0 initialisierte Variable `found` auf 1, wenn wir die Zahl x finden. Wenn x nicht im Array ist, verschieben wir darin alle Elemente um eine Stelle nach rechts und fügen x am Anfang ein:

```c
for(i=n; i>0; i--) a[i] = a[i-1];
a[0] = x;
```

Programm

```c
#include <stdio.h>

int main(void){

  int n, i;
  unsigned long a[201], x;
  short found = 0;
  printf("Anzahl Elemente: ");
  scanf("%d", &n);
  printf("Geben Sie die Elemente ein:\n");

  for(i=0; i<n; i++) scanf( "%lu", &a[i] );
  printf("Zu suchender Wert: ");
  scanf("%lu", &x);

  for(i=0; !found && i<n; i++)
    if(x == a[i]) found = 1;

  if(found) printf("\n %lu ist im Array!\n", x);
  else {
    printf("\n %lu ist NICHT im Array!\n", x);
    for(i=n; i>0; i--) a[i] = a[i-1];
    a[0] = x;
    printf(" Das neue Array: ");
    for(i=0; i<=n; i++) printf(" %lu ", a[i]);
  }
  return 0;
}
```

Aufgaben

1. Gegeben sind zwei zweidimensionale Arrays mit gleicher Spaltenanzahl. Schreiben Sie ein Programm, das die beiden Matrizen miteinander verschmiltzt, so dass die zweite Matrix unten an die erste angeklebt wird. (Verschmelzen auf der Vertikalen).

2. Nun liegen zwei zweidimensionale Arrays mit gleicher Zeilenanzahl vor. Schreiben Sie ein Programm, das die beiden Matrizen so verschmiltzt, dass die zweite Matrix rechts an die erste Matrix angeklebt wird. (Verschmelzen auf der Horizontalen).

3.11 Sortieren der Spalten einer Matrix

Wir lesen ein zweidimensionales Array mit m Zeilen und n Spalten ein ($1 \leq m, n \leq 50$), dessen Elemente ganze Zahlen aus dem Intervall $[-5000, 5000]$ sind. Schreiben Sie ein Programm, das diese Matrix so umbaut, dass die Elemente auf den geraden Spalten aufsteigend und die Elemente auf den ungeraden Spalten absteigend sortiert sind.

Beispiel:

```
Matrixdimensionen: 5 6
Ihre Elemente:
231 5 67 98 0 43
321 45 6 76 8 0
21 34 5 87 9 231
5 89 -45 2 12 67
32 1 768 9 1 -23

Transformierte Matrix:

 321    1 768    2  12 -23
 231    5  67    9   9   0
  32   34   6   76   8  43
  21   45   5   87   1  67
   5   89 -45   98   0 231
```

Problemanalyse und Entwurf der Lösung

Auf jede Spalte 0 bis `n-1` der Matrix wenden wir die *Bubble Sort*-Methode an, die auch im zweiten Problem dieses Kapitels besprochen wurde. Die Variable `sign` zeigt uns an, welche Ordnung eine Spalte `j` hat: −1 heißt ungerade und 1 gerade. Für die aktuelle Spalte `j` vergleichen wir die Elemente `a[i][j]` und `a[k][j]` für alle `k > i`. Die beiden Elemente sind noch nicht in der gewünschten Reihenfolge, wenn gilt:

```
(a[i][j]-a[k][j])*sign > 0
```

In diesem Fall vertauschen wir sie:

```
a[i][j] = a[i][j] - a[k][j];
a[k][j] = a[i][j] + a[k][j];
a[i][j] = a[k][j] - a[i][j];
```

(Vertauschen ohne Hilfsvariable, siehe Problem 2 in diesem Kapitel).

Programm

```c
#include <stdio.h>
int main(void){
  int a[50][50], n, m, sign;
  int i, j, k;
  printf("Matrixdimensionen: ");
  scanf("%d %d", &m, &n);
  printf("Ihre Elemente:\n");
  for(i=0; i<m; i++)
    for(j=0; j<n; j++)
      scanf("%d", &a[i][j]);
  for(j=0; j<n; j++){
    if(j%2==0)sign = -1;
    else sign = 1;
    for(i=0; i<m-1; i++)
      for(k=i+1; k<m; k++)
        if((a[i][j]-a[k][j])*sign > 0){
          a[i][j] = a[i][j] - a[k][j];
          a[k][j] = a[i][j] + a[k][j];
          a[i][j] = a[k][j] - a[i][j];
        }
  }
  printf("\nTransformierte Matrix:\n");
  for(i=0; i<m; i++){
    printf("\n");
    for(j=0; j<n; j++) printf("%4d", a[i][j]);
  }
  return 0;
}
```

Aufgaben

1. Notieren Sie die Schritte und Transformationen der Variablen im Programm für
   das gegebene Beispiel auf ein Blatt Papier.

2. Ändern Sie das Programm so ab, dass die geraden Spalten absteigend und die
   ungerade Spalten aufsteigend sortiert werden.

3. Modifizieren Sie das Programm so, dass es anstatt den Spalten die Zeilen sortiert.

3.12 Symmetrische Elemente in quadratischer Matrix

Es sei eine quadratische Matrix mit höchstens 50 Zeilen gegeben, deren Elemente natürliche Zahlen ≤ 500 sind. Wir suchen den größten gemeinsamen Teiler (ggT) und das kleinste gemeinsame Vielfache (kgV) der beiden Elemente, die symmetrisch zur Hauptdiagonalen sind. Für jedes Elementenpaar geben wir die Positionen in der Matrix, den ggT und das kgV wie im Beispiel aus:

```
Die Matrix:
 n = 4
 Ihre Elemente:
43 12  6 236
8 378 36  6
76 432 124 23
65 7 488 38


-------

ERGEBNIS
-------

Die Matrix:

    43    12     6   236
     8   378    36     6
    76   432   124    23
    65     7   488    38

a[ 1][ 2] =   12,  a[ 2][ 1] =    8,  ggT =    4,  kgV =      24
a[ 1][ 3] =    6,  a[ 3][ 1] =   76,  ggT =    2,  kgV =     228
a[ 1][ 4] =  236,  a[ 4][ 1] =   65,  ggT =    1,  kgV =   15340
a[ 2][ 3] =   36,  a[ 3][ 2] =  432,  ggT =   36,  kgV =     432
a[ 2][ 4] =    6,  a[ 4][ 2] =    7,  ggT =    1,  kgV =      42
a[ 3][ 4] =   23,  a[ 4][ 3] =  488,  ggT =    1,  kgV =   11224
```

Problemanalyse und Entwurf der Lösung

Wir laufen den Bereich oberhalb der Hauptdiagonalen durch und verarbeiten die Paare, deren Elemente symmetrisch dazu liegen. Um den größten gemeinsamen Teiler zu berechnen, benutzen wir die Methode der sukzessiven Subtraktionen mit der Formel:

$$ggT(a,b) = \begin{cases} a, & a = b \\ ggT(a, b-a), & b > a \\ ggT(a-b, b), & a > b \end{cases}$$

Um das kleinste gemeinsame Vielfache zu bestimmen, verwenden wir die Formel

$$kgV(a,b) = \frac{a \cdot b}{ggT(a,b)}$$

Die symmetrischen Elemente sind $a[i][j]$ und $a[j][i]$, $1 \leq i, j \leq n$.

Programm

```c
#include <stdio.h>

int main(void){
  int a[50][50];
  int n, i, j;
  int p, q, ggt, kgv;
  printf("Die Matrix: \n");
  printf(" n = ");
  scanf("%d", &n);
  printf(" Ihre Elemente:\n");

  for(i=0; i<n; i++)
    for(j=0; j<n; j++)
      scanf("%d", &a[i][j]);

  printf("\n-------\nERGEBNIS\n-------\n");
  printf("Die Matrix:\n");

  for(i=0; i<n; i++){
    printf("\n");
    for(j=0; j<n; j++)
      printf("%5d", a[i][j]);
  }
  printf("\n\n");

  for(i=0; i<n-1; i++)
    for(j=i+1; j<n; j++){
      p = a[i][j]; q = a[j][i];
      while( p-q )
        if(p>q) p -= q;
        else q -= p;
      ggt = p;
      kgv = a[i][j]*a[j][i]/ggt;
      printf( "a[%2d][%2d] = %3d,  a[%2d][%2d] = %3d, ",
        i+1, j+1, a[i][j], j+1, i+1, a[j][i] );
      printf( "ggT = %3d, kgV = %6d\n", ggt, kgv );
    }
  return 0;
}
```

Aufgaben

1. Schreiben Sie (wieder einmal) die Schritte und die Transformationen der Variablen für das gegebene Beispiel auf ein Stück Papier.

2. Wir ändern nur eine Eigenschaft des Problems: Wir betrachten die Elemente, die symmetrisch zur Nebendiagonalen sind. Lösen Sie dies.

3.13 Zeiger zum Durchlaufen eines Arrays

Wir geben ein eindimensionales Array mit sehr vielen Nullelementen ein. Entwickeln Sie ein Pogramm, das das Array mit Hilfe eines Zeigers vom Typ `int` durchläuft und das erste Element anzeigt, das nicht Null ist.

Beispiel

```
n = 5
a[0] = 0
a[1] = 0
a[2] = 0
a[3] = 45
a[4] = -78


Erstes Element, das nicht Null ist: 45 an Position 3.
```

Problemanalyse und Entwurf der Lösung

Wir lesen die Elemente des Arrays ein und initialisieren den Zeiger `p` mit der Adresse des Arrays, sie ist `a`. Die Adressen der Elemente `a[0]`, `a[1]`, `a[2]` ... sind `a`, `a+1`, `a+2`, ... und die Werte sind `*a=a[0]`, `*(a+1)=a[1]`, `*(a+2)=a[2]`. Wir inkrementieren den Zeiger so lange, bis wir zu einem Nullelement oder zum Ende des Arrays gelangen:

```
while(*p==0 && p<a+n) p++;
```

Die Anweisung `p++` erhöht den Zeiger `p` um die Anzahl von Bytes, die der Größe des Elementtyps (hier `int`) entspricht.

Programm

```c
#include <stdio.h>

int main(void){
  int a[20] , n , i , *p;
  printf("n = ");
  scanf("%d",&n);
  for(i=0;i<n;i++){
    printf("a[%d] = ",i);
    scanf("%d",&a[i]);
  }
  p=a;
  while(*p==0 && p<a+n) p++;
  i=(int)(p-a);
  if(i==n)
    printf("\nAlle Elemente sind Null!");
  else
    printf("\n Erstes Element, das nicht Null ist: %d an Position
```

```
        %d.", *p, i);

  return 0;
}
```

Aufgaben

1. Suchen Sie nicht nur nach dem ersten, sondern nach allen Elementen, die ungleich Null sind.

2. Wenn Sie Elemente finden, dann geben Sie zusätzlich auch die Speicheradressen aus.

3.14 Adressen in Arrays

Schreiben Sie ein Programm, das die Fakultäten der ersten sechs natürlichen Zahlen mit Hilfe eines Arrays und eines `int`-Zeigers errechnet.

Beispiele

```
0! = 1
1! = 1
2! = 2
3! = 6
4! = 24
5! = 120
6! = 720
```

Problemanalyse und Entwurf der Lösung

Wir initialisieren den Zeiger `p` mit der Adresse des Arrays `fact[]`. Wir wissen bereits, dass der Wert `*(p+i)` identisch mit dem Wert `fact[i]` und die Adresse `p+i` identisch mit der Adresse `fact+i` ist. Die Fakultätswerte fügen wir mit der Anweisung

```
*(p+i)=i*fact[i-1];
```

dem Array hinzu, genauso gut könnten wir es mit

```
fact[i]=i*fact[i-1];
```

machen.

Schauen Sie sich die Implementierung im Programm an. Die Ausgabe könnten wir auch mit Zeigern formulieren:

```c
for(i=0; i<=max; p++)
  printf("%2lu! = %lu\n", i++, *(p));
```

Programm

```c
#include <stdio.h>
#define max 6

int main(void){
  unsigned long  fact[max+1],*p,i;
  p=fact;
  *p=1;
  for(i=1; i<=max; i++)
    *(p+i)=i*fact[i-1];
  printf("\n");
  for(i=0; i<=max; i++)
    printf("%2lu! = %lu\n", i, fact[i]);
  return 0;
}
```

Aufgabe

Erstellen Sie ein Programm, das mittels eines Arrays und eines Zeigers die ersten
n Fibonacci-Zahlen $x_0, x_1, ..., x_n$ bestimmt. Die natürliche Zahl n wird eingegeben.
Die Fibonacci-Zahlen sind: $x_0 = x_1 = 1$, $x_i = x_{i-1} + x_{i-2}$, für alle natürlichen $i \geq 1$.

3.15 Vertauschen der Bytes

Schreiben Sie eine Funktion mit dem Kopf

```c
void swap(void *ob1, void *ob2, size_t dim);
```

die den Inhalt der ersten `dim` Bytes an den Adressen `ob1` und `ob2` vertauscht. Beispiel für die Verwendung der Funktion für zwei Zahlen vom Typ **long int**:

```
N1 = 123456
N2 = 98012

Nach dem Vertauschen:
N1 = 98012
N2 = 123456
```

Problemanalyse und Entwurf der Lösung

Weil der Typ **char** ein Byte groß ist, setzen wir zwei Variablen vom Typ **char**∗ ein,
die mit den Adressen ob1 und ob2 initialisiert sind. Mit den Zeigern laufen wir von
links nach rechts den Speicher durch und vertauschen die Inhalte:

```
aux=*(p+i);
*(p+i)=*(q+i);
*(q+i)=aux;
```

Damit vertauschen wir im Programm zwei Werte vom Typ **long int**.

Programm

```c
#include <stdio.h>

void swap(void *ob1, void *ob2, size_t dim){
  char *p, *q, aux;
  int i;
  p=(char*)ob1;
  q=(char*)ob2;
  for(i=0; i<(int)dim; i++) {
    aux=*(p+i);
    *(p+i)=*(q+i);
    *(q+i)=aux;
  }
}

int main(void){
  long int n1, n2;
  printf("N1 = ");
  scanf("%ld", &n1);
  printf("N2 = ");
  scanf("%ld", &n2);
  swap(&n1, &n2, sizeof(long int));
  puts("\nNach dem Vertauschen:");
  printf("N1 = %ld \nN2 = %ld\n", n1, n2);
  return 0;
}
```

Aufgabe

Testen Sie die Funktion auch für andere Datentypen, z. B. **unsigned, double**
oder Arrays.

3.16 Array von Funktionszeigern

Schreiben Sie eine Funktion `prod100(double x)`, die das Produkt (vom Typ `double`) des Parameters `x` mit 100 zurückgibt. Verwenden Sie ein Array mit Funktionszeigern, um die folgende Tabelle zu generieren:

```
----------------------------------------------------
| VAL | SIN | COS | TAN | EXP |  LOG  | PROD100 |
----------------------------------------------------
 0.010 0.010 1.000 0.010 1.010 -4.605    1.000
 0.110 0.110 0.994 0.110 1.116 -2.207   11.000
 0.210 0.208 0.978 0.213 1.234 -1.561   21.000
 0.310 0.305 0.952 0.320 1.363 -1.171   31.000
 0.410 0.399 0.917 0.435 1.507 -0.892   41.000
 0.510 0.488 0.873 0.559 1.665 -0.673   51.000
 0.610 0.573 0.820 0.699 1.840 -0.494   61.000
 0.710 0.652 0.758 0.860 2.034 -0.342   71.000
 0.810 0.724 0.689 1.050 2.248 -0.211   81.000
 0.910 0.790 0.614 1.286 2.484 -0.094   91.000
```

Problemanalyse und Entwurf der Lösung

Nachdem wir die Funktion `prod100()` definiert haben, deklarieren wir im Hauptprogramm das Array mit Funktionszeigern:

```c
double (*arrFun[])(double)={sin, cos, tan, exp, log, prod100};
```

Zum Beispiel rufen wir die Funktion `tan()` für den Wert `x` so auf:

```c
(*arrFun[2])(x));
```

Und allgemein die i-te Funktion (0→`sin`, ..., 5→`fun1`) so:

```c
(*arrFun[i])(x));
```

Programm

```c
#include <stdio.h>
#include <math.h>

double prod100 (double x){
  return x*100;
}

int main(void){
  int i;
  double x;
  double (*arrFun[])(double)={sin, cos, tan, exp, log, prod100};
```

```
printf("------------------------------------------------\n");
printf(" | VAL  |  SIN  |  COS  |  TAN  |  EXP  |   LOG  |
   PROD100 |\n ");
printf("------------------------------------------------\n");
for(x=0.01; x<1.01; x+=0.10){
  printf("%8.3f", x);
  for(i=0; i<6; i++)
    printf("%8.3f",(*arrFun[i])(x));
  printf("\n");
}
return 0;
}
```

Aufgabe

Was macht dieses Programm?

```
#include <stdio.h>
#include <stdlib.h>

void func(int);

int main(void){
  void (*pf)(int);
  pf = func;
  (*pf)(2);
  pf(5);
  return 0;
}
void func(int arg){
  printf("%d\n", arg);
}
```

3.17 Sattelpunkte der Matrix

Wir nennen ein Element einer Matrix einen Sattelpunkt, wenn es in seiner Zeile das kleinste und in seiner Spalte das größte ist. Eine Matrix mit ganzen Zahlen (vom Typ **int**) und einer Zeilen- und Spaltenanzahl von höchstens 20 ist gegeben. Implementieren Sie ein Programm, das eine Matrix einliest und wie im Beispiel zusammen mit ihren Sattelpunkten ausgibt:

Tastatur	Bildschirm
Dimensionen:	Die Matrix:
Zeilen: 3	4 3 6
Spalten: 3	12 1 4
Geben Sie die Elemente ein:	54 2 5
a[1][1] = 4	

Tastatur	Bildschirm
a[1][2] = 3	a[1,2] = 3 ist Sattelpunkt!
a[1][3] = 6	
a[2][1] = 12	Anzahl Sattelpunkte: 1
a[2][2] = 1	
a[2][3] = 4	
a[3][1] = 54	
a[3][2] = 2	
a[3][3] = 5	

Problemanalyse und Entwurf der Lösung

Wir untersuchen für jedes Element der Matrix, ob die Voraussetzungen für einen Sattelpunkt vorliegen:

```c
ok=1;                            /* fuer das Element a[i][j] */
for(k=0; k<m; k++)
  if(a[i][k]<a[i][j]) ok=0;
for(k=0; k<n; k++)
  if(a[k][j]>a[i][j]) ok=0;
```

Programm

```c
#include <stdio.h>

int main(void){
  int ok, i, j, k, m, n, a[20][20];
  int nrSattelPunkte = 0;
  printf("Dimensionen: ");
  printf("\nZeilen: ");
  scanf("%d",&n);
  printf("Spalten: ");
  scanf("%d",&m);
  printf("Geben Sie die Elemente ein:\n");
  for(i=0; i<n; i++)
    for(j=0; j<m; j++){
      printf("a[%d][%d] = ", i+1, j+1);
      scanf("%d", &a[i][j]);
    }
  printf("\nDie Matrix: \n");
  for(i=0; i<n; i++){
    for(j=0; j<m; j++)
        printf("%5d", a[i][j]);
    printf("\n");
  }
  for(i=0; i<n; i++)
    for(j=0; j<m; j++){
      ok=1;
      for(k=0; k<m; k++)
      if(a[i][k]<a[i][j]) ok=0;
```

```
        for(k=0; k<n; k++)
        if(a[k][j]>a[i][j]) ok=0;
        if(ok){
           printf("\n a[%d, %d] = %d ist Sattelpunkt!\n",
                   i+1,j+1, a[i][j]);
           nrSattelPunkte++;
        }
     }
  if(nrSattelPunkte) printf("\nAnzahl Sattelpunkte: %d\n",
                            nrSattelPunkte);
  else printf("\nKein Sattelpunkt gefunden!\n");
  return 0;
}
```

Aufgabe

Ändern Sie das Programm so ab, dass es die Elementen, die die kleinsten ihrer
Zeile und die größten in ihrer Spalte sind, ausgibt.

3.18 Aufgaben

1. Prüfen Sie, ob eine gegebene quadratische Matrix, die ganze Zahlen aus dem
   Intervall $[-250, 250]$ beinhaltet, ein magisches Quadrat ist. Die Summe der Elemente auf jeder Zeile, Spalte und Diagonale muss gleich sein.

Beispiel:

```
n = 4
Geben Sie die Matrix ein:
16  3  2 13
 5 10 11  8
 9  6  7 12
 4 15 14  1
Magisches Quadrat mit der magischen Summe 34.
```

2. Eine Matrix $A_{m \times n}$ ($2 \leq m,\ n \leq 40$) beinhaltet natürliche Zahlen, jede ist kleiner
   250. Geben Sie pro Zeile und Spalte die darin enthaltenen Zahlen als Menge aus
   (jede Zahl nur einmal) und finden Sie die Zahlen, die in allen Zeilen bzw. Spalten
   vorkommen.

3. Über die Tastatur geben wir eine natürliche Zahl n ($2 \leq n \leq 7$) ein. Konstruieren
   Sie ein zweidimensionales Array mit n Zeilen und n Spalten, das die ersten $n \times$
   n Fibonacci-Zahlen beinhaltet. Halten Sie die Reihenfolge A[0][0], A[0][1], ...,
   A[$n-1$][0], ..., A[$n-1$][$n-1$] ein und zeigen Sie die Matrix auf dem Bildschirm
   an. Erweitern Sie Ihr Programm so, dass es nach einer Fibonacci-Zahl fragt und
   die Position dieser Zahl in der Matrix bekannt gibt, wenn die Suche erfolgreich
   war. Ändern Sie schließlich Ihr Programm so ab, dass die Matrix nicht mehr

quadratisch sein muss, sondern über die Anzahl m der Zeilen und Anzahl n der Spalten definiert werden kann, wobei $m \times n < 50$ gelten muss.

4. *Der Weg des Springers.* Es sei eine $n \times n$-Matrix ($n \leq 50$) gegeben, die die Werte $1, 2, ..., n^2$ in einer bestimmten Reihenfolge enthält. Die Matrix repräsentiert ein $n \times n$ Schachbrett, auf dem ein Springer von einer definierten Anfangsposition aus in einer Zugfolge jedes Feld des Bretts genau einmal betreten soll. Sehen Sie sich die Eingabedatei `weg.in` unten an. Zu Beginn steht der Springer im Feld mit dem Wert 1. Er soll zum Feld 2 springen, dann zum Feld 3 usw. bis sein Weg schließlich beim Feld 25 endet. Schreiben Sie ein Programm, das feststellt, ob die gegebene Matrix einen korrekten Weg für einen Springer gemäß den Schachregeln über alle Felder des Brettes beinhaltet. Die Eingabedatei `weg.in` hat die folgende Struktur:

N *// Zeilen- und Spaltenanzahl*

$A_{11}\ A_{12}\ A_{13}\ ...\ A_{1n}$ *// Zeile 1 in der Matrix*
$A_{21}\ A_{22}\ A_{23}\ ...\ A_{2n}$ *// Zeile 2 in der Matrix*

....

$A_{n1}\ A_{n2}\ A_{n3}\ ...\ A_{nn}$ *// Zeile n in der Matrix*

Schreiben Sie Ihre Resultate in die Datei `weg.out`, die das folgende Format haben soll:

▷ In der ersten Zeile steht die Antwort JA, wenn die Matrix einen korrekten Weg darstellt.

▷ In der ersten Zeile steht die Antwort NEIN, wenn die Zugfolge in der Matrix ungültig ist. Die zweite Zeile sagt uns dann, wo der Weg des Springers endet, weil der nächste Sprung ungültig wäre (hier 16). Außerdem geben wir die betreffende Position in der Matrix an (Zeile 1, Spalte 4):

weg.in	weg.out
5	NEIN
25 6 9 16 23	16 1 4
24 15 2 7 10	
5 8 11 22 13	
20 1 14 3 19	
17 4 18 12 21	

Erlauben Sie in Ihrem Programm auch die Verarbeitung von $m \times n$-Brettern ($2 \leq m, n \leq 50$) mit den Zahlen $1, 2, ..., m \times n$.

5. Gegeben ist ein $m \times n$-Brett mit Werten zwischen 1 und $m \times n$. Diesmal kennzeichnen die Werte den Weg für eine Dame. Schreiben Sie ein Programm, das prüft, ob die Werte in der Matrix einen gültigen Weg beschreiben. Wählen Sie ein geeignetes Format für die Eingabe- und Ausgabedatei.

Abb. 3.1: Schachbrett in München

6. Die Aufgabe 5 ändern wir, so dass wir nicht von einer Dame, sondern von einem
   Turm reden. Schreiben Sie ein Programm oder ändern Sie Ihr letztes Programm
   ab.

7. Schreiben Sie ein Programm, das alle Elemente einer eingelesenen $n \times n$-Matrix
   ($2 \leq n \leq 50$) spiralförmig im Uhrzeigersinn ausliest und auflistet. Betrachten wir
   die beiden Beispiele unten. Die Position des Startelements ist abhängig davon,
   ob die Dimension der quadratischen Matrix gerade oder ungerade ist. Ist n gerade, wählen wir die untere linke Ecke des innersten Quadrats als Startelement. Ist
   n ungerade, beginnen wir mit dem zentralen Element der Matrix.

Beispiele:

matrix.in	spiralenWeg.out
4 14 50 21 30 -10 5 -7 21 17 15 -20 -3 50 51 52 53	15 -> 5 -> -7 -> -20 -> 52 -> 51 -> 50 -> 17 -> -10 -> 14 -> 50 -> 21 -> 30 -> 21 -> -3 -> 53
5 30 31 32 33 34 35 36 37 38 39 40 41 42 43 44 45 46 47 48 49 50 51 52 53 54	42 -> 41 -> 36 -> 37 -> 38 -> 43 -> 48 -> 47 -> 46 -> 45 -> 40 -> 35 -> 30 -> 31 -> 32 -> 33 -> 34 -> 39 -> 44 -> 49 -> 54 -> 53 -> 52 -> 51 -> 50

8. In einem Gitter sind die natürlichen Zahlen so angeordnet:

	-2	-1	0	1	2
2	12	13	14	15	16
1	11	2	3	4	17
0	10	1	0	5	18
-1	9	8	7	6	19
-2	...	23	22	21	20

Abb. 3.2: Die natürlichen Zahlen in Spirale

Die Position einer natürlichen Zahl im Gitter wird eindeutig durch die Angabe einer Zeile und Spalte gekennzeichnet. Die Zahl 0 befindet sich in der Zelle (0, 0), 1 in der Zelle (0, -1) und 20 in der Zelle (-2, 2). Schreiben Sie ein Programm, das die Gitterpositionen gegebener natürlicher Zahlen anzeigt.

Beispiel:

zahlen.in	gitter.out
0 5 25 8 26	0 -> (0, 0)
	5 -> (0, 1)
	25 -> (-2, -3)
	8 -> (-1, -1)
	26 -> (-1, -3)

9. *Das umgekehrte Problem zu Aufgabe 8.* Es seien mehrere Positionen im Gitter gegeben, und Sie sollen die Zahlen finden, die in den betreffenden Zellen liegen.

Beispiel:

grid.in	zahlen.out
0 0	(0, 0) -> 0
-2 -3	(-2, -3) -> 25
-1 -3	(-1, -3) -> 26

10. *Intelligente Zellen.* Ein Biologe experimentiert mit DNA-Modifikationen von Bakterienkulturen, die er in nebeneinander angeordneten Schalen züchtet. Er kann durch DNA-Veränderungen die Bakterien darauf "programmieren", auf die

Populationsdichte der benachbarten Schalen zu reagieren. Die Population misst er auf einer Skala von 0 bis 3. Die DNA-Informationen befinden sich im Array DNA[0..9], wobei jedes Element eine Bevölkerungsdichte repräsentiert (also einen Wert zwischen 0 und 3), und sie wird wie folgt ausgewertet:

▷ Für eine gegebene Bakterienschale sei K die Summe der Dichte dieser Schale und der Populationsdichten der direkten linken und rechten Nachbarschalen. Einen Tag später wird sich die Dichte der gegebenen Schale zu DNA[K] entwickelt haben.

▷ Um auch die Summe für die äußerste linke bzw. äußerste rechte Schale bilden zu können, nehmen wir an, dass es einen linken bzw. rechten Nachbarn mit der Populationsdichte 0 gibt.

Beispiel:

grid.in	zahlen.out
20	bbbbbbbbbbbbbbbbbbbb.bbbbbbbbbbbbbbbbbbbb
0 1 2 0 3 3 3 2 3 0	bbbbbbbbbbbbbbbbbbb...bbbbbbbbbbbbbbbbbbb
	bbbbbbbbbbbbbbbbbb.xbx.bbbbbbbbbbbbbbbbbb
	bbbbbbbbbbbbbbbbb.bbWbb.bbbbbbbbbbbbbbbbb
	bbbbbbbbbbbbbbbb...bbb...bbbbbbbbbbbbbbbb
	bbbbbbbbbbbbbbb.xbx.b.xbx.bbbbbbbbbbbbbbb
	bbbbbbbbbbbbbb.bbWbbxbbWbb.bbbbbbbbbbbbbb
	bbbbbbbbbbbbb...bbbxxxbbb...bbbbbbbbbbbbb
	bbbbbbbbbbbb.xbx.bxWWWxb.xbx.bbbbbbbbbbbb
	bbbbbbbbbbb.bbWbbbWWbWWbbbWbb.bbbbbbbbbbb
	bbbbbbbbbb...bbbbbWWWWWbbbbb...bbbbbbbbbb
	bbbbbbbbb.xbx.bbbbWbbbWbbbb.xbx.bbbbbbbbb
	bbbbbbbb.bbWbb.bbbbbbbbbbb.bbWbb.bbbbbbbb
	bbbbbbb...bbb...bbbbbbbbb...bbb...bbbbbbb
	bbbbbb.xbx.b.xbx.bbbbbbb.xbx.b.xbx.bbbbbb
	bbbbb.bbWbbxbbWbb.bbbbb.bbWbbxbbWbb.bbbbb
	bbbb...bbbxxxbbb...bbb...bbbxxxbbb...bbbb
	bbb.xbx.bxWWWxb.xbx.b.xbx.bxWWWxb.xbx.bbb
	bb.bbWbbbWWbWWbbbWbbxbbWbbbWWbWWbbbWbb.bb
	b...bbbbbWWWWWbbbbbxxxbbbbbWWWWWbbbbb...b

(inspiriert aus *ODU ACM Programming Contest, 1992*)

Die DNA [0, 0, 0, 0, 0, 0, 0, 0, 0] führt zum Absterben aller Bakterienkulturen und die DNA [3, 3, 3, 3, 3, 3, 3, 3, 3] zu einem explosionsartigen Wachstum. Der Biologe will wissen, zu welchem Verhalten die zwischen den beiden Extremen liegenden anderen DNA-Varianten führen.

Schreiben Sie ein Programm, das das Wachstum der Bakterienkulturen in 40 nebeneinander liegenden Schalen untersucht. Im Ausgangszustand hat die Schale Nummer 20 die Dichte 1 und alle anderen Schalen haben eine Dichte von 0.

Eingabedaten: Die Datei `bakterien.in` enthält in der ersten Zeile die natürliche Zahl n ($1 \leq n \leq 50$) und in der zweiten Zeile ein Array `DNA[]`.

Ausgabedaten: Geben Sie die Populationsdichten der 40 Schalen für die nächsten n Tage in die Datei `bakterien.out` aus. Die Entwicklung jedes Tages belegt genau eine Ausgabezeile mit 40 Zeichen. Jeder Schale ist also ein Zeichen zugeordnet. Das Zeichen 'b' beschreibt eine Dichte von 0, das Zeichen '.' eine Dichte von 1, das Zeichen 'x' eine Dichte von 2 und das Zeichen 'W' eine Dichte von 3.

11. *Anzahl der Transpositionen.* Es sei eine Permutation $p_1, p_2, ..., p_n$ der Menge $\{1, 2, ..., n\}$ gegeben ($2 \leq n \leq 50$). Wir bezeichnen ein Paar (p_i, p_j) mit $1 \leq i < j \leq n$ als Transposition, wenn $p_i > p_j$ ist. Schreiben Sie ein Programm, das die Transpositionen einer gegebenen Permutation und ihre Anzahl ausgibt.

Beispiel:

permutation.in	transp.out
7	Transpositionen:
4 5 3 1 2 7 6	(4, 3) (4, 1) (4, 2)
	(5, 3) (5, 1) (5, 2)
	(3, 1) (3, 2)
	(7, 6)
	Anzahl: 9

12. In der ersten Zeile der Eingabedatei `array.in` steht die Anzahl m der Zeilen und die Anzahl n der Spalten eines zweidimensionalen Arrays ($1 \leq m, n \leq 50$). Ein Arrayelement kann die Zahl 0 oder 1 beinhalten. Beginnend ab der zweiten Zeile folgt der Inhalt des Arrays, also m Zeilen mit je n Zeichen. Schreiben Sie ein Programm, das die Ausgabedatei `array.out` in dieser Form erzeugt:

$\triangleright$ In der ersten Zeile steht zuerst die maximale Anzahl der Einsen, die sich in einer Spalte finden lassen und dann der Index bzw. die Indizes der betreffenden Spalte(n).

$\triangleright$ In der zweiten Zeile steht zuerst die minimale Anzahl der Nullen, die sich in einer Zeile finden lassen und dann der Index bzw. die Indizes der betreffenden Zeile(n).

$\triangleright$ Beginnend ab der dritten Zeile folgen pro Zeile je zwei Indizes von Zeilen, die zueinander komplementär sind. Zwei Zeilen sind *komplementär*, wenn die Summe der beiden Elemente jeder Spalte für alle Spalten 1 ist. Beispiel: 110101 und 001010.

13. Es sei ein eindimensionales Array mit n ($n \leq 50$) natürlichen Zahlen zwischen 0 und 30.000 gegeben. Schreiben Sie ein Programm, das die ungeraden Zahlen im Array sortiert, also die Positionen der geraden Zahlen nicht beeinflusst. Das Array geben wir über die Tastatur ein, zuerst n und dann n Zahlen und die Ausgabe erfolgt auf den Bildschirm. Finden Sie wenigstens 2 Methoden, um das Problem zu lösen. Eine Methode soll ein modifizierter *Bubble-Sort*-Algorithmus sein.

14. Ein gegebenes, quadratisches zweidimensionales Array ($1 \leq n \leq 500$), das natürliche Zahlen aus dem Intervall $[1, 30.000]$ enthält, wird in vier Regionen aufgeteilt.

Beispiel:

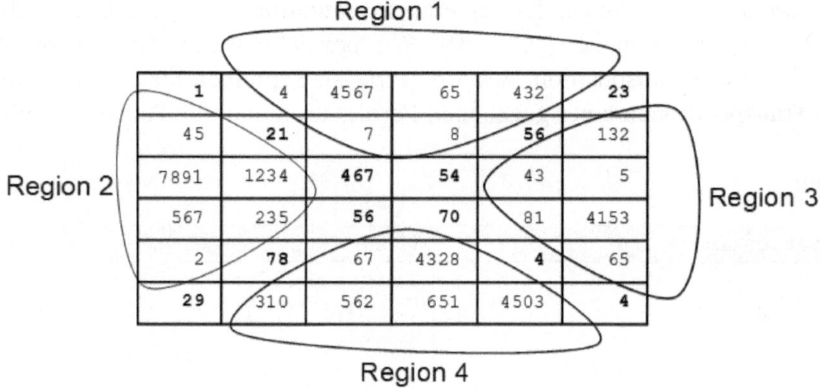

Die Elemente auf der Haupt- und Nebendiagonalen zählen zu keiner Region. Schreiben Sie ein Programm, das die Primzahlen in der Region 1, die Summe der Zahlen in Region 2, die Anzahl der geraden Zahlen in der Region 3 und die Anzahl der ungeraden Zahlen in der Region 4 ausgibt.

15. Schreiben Sie ein Programm, das ein Array mit höchstens 50 reellen Zahlen von der Tastatur einliest und zählt, wieviele davon kleiner als der Durchschnitt aller Zahlen sind.

16. Schreiben Sie ein Programm, das die n-te Potenz einer $n \times n$-Matrix ($2 \leq n \leq 10$), die reelle Zahlen beinhaltet, berechnet.

Abb. 3.3: Gebäude in Ottawa, Kanada

Kapitel 4
Zeichenketten und Dateioperationen

4.1 Kopieren einer konstanten Zeichenkette

Schreiben Sie ein einfaches Programm, das zeigt, wie man eine Zeichenkette behandeln kann: Zeichen für Zeichen und mit einem Zeiger.

Problemanalyse und Entwurf der Lösung

Wir deklarieren die konstante Zeichenkette `nachricht` und implementieren zwei Methoden, die ihren Inhalt in andere zwei Variablen (die ausreichend Platz reserviert haben) kopieren. Die Ausgabe des Programms:

```
Urspruengliche Nachricht: Hallo, ich bin eine Zeichenkette; was
     bist du?
Text_1: Hallo, ich bin eine Zeichenkette; was bist du?
Text_2: Hallo, ich bin eine Zeichenkette; was bist du?
```

Programm

```c
#include <string.h>
#include <stdio.h>

int main(void){
  char text_1[100], text_2[100];
  char *ta, *tb;
  int i;
  char nachricht[] =
          "Hallo, ich bin eine Zeichenkette; was bist du?";
  printf("Urspruengliche Nachricht: %s\n", nachricht);
  /* erste Methode: Zeichen fuer Zeichen */
  i=0;
  while( nachricht[i] != '\0' ){
    text_1[i] = nachricht[i];
    i++;
  };
```

```
text_1[i] = '\0';
printf("Text_1: %s\n", text_1);
/* zweite Methode: mit Zeigers */
ta=nachricht;
tb=text_2;
while(*ta != '\0'){
  *tb = *ta;
  tb++; ta++;
};
*tb = '\0';
printf("Text_2: %s\n", text_2);
return 0;
}
```

Aufgaben

1. Lassen Sie das Programm mit ungenügend reserviertem Speicherplatz für eine
   der Zeichenketten laufen. Zum Beispiel mit der Deklaration:

```
char text_1[100], text_2[3];
```

   Was fällt Ihnen auf?

2. Analysieren Sie auch die folgenden Kopiermethoden:

Zeichen mit Zeichen
`i=0;`
`while((text_1[i]=nachricht[i])!= '\0') i++;`
Zeichenweise
`ta=nachricht;`
`tb=text_2;`
`while((*tb++ = *ta++ ) != '\0');`

4.2 Verwendung der Funktionen `strcat()`, `strlen()`, `strchr()`, `strrchr()`

Schreiben Sie ein einfaches Programm, das eine Zeichenkette am Ende einer anderen Zeichenkette einfügt und zusätzlich Suchoperationen in einer Zeichenkette
ausführt.

Problemanalyse und Entwurf der Lösung

Wir schreiben ein Programm mit der folgenden Ausgabe:

```
Gelesen: Hallo, ich bin eine Zeichenkette.

<strcat>Nach Aufruf: Hallo, ich bin eine Zeichenkette. Was bist
    du?

<strlen>Laenge: 46

<strchr>Die Zeichenkette, die mit "e" anfaengt ->  eine
    Zeichenkette. Was bist d
u?
<strchr>Die Zeichenkette, die mit  "s" anfaengt ->  s bist du?

Zeichenkette s  ->  Hallo, ich bin eine Zeichenkette. Was bist du
    ?
<strrchr>Die Zeichenkette, die mit  "u" anfaengt ->  u?
```

Schauen Sie sich die Implementierung an.

Programm

```c
#include <stdio.h>
#include <string.h>

int main(void){
  char s[100], *sub_text;

  /* Initialisierung der Zeichenkette */
  strcpy(s, "Hallo, ich bin eine Zeichenkette.");
  printf("Gelesen: %s\n", s);

  /* Hinzufuegen am Ende der Zeichenkette */
  strcat(s," Was bist du?");
  printf("\n<strcat>Nach Aufruf: %s\n", s);

  /* die Laenge einer Zeichenkette */
  /* strlen gibt die Laenge von Typ size_t zuerueck */
  printf("\n<strlen>Laenge: %d\n", (int)strlen(s));

  /* findet das erste Auftreten eines Zeichen */
  if(s != NULL && (sub_text = strchr ( s, 'e' ))!= NULL)
    printf("\n<strchr>Die Zeichenkette,    \
           die mit \"e\" anfaengt -> %s\n", sub_text);
  if(s != NULL && ( sub_text = strchr ( sub_text, 's' ))!= NULL)
    printf("<strchr>Die Zeichenkette,     \
           die mit  \"s\" anfaengt -> %s\n", sub_text);
  if(s != NULL && (sub_text = strchr ( sub_text, 'C' ))!= NULL)
    printf("<strchr>Die Zeichenkette,      \
           die mit  \"C\" anfaengt -> %s\n", sub_text);
```

```
 /* findet die letzte Erscheinung eines Zeichen */
 printf("\nZeichenkette s  -> %s\n", s);
 if(s != NULL && (sub_text = strrchr ( s, 'u' ))!= NULL)
   printf("<strrchr>Die Zeichnkette,
         die mit  \"u\" anfaengt ->  %s\n", sub_text);

 return 0;
}
```

Aufgabe

Testen Sie, was passiert, wenn man eine der Funktionen `strchr()` oder `strrchr()` auf die `NULL`-Zeichenkette ausführt.

4.3 Vergleich zweier Zeichketten: `strcmp()` und `stricmp()`

Schreiben Sie ein Programm, das die Funktionen `strcmp()` und `stricmp()` verwendet, um zwei Zeichenketten zu vergleichen.

Problemanalyse und Entwurf der Lösung

Wir schreiben ein Programm, dessen Ausgabe ist:

```
Die zu vergleichenden Zeichenketten:
  Vertrauen ist Mut und Treue ist Kraft.
  Vertrauen ist Mut UND Treue ist Kraft.

  strcmp:   Erste Zeichenkette ist groesser als die zweite.
  stricmp:  Erste Zeichenkette ist gleich mit der zweiten.
```

(Zitat von *Marie von Ebner-Eschenbach* – österreische Schriftstellerin)

Sehen Sie sich im Programm auch die Verwendung der Funktion `strcpy()` an.

Programm

```c
#include <string.h>
#include <stdio.h>

char string1[] = "Vertrauen ist Mut und Treue ist Kraft.";
char string2[] = "Vertrauen ist Mut UND Treue ist Kraft.";

int main(void){
  char tmp[20];
  int result;
  /* Case sensitive */
```

```
  printf("Die zu vergleichenden Zeichenketten:\n  %s\n  %s\n\n",
    string1, string2);
  result = strcmp( string1, string2 );
  if( result > 0 )
    strcpy(tmp, "groesser als die zweite");
  else if( result < 0 )
    strcpy(tmp, "kleiner als die zweite");
  else
    strcpy(tmp, "gleich mit der zweiten" );
  printf("   strcmp:  Erste Zeichenkette ist %s.\n", tmp);
  /* Case insensitive */
  result = stricmp(string1, string2);
  if(result > 0)
    strcpy(tmp, "groesser als die zweite");
  else if(result < 0)
    strcpy(tmp, "kleiner als die zweite");
  else
    strcpy(tmp, "gleich mit der zweiten");
    printf("   stricmp:  Erste Zeichenkette ist %s.", tmp);
  return 0;
}
```

Aufgabe

Ändern Sie das Programm so, dass auch die Funktionen `strncmp()` und `strnicmp ()` verwendet werden.

4.4 Erste Zeichenkette, die mit einem Zeichen einer anderen Zeichenkette beginnt – `strpbrk()`

Schreiben Sie ein Programm, das die Funktion `strpbrk()` verwendet, um die Zeichenkette zurückzuliefern, die mit einem Zeichen aus einer anderen Zeichenkette beginnt.

Problemanalyse und Entwurf der Lösung

Wir schreiben ein Programm, dessen Ausgabe ist:

```
1: Die 2 Baeume plus 3 Autos macht 5 Orangen.

2: 2 Baeume plus 3 Autos macht 5 Orangen.

3: 3 Autos macht 5 Orangen.

4: 5 Orangen.
```

wobei die zweite Zeichenkette "012345678" ist.

Programm

```c
#include <string.h>
#include <stdio.h>

int main(void){

  char string[100] =
    "Die 2 Baeume plus 3 Autos macht 5 Orangen.\n";
  char *result;

  /* return: Zeiger zur ersten Stelle in "string" */
  printf("1: %s\n", string);
  result = strpbrk(string, "0123456789");
  printf("2: %s\n", result++ );
  result = strpbrk(result, "0123456789");
  printf("3: %s\n", result++);
  result = strpbrk(result, "0123456789");
  printf("4: %s\n", result);
  return 0;
}
```

Aufgabe

Ändern Sie das Programm so, dass man einen Text über Tastatur ermittelt (oder aus einer Datei) und geben Sie alle Sätze aus dem Text zeilenweise auf dem Bildschirm (oder in eine Datei) aus.

4.5 Finden einer Teilzeichenkette in einer Zeichenkette – strstr()

Schreiben Sie ein Programm, das die Verwendung der Funktion strstr() für die Suche einer Teilzeichenkette innerhalb einer Zeichenkette anzeigt.

Problemanalyse und Entwurf der Lösung

Wir schreiben ein Programm, dessen Ausgabe ist:

```
Zu suchenden Zeichenkette:

Der erste Schritt ist der schwerste.

        1         2         3
12345678901234567890123456789 0

schwerste gefunden an der Stelle 27.
```

Programm

```c
#include <string.h>
#include <stdio.h>

char str[]    =  "schwerste";
char zitat[]  =  "Der erste Schritt ist der schwerste.";
char fmt1[]   =  "          1         2         3";
char fmt2[]   =  "123456789012345678901234567890";

int main(void){
  char *pdest;
  int  result;
  printf( "Zu suchenden Zeichenkette:\n    \n%s\n", zitat );
  printf( "\n%s\n%s\n\n", fmt1, fmt2 );
  pdest = strstr( zitat, str );
  result = (int)(pdest - zitat + 1);
  if(pdest != NULL)
    printf( "%s gefunden an der Stelle %d.\n", str, result );
  else
    printf( "%s nicht gefunden.\n", str );
  return 0;
}
```

Aufgabe

Ändern Sie das Programm so, dass man die Zeichenketten über Tastatur eingibt (oder aus einer Datei). Lassen Sie jedes Auftreten einer Zeichenkette in einer anderen auf dem Bildschirm oder in eine Datei ausgeben.

4.6 Addition zweier Zahlen – `strlen()`, `strcat()`

Schreiben Sie ein Programm, das zwei Zahlen in Basis p ($2 \leq p \leq 10$) addiert und das Resultat wie im Beispiel ausgibt. Die Zahlen werden in Arrays gespeichert (mit maximaler Länge 100) und über Tastatur eingelesen.

Beispiel 1:

```
EINGABEDATEN:

 Erste Zahl: 54301256
 Zweite Zahl: 12131314322521312312312
 Basis p = 7


ADDITION:

          54301256 +
```

```
  12131314322521312312312
  ----------------------
  12131314322521366613601
```

Beispiel 2:

```
EINGABEDATEN:


 Erste Zahl: 1238258372583752873425648234872548723
 Zweite Zahl: 2352436234263246342634
 Basis p = 9


ADDITION:


  1238258372583752873425648234872548723 +
                  2352436234263246342634
  -------------------------------------------
  1238258372583755335862883508230002457
```

Problemanalyse und Entwurf der Lösung

Wir definieren den Typ `nummer` als **char**`[102]`, der für die Manipulation der Zahlen benutzt wird. Die Funktion `isNummer()` prüft, ob eine solche Zeichenkette eine natürliche Zahl darstellt. Die Methode `reverse()` liefert die gespiegelte Zahl für den Parameter zurück. Das erzielen wir durch Vertauschen aller symmetrischen Buchstaben gegen das Mittel der Zeichenkette:

```c
for(i=0; i<strlen(s)/2; i++){
    c = s[i];
    s[i] = s[strlen(s)-1-i];
    s[strlen(s)-1-i] = c;
}
```

Die Funktion `write()` schreibt eine gegebene Zeichenkette in einem spezifischen Format. Zum Beispiel, der Aufruf `("1234567", 11)` baut intern die Zeichenkette `sFormat="\n11s"` auf und danach führt `printf(sFormat, "1234567")` aus. Die Zeichenkette, auf die elf Stellen geschrieben und nach rechts angepasst,

```c
while(n){
    sAux[i++]='0'+n%10;
    n /=10;
}
sAux[i]='\0';
reverse(sAux);
```

transformiert die natürliche Zahl `n` in einer Zeichenkette `sAux`. Dafür verwenden wir die Funktion `itoa()` aus der Bibliothek `stdlib.h`.

Die Funktion `add()` durchläuft den Algorithmus für die Berechnung der Summe. Sie summiert die Ziffern, die sich auf den gleichen Stellen befinden, beginnend mit der rechtesten Position und mit Hilfe der Variablen `t` als Übertrag.

Programm

```c
#include <stdio.h>
#include <string.h>
#include <ctype.h>

typedef char nummer[102];

int isNummer(nummer s){
  int aux = 1;
  unsigned i;
  if(!s) return 0;
  for(i=0; i<strlen(s); i++)
    if(!isdigit(s[i])) aux = 0;
  return aux;
}

int reverse(nummer s){
  unsigned i;
  char c;
  for(i=0; i<strlen(s)/2; i++){
    c = s[i];
    s[i] = s[strlen(s)-1-i];
    s[strlen(s)-1-i] = c;
  }
  return 0;
}

int write(nummer s, int n){
  nummer sAux;
  int i = 0;
  nummer sFormat;
  strcpy(sFormat, "\n%");
  while(n){
    sAux[i++]='0'+n%10;
    n /=10;
  }
  sAux[i]='\0';
  reverse( sAux );
  strcat(sFormat, sAux);
  strcat(sFormat, "s");
  printf(sFormat, s);
  return 0;
}

int sum(nummer s1, nummer s2, short p, nummer rez){
  int i;
  int t=0;
  int l1 = (int)strlen( s1 );
```

```c
  int l2 = (int)strlen( s2 );
  i = 0;
  while(l1 - i && l2 - i){
    t          = t + s1[l1-1-i] + s2[l2-1-i] - 2*'0';
    rez[i++]  = (char)('0'+t % p);
    t          = t / p;
  }
  while(l1 - i){
    t          = t + s1[l1-1-i]-'0';
    rez[i++]  = (char)('0'+t % p);
    t          = t / p;
  }
  while(l2 - i > 0){
    t          = t + s2[l2-1-i]-'0';
    rez[i++]  = (char)('0' + t%p);
    t          = t / p;
  }
  if(t) rez[i++] = (char)('0'+t);
  rez[i++] = '\0';
  reverse( rez );
  return 0;
}

int read(nummer s1, nummer s2, short* basis){
  printf("EINGABEDATEN: \n\n");
  do{
    printf(" Erste Zahl: ");
    gets( s1 );
  }
  while(!isNummer(s1));
  do{
    printf("\n Zweite Zahl: ");
    gets( s2 );
  }
  while(!isNummer(s2));
  printf("\n Basis p = ");
  scanf("%d", basis);
  return 0;
}

int writeAddition(nummer s1, nummer s2, nummer rez){
  size_t i;
  printf("\nADDITION: \n");
  write(s1, (int)strlen(rez) + 1);
  printf(" + ");
  write(s2, (int)strlen(rez) + 1);
  printf("\n");
  for(i=0; i<strlen(rez)+1; i++) printf("-");
  write(rez, (int)strlen(rez) + 1);
  return 0;
}
int main(void){
  nummer s1, s2, rez;
  short p;
```

```
  read(s1, s2, &p);
  sum(s1, s2, p, rez);
  writeAddition(s1, s2, rez);
  return 0;
}
```

Aufgaben

1. Ändern Sie das Programm so, das die Bibliotheksfunktion `itoa()` innerhalb der Funktion `write()` verwendet wird.

2. Ändern Sie das Programm so, das die Multiplikation in Basis p $(2 \leq p \leq 10)$ ausgeführt wird, wenn die Zahlen maximal 100 Stellen haben. Die Multiplikation wird wie im Beispiel ausgegeben:

Tastatur	Bildschirm
EINGABE:	MULTIPLIKATION:
	123 *
Erste Zahl: 123	97
Zweite Zahl: 97	-----
Basis p = 10	861
	1107

	11931

3. Eine natürliche Zahl N nennen wir *große Zahl*, wenn sie maximal 200 Ziffern hat. Schreiben Sie ein Programm, das:

   ▷ die Summe zweier großer Zahlen, als Arrays dargestellt, berechnet;

   ▷ das Produkt zwischen einer großen Zahl und einer einstelligen Zahl (Ziffer) berechnet;

   ▷ das Produkt zweier solcher Zahlen berechnet;

   mit eindimensionalen Arrays.

4.7 Suchsequenz

Man liest über Tastatur eine natürliche Zahl mit maximal 100 Ziffern ein. Geben Sie die längste Sequenz von nacheinander folgenden Ziffern aus: ihre Anfangsstelle und den Inhalt. Falls mehrere solcher Sequenzen mit maximaler Länge auftreten, geben Sie die erste aus.

Beispiel

```
Zahl: 4321560123456982345678012
Maximale Laenge fuer Sequenz: 7
Erste Stelle: 6
Subsequenz: 0123456
```

Problemanalyse und Entwurf der Lösung

Für die Verarbeitung der Zahlen definieren wir den Datentyp TNummer als **char** [102]. Die Funktion findPosition() durchläuft die Zeichenkette, springt über die nacheinander folgenden Ziffern und behält die nötigen Informationen für die aktuelle Position: iCurrent (Anfangsposition der aktuellen aufsteigenden Sequenz) und i (die Stelle an der wir uns momentan innerhalb der Zeichenkette befinden). Der Parameter lMax ändert sich dementsprechend. Der zurückgegebene Wert der Funktion ist die erste Position der ersten aufsteigenden Sequenz mit maximaler Länge.

Programm

```c
#include <stdio.h>
#include <string.h>

typedef char TNummer[101];

int findPosition(TNummer s, int* lMax){
  int i=0;
  int iMax = 0;
  int iCurrent = 0;
  *lMax = 1;
  while(i <= (int)strlen(s)){
    if(i - iCurrent > *lMax){
      iMax  = iCurrent;
      *lMax = i - iCurrent;
    }
    iCurrent = i;
    while(s[i]+1 == s[i+1] && i<(int)strlen(s)) i++;
    i++;
  }
  return iMax;
}

int main(void){
  int lMax, iMax, i;
  TNummer s;
  printf("Zahl: ");
  gets(s);
  iMax = findPosition(s, &lMax);
  printf("\nMaximale Laenge fuer Sequenz: %d\n", lMax);
  printf("Erste Stelle: %d\n", iMax);
  printf("Subsequenz: ");
  for(i=iMax; i<iMax+lMax; i++)
```

```
      printf("%c", s[i]);
  return 0;
}
```

Aufgaben

1. Wenn es mehrere maximal aufsteigende Sequenzen gibt und man die letzte ausgeben will, ändert sich im Programm nur ein einziges Zeichen. Führen Sie diese Operation aus!

2. Ändern Sie das Programm so ab, dass alle maximalen, aufsteigenden Sequenzen ausgegeben werden, wenn es mehrere gibt.

3. Erweitern Sie das Programm so, dass auch die maximalen, absteigenden Sequenzen ausgegeben werden.

4.8 Vogelsprache

Man transformiert einen Text in Vogelsprache, indem man jeden Vokal $<V>$ durch das Buchstabentripel $<V><p><V>$ ersetzt, wobei $<p>$ für den Buchstaben 'P' oder 'p' steht, je nachdem, ob $<V>$ klein oder groß ist. Ein Text in deutscher Sprache soll in die Vogelsprache überführt werden oder umgekehrt. Es soll wie im folgenden Beispiel aufgebaut sein:

```
VOGELSPRACHE
  1.    NORMAL -> VOGELSPRACHE (cola -> copolapa)
  2.    VOGELSPRACHE -> NORMAL (copolapa -> cola
  3.    AUSGANG.

   Ihre Option (1 or 2 oder anders): 1

Der Satz: Nur in einem ruhigen Teich spiegelt sich das Licht der
     Sterne. (Konfuzius)
Umwandlung: Nupur ipin epeipinepem rupuhipigepen Tepeipich
     spipiepegepelt sipich dapas Lipicht deper Stepernepe. (
     Koponfupuzipiupus)

   Ihre Option (1 or 2 oder anders): 2

Der Satz: Bepesseper spapaepet apals nipiepe.
Umwandlung: Besser spaet als nie.

   Ihre Option (1 or 2 oder anders): 2

Der Satz: Wapas sipich lipiepebt, dapas nepeckt sipich.
Umwandlung: Was sich liebt, das neckt sich.

   Ihre Option (1 or 2 oder anders): 1
```

```
Der Satz: Misstrauen ist ein Zeichen von Schwaeche. (Mahatma
    Gandhi)
Umwandlung: Mipisstrapaupuepen ipist epeipin Zepeipichepen vopon
    Schwapaepechepe. (Mapahapatmapa Gapandhipi)

   Ihre Option (1 or 2 oder anders): 3


_____FERTIG_____
```

Problemanalyse und Entwurf der Lösung

Die Funktion `isVowel()` entscheidet, ob ein Zeichen ein Vokal ist, mit Hilfe der Bibliothekfunktion `strchr()` aus `string.h`. Die Funktion `P()` gibt `'p'` zurück, wenn der Parameter ein Kleinbuchstabe ist. Andersfalls gibt sie `'P'` zurück. Merken Sie sich die Verwendung der Funktion `islower()` aus der Bibliothek `ctype.h` und dem bedingten Operator `?:`. Die Funktion `trInBird()` läuft die gegebene Zeichenkette durch. Wenn sie auf einen Vokal $< V >$ trifft, dann ersetzt sie ihn durch das Zeichen-Tripel $< V >< P >< V >$. Die Funktion `trFromBird()` führt die umgekehrte Operation aus, indem sie alle Tripel mit der Form $< V >< P >< V >$ durch $< V >$ ersetzt.

Programm

```c
#include <stdio.h>
#include <string.h>
#include <malloc.h>
#include <ctype.h>

#define VOWELS "aeiouAEIOU"

int isVowel(char ch){
  return (strchr(VOWELS, ch) != NULL);
}


char P(char c){
  return islower(c)?'p':'P';
}


void trInBird(char *prop){
  int i;
  for(i=0; i<(int)strlen(prop); i++)
    if(isVowel(prop[i])){
      printf("%c%c%c", prop[i], P(prop[i]), prop[i]);
    }
    else{
      printf("%c", prop[i]);
    }
}


void trFromBird(char * prop){
  int i=0;
```

```c
  while(i<(int)strlen(prop)){
    if(isVowel(prop[i]) && tolower(prop[i+1])=='p'
      &&tolower(prop[i+2])==tolower(prop[i]))
      i+=2;
    printf("%c", prop[i]);
    i+=1;
  }
}

int main(void){
  char* prop, c;
  prop=(char*)malloc(200*sizeof(char));
  printf("\n VOGELSPRACHE");
  printf("\n 1.   NORMAL -> VOGELSPRACHE (cola ->copolapa)");
  printf("\n 2.   VOGELSPRACHE -> NORMAL (copolapa -> cola");
  printf("\n 3.   AUSGANG.");
  do{
    printf("\n\n   Ihre Option (1 or 2 oder anders): ");
    c=getchar();
    if(!(c=='1' || c == '2')){
      printf("\n____FERTIG____");
      continue;
    }
    printf("\nDer Satz: ");
    prop=(char*) malloc(200*sizeof(char));
    gets(prop); gets(prop);
    printf("\nUmwandlung: ");
    if(c=='1') trInBird(prop);
    else  if (c=='2') trFromBird(prop);
  } while(c =='1' || c=='2');
  return 0;
}
```

Aufgabe

Ändern Sie die beiden Funktionen so, dass die umgewandelte Zeichenkette nicht den Parameter modifiziert, sondern als neue Zeichenkette zurückgeliefert wird.

4.9 Verwendung der Funktionen `strncpy()`, `strcat()`, `strlen()`

Es seien über die Tastatur 2 Zeichenketten eingegeben. Schreiben Sie ein Programm, das die zweite Zeichenkette in die erste, beginnend mit einer gegebenen Position, einfügt.

Beispiel

```
Erste Zeichenkette:
```

```
In Ulm und um Ulm herum.
Zum Einfuegen:
, um Ulm
Die Stelle:
7


Die transfromierte Zeichenkette:
In Ulm, um Ulm und um Ulm herum.
```

Problemanalyse und Entwurf der Lösung

Nachdem die beiden Zeichenketten in c und p eingelesen wurden, reservieren wir Speicher für eine neue Zeichenkette-Variable t, in der wir die neue Zeichenkette aufbauen. Zuerst kopieren wir in t die ersten pos-1 Zeichen aus c, dann fügen wir t die zweite Zeichenkette p hinzu. Danach fügen wir in t die übrig gebliebene Sequenz aus c ein (ab der Stelle pos bis zum Ende der Zeichenkette):

```c
strncpy(t, p, pos-1);
t[pos-1]='\0';   /* bezeichnet das Ende der Zeichenkette t */
strcat(t, c);    /* Hinzufuegen c am t-Ende, das Resultat in t */
strcat(t, p+pos-1); /* Hinzufuegen zweiter Teil von p in t */
t[strlen(c)+strlen(p)+1]='\0';
```

Programm

```c
#include <stdio.h>
#include <string.h>
#include <stdlib.h>

int main(void){
  char *p, *c, *t;
  int pos;
  p=(char*) malloc(25);
  c=(char*) malloc(10);
  if(!p){
    puts("Fehler bei Speicherreservierung!");
    exit(1);
  }
  if(!c){
    puts("Fehler bei Speicherreservierung!");
    exit(1);
  }
  puts("Erste Zeichenkette: "); gets(p);
  puts("\nZum Einfuegen: "); gets(c);
  puts("\nDie Stelle: ");
  scanf("%d", &pos);
  if(!p){
    puts("\nFehler bei Speicherreservierung!");
    exit(1);
  }
  t=(char*) malloc(strlen(c)+strlen(p)+1);
```

```c
    strncpy(t, p, pos-1);
    t[pos-1]='\0';
    strcat(t, c);
    strcat(t, p+pos-1);
    t[strlen(c)+strlen(p)+1]='\0';
    printf("\nDie transfromierte Zeichenkette: \n");
    puts(t);
    return 0;
}
```

Aufgaben

1. Ändern Sie das Programm so ab, dass es die Zwischenergebnisse anzeigt: das Resultat wird nach jedem Funktionsaufruf `strcat()` ausgegeben.

2. Ändern Sie das Programm so ab, dass keine Funktion aus `string.h` benutzt wird, sondern nur die Reservierung und das sequenzielle Durchlaufen der Zeichenkette.

3. Lösen Sie auch das "umgekehrte" Problem: Es seien zwei Zeichenketten `c` und `p` gegeben und man muss jedes Auftreten der Zeichenkette `p` in `c` löschen.

4. Es sei eine Zeichenkette `c` gegeben, eine Position in `c` und eine Anzahl der Zeichen, die, mit dieser Position beginnend, gelöscht werden müssen. Schreiben Sie ein Programm dazu.

4.10 Verwendung der Funktion `strtok()`

Schreiben Sie ein Programm, das die Verwendung der Funktion `strtok()` aufzeigt. In einer Datei befindet sich ein Text. Alle Wörter aus diesem Text sollen einzeln (je Zeile, ein Wort) in die Ausgabedatei ausgegeben werden.

Beispiel

satz.in	satz.out
`"Wenn wir nur fuer Geld`	`Wenn`
`!!und Gewinn!! arbeiten,;;`	`wir`
	`nur`
`bauen wir uns ein Gefaengnis."`	`fuer`
	`Geld`
	`und`
`Antoine de Saint-Exupery,`	`Gewinn`
`Wind, Sand und Sterne|`	`arbeiten`
	`bauen`
	`wir`
	`uns`
`·`	`ein`

satz.in	satz.out
	Gefaengnis
	Antoine
	de
	Saint
	Exupery
	Wind
	Sand
	und
	Sterne

Problemanalyse und Entwurf der Lösung

Nachdem die Eingabedatei für Schreiben geöffnet wurde, gehen wir sie zeilenweise durch und verarbeiten die Tokens aus jeder Zeile gemäß der Trennzeichen aus der Zeichenkette " \t\n;.:?!,-\"\' ". Merken Sie sich die Verwendung der Zeichen \" für " und \' für '.

Programm

```c
#include <stdio.h>
#include <string.h>

int main(void){
  FILE *fIn, *fOut;
  char line[80];
  char *sep = " \t\n;.:?!,-\"\'";
  char *token;
  if((fIn = fopen("satz.in", "r")) == NULL){
    puts("Keine Datei mit diesem Namen!");
    return 0;
  }
  fOut = fopen("satz.out", "w");
  while(!feof(fIn)){
    fgets(line, 80, fIn);
    token = strtok(line, sep);
    while(token != NULL){
      fputs(token, fOut); fputs("\n", fOut);
      token = strtok(NULL, sep);
    }
  }
  printf( "Fertig..." );
  fcloseall();
  return 0;
}
```

Aufgabe

Ändern Sie das Programm so ab, dass die Funktion `strtok()` nicht verwendet wird.

4.11 Verketten zweier Dateien

Schreiben Sie ein Programm, das die Inhalte zweier gegebener Dateien verkettet und das Resultat in die erste Datei schreibt.

Problemanalyse und Entwurf der Lösung

Wir schreiben die Funktion `concat()` mit den Dateinamen als Parametern, die eine Verkettung ausführt. Sie öffnet die erste Datei für Schreiben und die zweite Datei für Lesen. Die Zeichen aus der zweiten Datei werden schrittweise gelesen und in die erste Datei geschrieben.

Programm

```c
#include <stdio.h>

FILE *f1,*f2;

void concat(char s1[], char s2[]){
  char c;
  f1=fopen(s1, "at");
  f2=fopen(s2, "rt");
  if(f1==NULL){
    printf(" Datei %s existiert nicht!", s1);
    return;
  };
  if(f2==NULL){
    printf(" Datei %s existiert nicht!", s2);
    return;
  }
  while(f2 && !feof(f2)){
    c=fgetc(f2);
    fputc(c, f1);
  }
  if(f1) fclose(f1);
  if(f2) fclose(f2);
}

int main(void){

  char name1[15];
  char name2[15];
  printf("Name erster Datei: ");
  scanf("%s", name1);
  printf("Name zweiter Datei: ");
  scanf("%s", name2);
  concat(name1, name2);

  return 0;
}
```

Aufgaben

1. Ändern Sie das Programm so ab, dass der Inhalt der zweiten Datei zeilenweise in die erste Datei eingefügt wird.

2. Wir nehmen an, dass in der zweiten Datei mehrere Zeilen mit Zeilen aus der ersten Datei übereinstimmen. Ändern Sie das Programm so ab, dass nur die Zeilen eingefügt werden, die nicht schon in der ersten Datei enthalten sind.

4.12 Kommandozeilen-Parameter

Schreiben Sie ein Programm, das den Inhalt einer Datei in eine andere Datei kopiert. Die Namen der beiden Dateien werden über die Kommandozeile eingegeben.

Problemanalyse und Entwurf der Lösung

Wenn Kommandozeilenparameter verwendet werden, dann ist der Kopf der Hauptfunktion `main()` folgender:

```c
int main(int argc, char **argv);
```

wobei `argc` einen Zähler darstellt, der die Anzahl der Kommandozeilenparameter bezeichnet. `argv` ist ein Array mit Zeiger zu Zeichenketten, die diesen Parameter beinhaltet, wobei `argv[0]` der Name des Programms ist. Wir prüfen zuerst, ob in der Kommandozeile alle Parameter eingeliefert wurden. Dann wird die Eingabedatei durchlaufen und zeilenweise in die Ausgabedatei kopiert. Wenn wir annehmen, dass der Name unseres Programms `pb12.c` ist, führen wir folgendes aus:

```
pb12 text.txt text.out
```

wobei `text.txt` die Datei ist, dessen Inhalt in `text.out` kopiert werden muss.

Programm

```c
#include <stdio.h>

int main(int argc, char **argv){
  FILE *in, *out;
  int key;
  if(argc < 3){
    puts("Verwendung: pb12 Quelle Ziel\n");
    puts("Die Quelle muss existieren!");
    puts(
      "Wenn das Ziel existiert, dann wird es ueberschrieben!");
    return 0;
  }
```

```c
  if((in = fopen(argv[1], "r")) == NULL){
    puts("Die Quelle kann nicht geoeffnet werden!");
    return 0;
  }
  if((out = fopen(argv[2], "w")) == NULL){
    puts("Das Ziel kann nicht geoeffnet werden!");
    return 0;
  }
  while(!feof(in)){
    key = fgetc(in);
    if(!feof(in)) fputc(key, out);
  }
  fclose(in); fclose(out);
  return 0;
}
```

Aufgabe

Ändern Sie das obige Programm so, dass mehrere Dateien die in die letzte hinzugefügt werden:

```
pb12 dat1 dat2...datn ziel
```

4.13 Aufgaben

1. Welche Bibliotheksfunktion kann man benutzen, um eine Teilzeichenkette in einer Zeichenkette zu finden?

2. Schreiben Sie eine Funktion, um ein Zeichen `c` am Ende einer Zeichenkette `s`
   hinzuzufügen.

3. Wofür wird die Funktion `strtok()` benutzt?

   ▷ Um eine Teilzeichenkette zu finden.

   ▷ Um die Zeichen einer Zeichenkette umzukehren.

   ▷ Um die Zeichen einer Zeichenkette in einer anderen Zeichenkette zu erkennen
     und zu begrenzen.

4. Wahr oder falsch?

   ▷ Die Funktion `strcmp()` ist *case sensitive*.

   ▷ `strcmp()` vergleicht zwei Zeichenketten `s1` und `s2` lexikographisch und lie-
     fert einen positiven Wert zurück, wenn `s1` kleiner als `s2` ist.

   ▷ Die Funktion `stricmp()` vergleicht zwei Zeichenketten und ist *case insensi-
     tive*.

5. Welche von den folgenden Literalen stellt eine statische Zeichenkette dar?

   ▷ `'Static String'`

   ▷ `"Static String"`

   ▷ `Static String`

   ▷ **`char`**` s[200]`

6. Mit welchem Zeichen werden alle Zeichenketten beendet?

   ▷ `'\0'`

   ▷ `' '`

   ▷ `'.'`

   ▷ `'\n'`

7. Welche von den folgenden Anweisungen liest eine Zeichenkette `str` mit 100
   Zeichen ein?

   ▷ `fgets(str, 101, stdin);`

   ▷ `fgets(str, 100, stdin);`

   ▷ `readline(str, 100, '\n');`

   ▷ `read(str);`

8. Welche von den folgenden Bibliotheksfunktionen vergleicht zwei Zeichenketten?

   ▷ `compare()`

   ▷ `stringcompare()`

   ▷ `cmp()`

   ▷ `strcmp();`

9. Welche von den folgenden Anweisungen fügt eine Zeichenkette am Ende einer
   anderen ein?

   ▷ `append()`

   ▷ `stringadd()`

   ▷ `strcat()`

   ▷ `stradd();`

10. Schreiben Sie ein Beispielprogramm für die Verwendung der Funktion `strdup`:

```
char* strdup(const char *strQuelle);
```

11. In der Datei `woerter.in` befindet sich ein Text, der mit einer leeren Zeile endet. Schreiben Sie in die Datei `woerter.out` alle Wörter des Textes, alphabetisch geordnet, pro Zeile ein Wort. Jedes Wort hat maximal 20 Buchstaben, die Anzahl der Wörter ist maximal 1000 und die Wörter sind durch ein oder mehrere Leerzeichen getrennt.

12. In der Eingabedatei `personen.in` befinden sich mehrere Personennamen, durch Leerzeichen getrennt, gemischt in Groß- und Kleinbuchstaben geschrieben. Wir nehmen an, dass alle Mädchennamen mit einem 'a' enden. Schreiben Sie ein Programm, das in die Ausgabedatei `personen.out` die Mädchen- und Jungennamen korrigiert ausgibt. Sie müssen mit einem Großbuchstaben anfangen, sonst Kleinbuchstaben beinhalten und in zwei Spalten (Mädchen und Jungs) aufgelistet sein.

Beispiel:

personen.in	personen.out	
`IonuT Maria CoRNel IOAna`	`Ana`	`Cornel`
`Cristi IriNA ANa Sorin`	`Ioana`	`Cristi`
	`Irina`	`Ionut`
	`Maria`	`Sorin`

13. Geben Sie über die Tastatur einen Text ein, der aus Buchstaben, Leerzeichen und Satzzeichen besteht. Schreiben Sie ihn in die Ausgabedatei `text.out` so, dass er links und rechts mit einer gegebenen Breite ausgerichtet wird, wie im Format Blocksatz (Engl. *justify*) aus den Office-Produkten.

14. Über die Tastatur wird ein Wort mit maximal 25 Zeichen eingelesen. Geben Sie auf dem Bildschirm alle in der Mitte liegenden Sequenzen aus, die durch sukkzesives Enfernen des ersten und letzten Buchstabens enthalten sind. Fahren Sie damit fort, bis Sie zu einem oder zwei Zeichen aus der Mitte gelangen.

15. In der Eingabedatei `text.in` befindet sich ein Text, der aus Wörtern, Leerzeichen und Satzzeichen, besteht. Über die Tastatur gibt man eine natürliche Zahl k ein ($1 \leq k \leq 20$). Schreiben Sie in die Ausgabedatei `kwoerter.out` alle Wörter mit Länge k aus `text.in`.

16. Die Schreibmaschine hat einen Fehler gemacht und immer anstatt des Buchstabens L_1 das Zeichen L_2 geschrieben. In der Eingabedatei `text.in` befindet sich nun solch ein falscher Text und die Buchstaben L_1 und L_2 sind bereits über die Tastatur eingelesen. Schreiben Sie ein Programm, das den korrigierten Text in die Ausgabedatei `text.out` ausgibt (L_2 wird immer durch L_1 ersetzt).

17. *Telefonbuch*. Schreiben Sie ein Programm, das einfache Operationen mit dem Telefonbuch simuliert: Einlesen und Ausgeben der Daten einer Person (Namen, Vornamen, Adresse, Telefonnummer) und das Suchen nach einem Kriterium (Name, Name und Vorname, Adresse, ...).

18. Schreiben Sie ein Programm, das die Anzahl der Auftritte eines Buchstabens in einem Text ausgibt. Der Text befindet sich in einer Datei, deren Namen, wie auch der zu suchende Buchstabe, über Tastatur eingegeben ist. Die Anzahl des Auftretens des Buchstabens im Text wird auf dem Bildschirm ausgegeben.

19. Geben Sie alle Präfixe und Suffixe eines Wortes, das über die Tastatur eingegeben wird, aus. Schreiben Sie dafür zwei verschiedene Algorithmen und setzen Sie sie im Programm ein.

20. Schreiben Sie ein Programm, das die Verkettung mehrerer Dateien, deren Namen über die Tastatur eingegeben sind, ausführt. Nummerieren Sie danach die Zeilen in der resultierenden Datei.

21. Schreiben Sie ein Programm, das den Inhalt einer Datei auf dem Bildschirm ausgibt. Der Name der Datei wird über die Tastatur eingelesen. Der Inhalt der Datei muss Zeichen für Zeichen ausgegeben werden, mit einer Pause von $0,5$ Sekunden nach jedem Zeichen.

22. In einer Textdatei befinden sich mehrere natürliche Zahlen auf mehreren Zeilen durch Leerzeichen getrennt. Schreiben Sie ein Programm, das zählt, wie viele Zahlen sich auf jeder Zeile befinden. Erweitern Sie das Programm so, dass die Zahlen auch durch Kommas getrennt sein können.

23. Geben Sie auf dem Bildschirm alle Zeichen aus einer gegebenen Datei, wobei die nicht druckbaren Zeichen (im ASCII-Code kleiner als 32) durch ihren ASCII-Code, gefolgt von ”#“, ausgegeben werden müssen.

24. Schreiben Sie ein Programm, das die Inhalte zweier gegebener Dateien vergleicht und ausgibt, ob diese übereinstimmen.

25. Entwickeln Sie ein Programm, das die eventuell leeren Zeilen (beinhalten nur Tabs und Leerzeichen) einer gegebenen Datei entfernt.

Abb. 4.1: Kettenkarussel auf dem Oktoberfest, München

Kapitel 5
Strukturen, Bitfelder, Unionen

5.1 Kollineare Punkte

Schreiben Sie ein Programm, das drei verschiedene Punkte in der Ebene einliest und entscheidet, ob sie kollinear sind (alle Punkte befinden sich auf einer Geraden). Die Koordinaten der Punkte sind reelle Zahlen vom Typ `double`.

Beispiel 1:

```
Geben Sie die Koordinaten der Punkte ein:
Punkt 1:
x = 1
y = 2
Punkt 2:
x = 3
y = 4
Punkt 3:
x = 5
y = 6
Die Punkte sind kollinear!
```

Beispiel 2:

```
Geben Sie die Koordinaten der Punkte ein:
Punkt 1:
x = 4.56
y = 3.21
Punkt 2:
x = -4.53
y = -1.2
Punkt 3:
x = 6.78
y = 4.51
Die Punkte sind nicht kollinear!
```

Problemanalyse und Entwurf der Lösung

Es seien die Punkte $P_1(x_1,y_1)$, $P_2(x_2,y_2)$ und $P_3(x_3,y_3)$. Eine Lösungsmethode, die Kollinearität der Punkte zu bestimmen, wäre es zu prüfen, ob die Steigung der Geraden P_1P_2 und die Steigung der Geraden P_2P_3 gleich sind. Die Steigung der Gerade P_1P_2 ist:

$$\frac{y_1 - y_2}{x_1 - x_2}$$

Um diese Methode anwenden zu können, müssen wir vorher testen, ob $x_1 = x_2$ oder $x_2 = x_3$ ist (dadurch vermeiden wir die Division durch 0).

Eine andere Lösungsmethode basiert auf dem nächsten Grundsatz: Die drei Punkte sind nur dann kollinear, wenn

$$\begin{vmatrix} x_1 & y_1 & 1 \\ x_2 & y_2 & 1 \\ x_3 & y_3 & 1 \end{vmatrix} = 0$$

äquivalent mit $x_1(y_2 - y_3) - y_1(x_2 - x_3) + (x_2y_3 - y_2x_3) = 0$ ist.

Bei dem nachfolgenden Programm wurde die erste Methode benutzt.

Programm

```c
#include <stdio.h>

typedef struct{
  double x, y;
}TPoint;

int main(void){
  TPoint P[3];
  int i;
  printf("Geben Sie die Koordinate der Punkte ein:\n");
  for(i=0; i<3; i++){
    printf("Punkt %d:\nx = ", i+1);
    scanf("%lf", &P[i].x);
    printf("y = ");
    scanf("%lf", &P[i].y);
  }
  if(P[0].x == P[1].x || P[1].x == P[2].x)
    if(P[0].x == P[2].x)
      printf("Die Punkte sind kollinear!");
    else printf("Die drei Punkte sind nicht kollinear!");
  else
    if((P[0].y-P[1].y)/(P[0].x-P[1].x)==
        (P[1].y-P[2].y)/(P[1].x-P[2].x))
      printf("Die Punkte sind kollinear!");
    else
      printf("Die Punkte sind nicht kollinear!");
```

```
    return 0;
}
```

Aufgaben

1. Ändern Sie das Programm so, dass man die zweite Methode anwendet.

2. Schreiben Sie ein Programm, das n $(3 \leq n \leq 50)$ Punkte einliest und anschlie-ßend prüft, ob alle Punkte kollinear sind.

5.2 Summe zweier Brüche

Schreiben Sie ein Programm, das die Summe zweier Brüche berechnet. Die beiden Brüche werden über die Tastatur eingegeben. Das Resultat muss als Summe von zwei gekürzten Brüchen ausgegeben werden. Gibt man für den Nenner Null ein, muss das Programm so lange andere Werte abfragen, bis es einen Wert gelesen hat, der nicht Null ist.

Beispiel 1:

```
Geben Sie die Brueche ein:
Brueche 1:
Zaehler: 2
Nenner:3
Brueche 2:
Zaehler: 9
Nenner:18
Resultat:
2/3 + 1/2  = 7/6
```

Beispiel 2:

```
Geben Sie die Brueche ein:
Brueche 1:
Zaehler: 8
Nenner:31
Brueche 2:
Zaehler: 4
Nenner:5
Resultat:
8/31 + 4/5  = 164/155
```

Problemanalyse und Entwurf der Lösung

Der Datentyp `TFraction` hat zwei Felder: den Zähler (`nr`) und den Nener (`num`) eines Bruches. Diese beiden Felder sind als Typ **unsigned** deklariert. Wir imple-

mentieren die Funktion `gcD()`, die den größten gemeinsamen Teiler zweier natürlicher Zahlen ermittelt und dabei den Euklid-Algorithmus benutzt. Die Funktion
`simplify()` kürzt dann die gegebenen Brüche, indem sie ihre Zähler und Nenner
durch ihren größten gemeinsamen Teiler teilt.

Programm

```c
#include <stdio.h>

typedef struct {
  unsigned nr, num;
} TFraction;

unsigned gcD(unsigned a, unsigned b){
  unsigned aux;
  while(b){
    aux = a % b;
    a = b;
    b = aux;
  }
  return a;
}

int simplify(TFraction *f){
  unsigned d;
  d = gcD( f->num, f->nr );
  f -> num /= d;
  f -> nr  /= d;
  return 0;
}

int read(TFraction *f){
  printf("Zaehler: ");
  scanf("%d", &f->nr );
  printf("Nenner: ");
  while(scanf("%d", &f->num) && !f->num)
    printf("Nenner Null!!! Geben Sie anderen: ");
  simplify( f );
  return 0;
}

int summ(TFraction f1, TFraction f2, TFraction *fs){
  fs->nr  = f1.nr*f2.num + f2.nr*f1.num;
  fs->num = f1.num*f2.num;
  simplify( fs );
  return 0;
}

int main(void){
  TFraction f1, f2, fs;
  printf("Geben Sie die Brueche ein: \nBrueche 1: \n");
  read( &f1 );
  printf("Brueche 2:\n");
```

```
  read( &f2 );
  summ( f1,  f2,  &fs);
  printf("Resultat:\n  %u/%u + %u/%u  = %u/%u\n\n",
     f1.nr, f1.num, f2.nr, f2.num, fs.nr, fs.num);
  return 0;
}
```

Aufgaben

1. Verbessern Sie das Programm so, dass für die Zähler und Nenner auch negative
   Zahlen eingegeben werden können.

2. Erweitern Sie das Programm mit einer Funktion, die das Produkt zweier Brüche
   berechnet und das Resultat wie oben, in einer gekürzten Form liefert.

Beispiel

```
Geben Sie die Brueche ein:
Brueche 1:
Zaehler: 8
Nenner: 25
Brueche 2:
Zaehler: 5
Nenner: 2
Resultat:
8/25 x 5/2  = 4/5
```

5.3 Vereinigung von mehreren Intervallen

Nehmen wir eine Menge an, die als Vereinigung von mehreren abgeschlossenen
Intervallen definiert ist: $A = [a_0, b_0] \cup [a_1, b_1] \cup ... \cup [a_{n-1}, b_{n-1}]$, wobei n eine natürliche Zahl kleiner 101 ist. Die Grenzen der Intervalle sind von den reellen Zahlen
$a_0, b_0, ..., a_{n-1}, b_{n-1}$ dargestellt. Schreiben Sie ein Programm, das eine reelle Zahl x
einer solchen Vereinigungsmenge zuordnet.

Beispiel

```
Intervallenanzahl: 3
Intervall 1:  a = -5.67
b = 6.78
Intervall 2:  a = -6
b = -3.45
Intervall 3:  a = 1.23
b = 3.45
Wert x = -5.54
-5.540 ist in der Vereinigungsmenge!
```

Problemanalyse und Entwurf der Lösung

Der Datentyp `TInterval` hat zwei Felder: die Grenzen `a` und `b` des Intervalls, beide von Typ **float**. Nachdem die Intervalle und der Wert `x` eingelesen sind, wird man `x` schrittweise in den gegebenen Intervallen suchen. Wenn wir ihn gefunden haben, dann setzen wir die Variable `ok` auf 1.

Programm

```c
#include <stdio.h>

typedef struct{
  float a, b;
} TInterval;

int main(void){
  TInterval a[101];
  int n, i;
  float x;
  int ok = 0;
  printf("Intervallenanzahl: ");
  scanf("%d", &n);
  for(i=0; i<n; i++){
    printf("Intervall %d: ", i+1);
    printf(" a = "); scanf("%f", &a[i].a);
    printf(" b = "); scanf("%f", &a[i].b);
  }
  printf("Wert x = ");
  scanf("%f", &x);
  for(i=0; !ok && i<n; i++)
  if(a[i].a <= x && x <=a[i].b) ok = 1;
  if(ok)
  printf("%.3f ist in der Vereinigungsmenge!", x);
  else
  printf("%.3f ist nicht in der Vereinigungsmenge!", x);
  return 0;
}
```

Aufgabe

Wir nehmen an, dass die Menge A eine Schnittmenge ist: $A = [a_0, b_0] \cap [a_1, b_1] \cap$ ... $\cap [a_{n-1}, b_{n-1}]$ Sie könnte die leere Menge, ein Punkt oder ein Intervall sein. Schreiben Sie ein Programm, das die Menge A in einer der drei Formen ausgibt.

5.4 Differenz-, Vereinigungs- und Durchschnittsmenge zweier Mengen

Schreiben Sie ein Programm, das die Differenz-, Vereinigungs- und Durchschnittsmenge zweier gegebener Mengen anzeigt. Diese beiden Mengen beinhalten Elemente natürlicher Zahlen aus dem Intervall [0, 50] und sind wie im folgenden Beispiel eingegeben:

```
Geben Sie die Menge A ein:
Anzahl Elemente der Menge: 4
Die Elemente: 2 5 45 49
Geben Sie die Menge B ein:
Anzahl Elemente der Menge: 5
Die Elemente: 1 3 5 45 46


----

AUSGABE
----


Die Mengen:
A = {2, 5, 45, 49}
B = {1, 3, 5, 45, 46}
Durchschnitt: {5, 45}
Differenz: {2, 49}
Vereinigung: {1, 3, 5, 45, 46, 2, 49}
```

Problemanalyse und Entwurf der Lösung

Eine Menge wird in unserem Programm durch den Typ **struct** TSet dargestellt: die Anzahl n ihrer Elemente (ihr Kardinal) und die Elemente selbst im Array m[]. Wenn zwei Mengen A und B gegeben sind, dann:

- hat ihre Schnittmenge $I = A \cap B$ alle Elemente von A und B;

- hat ihre Differenzmenge $D = A - B$ alle Elemente die in A, aber nicht in B erhalten sind;

- hat ihre Vereinigungsmenge $R = A \cup B$ alle Elemente von A und B, wobei jedes Element nur einmal vorkommt.

Wir merken uns die folgende Funktion:

```
short isElement(TSet A, short elem);
```

die 1 zurückliefert, wenn das Element elem der Menge A gehört und 0, wenn das nicht der Fall ist.

Um eine Menge lesen bzw. schreiben zu können, implementieren wir die Funktionen:

```
void read(TSet *M);
void write(struct TSet M);
```

Um die Schnitt-, Differenz- und Vereinigungsmengen zu bestimmen, laufen wir in einer **for**-Schleife die Elemente der Menge A durch und fragen ab, ob sie der Menge B gehören. Wenn ein Element auch der Menge B gehört, dann wird es der Schnittmenge I hinzugefügt. Wenn dies nicht der Fall ist, dann wird es der Differenzmenge D hinzugefügt sowie der Vereinigungsmenge R. Merken Sie sich, dass R mit B initialisiert ist und man fügt ihr alle Elemente hinzu, die ausschließlich der Menge A gehören.

```
I.n = 0; D.n = 0; R = B;
for(i=0; i<A.n; i++)
if(isElement( B, A.m[i])) I.m[I.n++] = A.m[i];
else{D.m[D.n++] = A.m[i]; R.m[R.n++] = A.m[i];}
```

Programm

```c
#include <stdio.h>

struct TSet{
  short n;
  short m[51];
};

short isElement(struct TSet A, short elem){
  short i, flag = 0;
  for(i=0; !flag && i<A.n; i++)
    if(elem == A.m[i]) flag=1;
  return flag;
}

void read(struct TSet *M){
  short i;
  printf(" Anzahl Elemente der Menge: ");
  scanf("%hd", &M->n);
  printf(" Die Elemente: ");
  for(i=0; i<M->n; i++) scanf("%hd", &M->m[i]);
}

void write(struct TSet M){
  short i;
  printf("{");
  for(i=0; i<M.n-1; i++) printf("%hd, ", M.m[i]);
  if(M.n>0) printf("%hd", M.m[M.n-1]);
  printf("}\n");
}

int main(void){
  short i;
  struct TSet A, B, I, R, D;
```

```c
  printf( "Geben Sie die Menge A ein:\n" ); read( &A );
  printf( "Geben Sie die Menge B ein:\n" ); read( &B );
  I.n = 0; D.n = 0; R = B;
  for(i=0; i<A.n; i++)
    if(isElement( B, A.m[i]) ){I.m[I.n++] = A.m[i];}
    else{ D.m[D.n++] = A.m[i]; R.m[R.n++] = A.m[i]; }
  printf("\n----\nAUSGABE\n----\n");
  printf("\nDie Mengen:\n");
  printf("A = "); write(A);
  printf("B = "); write(B);
  printf("Durchschnitt: "); write(I);
  printf("Differenz: "); write(D);
  printf("Vereinigung: "); write(R);
  return 0;
}
```

Aufgaben

1. Ändern Sie das Programm so ab, dass man den Datentyp **struct** TSet nicht mehr verwendet, sondern nur Basisdatentypen.

2. Erweitern Sie die Funktion write() so, dass die Elemente der Menge in aufsteigender Reihenfolge angezeigt werden.

5.5 Zugehörigkeit eines Punktes zur Kreisscheibe

Man liest über Tastatur *n* Kreise und einen Punkt in der Ebene ein. Jeder Kreis ist durch die Koordinate seines Mittelpunktes und seinen Radius definiert. Alle Werte passen in den Datentyp **float**. Entscheiden Sie, zu welcher Kreisscheibe der gegebene Punkt gehört.

Beispiel

```
Anzahl Kreise: 3

Geben Sie die Kreise ein:

Kreis 1:
Mittelpunkt: 1.23 3.4
Radius: 3.67

Kreis 2:
Mittelpunkt: -1.23 8.9
Radius: 2.34

Kreis 3:
Mittelpunkt: 0 1.2
Radius: 2.34
```

```
Geben Sie den Punkt ein: 1.56 2.34

____
AUSGABE
____
Der Punkt (1.560, 2.340) gehoert der Scheiben:
1  -> K( 1.230, 3.400, 3.670 )
3  -> K( 0.000, 1.200, 2.340 )
```

Problemanalyse und Entwurf der Lösung

Wir definieren die Datentypen **struct** TPoint und **struct** TCircle, die Punkte,
bzw. Kreise darstellen. Danach implementieren wir die Funktion dist(), die den
Abstand zwischen zwei Punkten berechnet:

```
float dist(TPoint P1, TPoint P2);
```

Merken Sie sich die Verwendung des Makros sqr(), das einen Wert quadriert. Um
zu entscheiden, ob ein Punkt einer Kreisscheibe gehört, schreiben wir die Funktion
inCircle(), die 1 zurückliefert, wenn der Punkt der Scheibe gehört, andersfalls
liefert sie 0 zurück.

Programm

```
#define sqr(a)  ((a)*(a))

typedef struct{
  float x, y;
}TPoint;

typedef struct{
  TPoint O;
  float R;
}TCircle;

float dist(TPoint P1, TPoint P2){
  return
    (float)sqrt(sqr(P1.x-P2.x) + sqr(P1.y-P2.y));
}

short inCircle(TCircle C, TPoint P){
  if(dist(C.O, P) < C.R) return 1;
  else return 0;
}

int main(void){
  int i, n;
  TCircle C[50];
  TPoint P;
```

```c
  printf("Anzahl Kreise: ");
  scanf("%d", &n);
  printf("\nGeben Sie die Kreise ein:\n");
  for(i=0; i<n; i++){
    printf("\n Kreis %d: \n", i+1);
    printf(" Mittelpunkt: ");
    scanf("%f %f", &C[i].O.x, &C[i].O.y );
    printf(" Radius: ");
    scanf( "%f", &C[i].R );
  }
  printf("\nGeben Sie den Punkt ein: ");
  scanf("%f %f", &P.x, &P.y);
  printf("\n----\nAUSGABE\n----\n");
  printf("Der Punkt (%3.3f, %3.3f) gehoert der Scheiben:\n",
        P.x, P.y);
  for(i=0; i<n; i++)
    if(inCircle(C[i], P))
      printf("%d  -> K( %3.3f, %3.3f, %3.3f )\n",
          i+1, C[i].O.x, C[i].O.y, C[i].R);
  return 0;
}
```

Aufgabe

Schreiben Sie ein Programm, das das erweiterte Problem löst: Es sind eine Menge
von Kreisen und eine Menge von Punkten in der Ebene gegeben und wir wollen
wissen, welche Punkte einer maximalen Anzahl von Kreisscheiben gehören.

5.6 Test union

Neben der Möglichkeit, mehrere Komponenten in einem Datentyp in Strukturen
zu gruppieren, bietet C die zusätzliche Option, dass diese Komponenten an einem
Speicherplatz gelagert werden und zu jedem Zeitpunkt nur eine der Komponenten
gelesen werden kann. Dafür benutzt man den Typ Union (**union**).

Mehrere Objekte werden gemessen und für jedes von ihnen ist nur eine Messung
gültig. Schreiben Sie ein Programm, das die Objekte mit ihren Anmessungen einliest und mit Hilfe des Typs **union** speichert. Der gemessene Wert für ein Objekt
kann vom Typ **int**, **double** oder **char** sein.

Beispiel

```
Wie viele Objekte? 3
Geben Sie die Messungen ein:
Messungstyp (integer/1, double/2, char/3): 3
CHR Wert = D
Messungstyp (integer/1, double/2, char/3): 1
```

```
INT Wert = -12
Messungstyp (integer/1, double/2, char/3): 2
DBL Wert = 23.45

AUSGABE
Die eingegebene Messungen:
CHR D
INT -12
DBL 23.450000
```

Problemanalyse und Entwurf der Lösung

Um uns den Messungstyp zu merken, verwenden wir den Abzählungstyp `enum` `MesType`. Für die Messung verwenden wir die Union `MesValue`. Eine komplette Messung für ein Objekt ist durch ihren Datentyp und ihren Messwert vollständig definiert.

Programm

```c
#include <stdio.h>

enum MesType{
  UNKNOWNType,
  INTEGERType,
  DOUBLEType,
  CHARType
};

union MesValue{
  int intVal;
  double dblVal;
  char chrVal;
};

typedef struct MeasureStruct{
  enum MesType type;
  union MesValue value;
} Measure;

void printMeasure(Measure *pMeasure){
  if(!pMeasure){
    printf("Leere Messung");
  }
  switch (pMeasure->type){
    case INTEGERType:
      printf("INT %d\n", pMeasure->value.intVal);
      break;
    case DOUBLEType:
      printf("DBL %lf\n", pMeasure->value.dblVal);
      break;
    case CHARType:
      printf("CHR %c\n", pMeasure->value.chrVal);
```

```
            break;
        default:
            printf("UNBEKANTER MESSUNG TYPE\n");
    }
}

int main(void){
    int n, tip, i;
    Measure aM[10];
    printf("Wie viele Objekte? ");
    scanf("%d", &n);
    printf("Geben Sie die Messungen ein:\n");
    for(i=0; i<n; i++){
        printf("Messungstyp (integer/1, double/2, char/3): ");
        scanf("%d", &tip);
        aM[i].type = tip;
        switch(tip){
            case INTEGERType:
                printf("INT Wert = ");
                scanf("%d", &aM[i].value.intVal);
                break;
            case DOUBLEType:
                printf("DBL Wert = ");
                scanf("%lf", &aM[i].value.dblVal);
                break;
            case CHARType:
                printf("CHR Wert = ");
                scanf(" %c ", &aM[i].value.chrVal);
                break;
            default:
                printf("UNBEKANNTER MESSUNG TYPE\n");
        }
    }
    printf("\nAUSGABE\n");
    printf("Die eingegebenen Messungen:\n");
    for(i=0; i<n; i++)
        printMeasure(&aM[i]);
    return 0;
}
```

Aufgabe

Suchen Sie im Help Unions, die in ANSI C definiert sind.

5.7 Bitfelder

Die Bitfelder können nur innerhalb der Daten von Typ Struktur oder Union benutzt
werden. Sie sind nützlich für die Verringerung des Speicherplatzes, weil sie direkt

die Bits verwenden und nicht die Bytes. Die Bitfelder verwendet man z. B. in der Kryptographie, Archivierung, Verwaltung der physischen Geräte. Regeln:

- Der Typ der Bitfelder kann jeder ganzzahligen Typ mit oder ohne Vorzeichen sein, nur nicht **long** und **enum**.

- Die Anzahl der Bits kann Werte zwischen 1 und 16 annehmen.

- Man kann nicht Arrays von Bitfeldern verwenden.

- Man kann nicht die Adress-Operatoren und den **sizeof**-Operator verwenden.

- Die Bezeichnung (oder der Name) des Feldes kann fehlen.

Wir wollen ein Datum kompakt darstellen: Tag unter der Woche (0 bis 6), Tag im Monat (0 bis 30), Monat (0 bis 11) und Jahr (0 bis 99). Schreiben Sie ein einfaches Programm, das mit Hilfe der Bitfelder, ein Datum speichert.

Beispiel

```
Geben Sie das Datum ein:
Tag unter Woche: 5
Tag unter Monat: 23
Monat: 4
Jahr: 78
Das Datum ist:
Samstag, 23/4/78
```

Problemanalyse und Entwurf der Lösung

Wir schreiben den Typ SData, der als Struktur mit Bitfeldern implementiert ist.

Programm

```c
#include <stdio.h>

typedef struct SData {
    unsigned short nTagWoche  : 3;  /* 0..7    (3 Bits)*/
    unsigned short nTagMonat  : 6;  /* 0..31   (6 Bits)*/
    unsigned short nMonat     : 5;  /* 0..12   (5 Bits)*/
    unsigned short nJahr      : 8;  /* 0..100  (8 Bits)*/
} Data;

char tagName[7][10] = {"Montag", "Dienstag", "Mittwoch",
                       "Donnerstag", "Freitag", "Samstag",
                       "Sonntag"
                      };

int main(void){
    Data d;
    int i;
    printf("Geben Sie das Datum ein:\n");
```

```
    printf("Tag unter Woche: "); scanf("%d", &i);
    d.nTagWoche = i;
    printf("Tag unter Monat: "); scanf("%d", &i);
    d.nTagMonat = i;
    printf("Monat: "); scanf("%d", &i); d.nMonat = i;
    printf("Jahr: "); scanf("%d", &i); d.nJahr = i;
    printf("Das Datum ist: \n");
    printf("%s, %d/%d/%d", tagName[d.nTagWoche],
             d.nTagMonat, d.nMonat, d.nJahr);
    return 0;
}
```

Aufgaben

1. Ändern Sie das Programm so, dass das Jahr vier Ziffern haben darf.

2. Erweitern Sie das Programm so, dass es keinen Tag innerhalb der Woche in der
   Struktur gibt, er wird aber mit einer Bibliothekfunktion genauso ausgegeben.

5.8 Aufgaben

1. Man liest über die Tastatur Informationen über mehrere Personen (maximal 50)
   ein: Name, Vorname und Geburtsdatum. Schreiben Sie alle diese Informationen,
   aufsteigend nach dem Geburtsdatum und in einer gut lesbaren Form in die Ausgabedatei `personen.out`. Erweitern Sie das Programm so, dass man auch die
   Option eingeben kann, ob die Personen auch aufsteigend nach Name oder nach
   Datum ausgegeben werden müssen.

2. Wir geben n Paare von reellen Zahlen, die die Koordinaten mehrerer Punkte in
   der Ebene (Maximum 100) darstellen (Abszisse und Ordinate), über die Tastatur
   ein. Schreiben Sie ein Programm, das die Länge der maximalen Strecke zwischen
   zwei Punkte-Paaren ermittelt und alle Punkte-Paare anzeigt, die diese Strecke
   haben. Erweitern Sie das Programm so, dass die Punkte aus einer Eingabedatei
   eingelesen und die Resultate in einer Datei ausgegeben werden.

3. Es sind n Städte ($2 \leq n \leq 20$) mit ihren Namen und Koordinaten (Längen- und
   Breitengrad) eingegeben. Eine Stadt ist aus diesen mit dem Namen spezifiziert.
   Finden Sie die Stadt (die Städte), die ihr am nächsten liegt (liegen).

4. Es wurden n Schüler mit ihren Noten beim Informatikprojekt eingegeben. Berechnen Sie den Durchschnitt der Noten und schreiben Sie die Schüler in einer
   gut lesbaren Form, nummeriert und in absteigender Reihenfolge der Noten in die
   Ausgabedatei `info.out`. Die Schüler, deren Noten besser als der Durchschnitt
   sind, werden in Großbuchstaben geschrieben. Implementieren Sie die beiden Varianten: mit Tastatur- und Dateieingabe. Erweitern Sie das Programm so, dass es
   auch eine Datei aufsteigend mit den Namen der Schüler und nummeriert ausgibt.

5. In einer Datei `fuersten.in` befindet sich eine Liste mit mehreren Fürsten aus mehreren Ländern. Pro Zeile: Name, Land, Beginn- und Enddatum der Herrschaft sowie Name der Gattin. Schreiben Sie ein Programm, das:

   ▷ die Fürsten aus einer gegebenen Zeitperiode ausgibt, aufsteigend nach Landname und innerhalb eines Landes nach Datum;

   ▷ eine Liste der Fürsten, in chronologischer Reihenfolge der Herrschafts-Perioden, für jedes Land;

   ▷ eine Liste der Fürsten, deren Gattinnen einen eingegebenen Namen hatten.

6. In einem Laden gibt es verschiedene Produkte. Für jedes Produkt muss ein Name, ein Code, ein Preis, ein Einlagerungs- und Verfallsdatum gespeichert werden. Schreiben Sie ein Programm, das solche Produkte aufnimmt und sie in einer Datei speichert. Erweitern Sie das Programm so, dass man ein bestimmtes Produkt nach verschiedenen Suchkriterien wieder finden kann: Produktname, Preis, Code, Verfallsdatum, die verfallenen Produkte und die Funktion für das Löschen verfallener Produkte bzw. eine Liste mit verfallenen Produkten hinzufügen.

7. Schreiben Sie mehrere Funktionen für die Verarbeitung der komplexen Zahlen: Einlesen, Schreiben, Summe, Produkt, Division, Betrag, usw. Verwenden Sie sie in einem Programm.

8. Entwerfen Sie eine Struktur, die mit konvexen Vielecken in der Ebene arbeitet: dem Einlesen und der Ausgabe der Ecken im Uhrzeigersinn, verschiedene spezifische Berechnungen. Schreiben Sie eine Funktion, die die Fläche und den Umfang eines solchen Vielecks ausgibt.

9. Entwerfen Sie Datenstrukturen, um geometrische Figuren zu speichern und zu verarbeiten: Punkte, Dreiecke, konvexe Vielecke, Kreise, Ellipsen. Schreiben Sie Funktionen, die die Flächen der Figuren berechnen (die Fläche eines Punktes ist Null). Mit Hilfe einer Union definieren Sie einen allgemeinen Datentyp, der nur eine von diesen Figuren darstellt.

10. Die raren Polynome mit ganzzahligen Koeffizienten sind Polynome mit großen Graden und sehr vielen Nullkoeffizienten. Wir wollen solche Polynome darstellen, die maximal 50 Nicht-Null-Koeffizienten haben. Eine Möglichkeit, es zu implementieren, wäre:

```c
typedef struct
{
  int Coef;
  unsigned int Exponent;
} TMonom;

typedef TMonom TPolynom[50];
```

Schreiben Sie ein Programm, das rare Polynome aufnimmt und Operationen mit ihnen implementiert: Summe, Produkt, Division, usw.

11. Es sei die folgende Deklaration:

```
struct Complex *z;
```

Was bedeuten die folgenden Ausdrücke?

▷ (++z)->re;

▷ (z++)->re;

▷ ++(z->re);

▷ (z->re)++;

12. Implementieren Sie Funktionen für die Ein- und Ausgabe der Zeit mit einer Struktur, die aus den Komponenten Stunde, Minute, Sekunde besteht. Implementieren Sie eine Funktion für die Differenz zwischen zwei Zeitpunkten. Das Einlesen und Schreiben der Daten muss im Format "hh: mm: ss" erfolgen. Ändern Sie das Programm so, dass es Bitfelder benutzt.

13. Die Datei `komplexe.in` beinhaltet mehrere Zeilen, in jeder Zeile steht eine komplexe Zahl (reeller und imaginärer Teil vom Datentyp **double**). Diese Zahlen sind im Uhrzeigersinn aufgestellt und stellen die Koordinaten eines komplexen Vielecks in der Ebene dar. Schreiben Sie ein Programm, das die Koordinaten in einem Array mit komplexen Zahlen aufnimmt, das Array mit einem Zeiger durchläuft, den Umfang und die Fläche des Vielecks berechnet. Dazu die Summe und das Produkt der komplexen Zahlen.

Abb. 5.1: Rathaus in Dorohoi, Rumänien

Kapitel 6
Bit-Operationen

6.1 Binäre Darstellung

Schreiben Sie ein Programm, das die binäre Darstellung einer natürlichen Zahl mit Hilfe der Bitoperatoren ausgibt. Schreiben Sie dafür zwei Varianten, wie in den Beispielen.

Beispiel Variante 1:

```
Geben Sie die Zahl ein: 32123
32123 in binaerer Darstellung: 00000000000000000111110101111011
```

Beispiel Variante 2:

```
Geben Sie die Zahl ein: 32123
32123 in binaerer Darstellung: 111110101111011
```

Problemanalyse und Entwurf der Lösung

Weil sich auf unterschiedlichen Betriebssystemen die Größe des Typs **int** unterscheiden kann, definieren wir die symbolische Konstante SIZ_INT, die die Anzahl der Bits in einem **int** bezeichnet. Um die binäre Darstellung auszugeben, werden wir wie folgt handeln: Wir durchlaufen alle Bits, von rechts nach links, beginnend mit der Stelle 0 (die die erste von rechts der binären Darstellung und die niedrigsten Stelle ist) und wir wenden die logische Operation AND (&) mit der Maske 1 an, wenn das Resultat 0 ist, dann ist dieses Bit Null, andernfalls ist es 1. Wir schreiben zwei Programmvarianten: In der ersten Variante sind alle Bits aufgeschrieben, auch die bedeutungslosen Nullen am Anfang der Zahl. Innerhalb der zweiten Variante sind diese Nullen sind entfernt, durch die Verwendung einer Flagg-Variable flag, die ursprünglich 0 ist und 1 wird, wenn man die erste 1 von rechts nach links gefunden hat.

Programm Variante 1

```c
#include <stdio.h>

#define SIZ_INT (sizeof(int)*8)

int main(void){
  int i, n;
  printf("Geben Sie die Zahl ein: ");
  scanf("%d", &n);
  printf("%d in binaerer Darstellung: ", n);
  for(i=SIZ_INT-1; i>=0; i--)
    printf("%d", (n>>i)&1);
  return 0;
}
```

Programm Variante 2

```c
#include <stdio.h>

#define SIZ_INT (sizeof(int)*8)

int main(void){
  int i, n;
  short flag = 0;
  printf("Geben Sie die Zahl ein: ");
  scanf("%d", &n);
  printf("%d in binaerer Darstellung: ", n);
  for(i=SIZ_INT-1; i>=0; i--){
    if(!flag && (n>>i)&1==1) flag=1;
    if(flag) printf("%d", (n>>i)&1);
  }
  return 0;
}
```

Aufgaben

1. Simulieren Sie die Verarbeitungsschritte auf Papier für ein paar ganze Zahlen: -123, 123, 15, 659, 32123.

2. Bestimmen Sie die binäre Darstellung einer ganzen Zahl ohne Verwendung der Bitoperatoren, mit Hilfe eines Arrays und durch wiederholte Division durch 2.

6.2 Bit-Operationen

Schreiben Sie ein Programm, das die vollständige Tabelle mit den logischen Operatoren Negation (~), AND (&), OR (|) und XOR (^) ausgibt.

Beispiel:

```
 ---------------------------------
 | p | q | ~p | p&q | p|q | p^q |
 ---------------------------------
 | 0 | 0 | 1 | 0  | 0  | 0  |
 | 0 | 1 | 1 | 0  | 1  | 1  |
 | 1 | 0 | 0 | 0  | 1  | 1  |
 | 1 | 1 | 0 | 1  | 1  | 0  |
 ---------------------------------
```

Problemanalyse und Entwurf der Lösung

Wir berechnen die Ergebnisse der logischen Operatoren für alle möglichen Paare
mit zwei verschachtelten `for`-Schleifen.

```c
#include <stdio.h>

int main(void){
  int p, q;
  printf("  ------------------------------------\n");
  printf("  | p | q | ~p | p&q | p|q | p^q |\n");
  printf("  ------------------------------------\n");
  for(p=0; p<2; p++ )
    for(q=0; q<2; q++)
      printf("  | %d | %d |  %d |  %d  |  %d  |  %d  |\n",
      p, q, ~p&1, p&q, p|q, p^q);
  printf("  ------------------------------------\n");
  return 0;
}
```

Aufgaben

1. Für alle Tripel `p, q, r` $\in \{0,1\}$ geben Sie auf dem Bildschirm eine Tabelle mit
   allen möglichen Werten `p&q&r`, `~p | ~q | ~r`, `(p-q)||r` ein, wie im obigen
   Programm.

2. Für alle Tripel `p, q, r` $\in \{0,1\}$ geben Sie eine Tabelle aus mit den Werten:
   `(p==q)`, `!r`, `(p==q)^r` und `!((p==q)^r)`.

6.3 Datumsverpackung

Wir können eine Jahreszahl (zwischen 0 und 2047) mit 11 Bits, einen Monat mit
4 Bits und einen Tag mit 5 Bits darstellen. Schreiben Sie ein Programm, das ein
Datum in einem **unsigned** in der beschriebenen Form "einpackt". Die resultierenden 20 Bits werden, von links beginnend, mit dem Tag, dem Monat und dem Jahr
gefüllt. Schreiben Sie auch eine Funktion, die ein gepacktes Datum "auspackt". Die

Eingabe erfolgt aus der Datei `datum.in` und die Ausgabe in die Datei `datum.out`.

Beispiel

datum.in	datum.out

1977 9 12
2006 2 23
1989 12 22
	Gepackt: 413625
	  Normal: 12/9/1977
	----------- 	
	Gepackt: 759766
	  Normal: 23/2/2006
	----------- 	
	Gepackt: 747461
	  Normal: 22/12/1989
	----------- 	

Problemanalyse und Entwurf der Lösung

Der Typ **unsigned** könnte auf verschiedenen Betriebssystemen unterschiedlich dargestellt werden, deswegen werden wir das Problem unabhängig davon lösen. Wenn wir mit b die Bitanzahl der Binärdarstellung einer Zahl kennzeichnen, dann ist ihre Form in dieser Darstellung: $a_{b-1}a_{b-2}...a_2a_1a_0$ mit $a_i \in \{0, 1\}$. Um Tag, Monat und Jahr in einem **unsigned** einzupacken, schreiben wir die Methode `pack(UL year, UL month, UL day, UL &date)`, die die folgenden Schritte ausführt:

- Die Variable `date` wird mit 0 initialisiert.

- Wir verschieben `day` um 15 Bits (Anzahl der Bits von Monat und Jahr) nach links und fügen das Resultat `date` hinzu; d.h. wir haben die Bits $a_{19}a_{18}a_{17}a_{16}a_{15}$ mit dem Tag gefüllt, die restlichen Bits bleiben alle 0.

- Wir verschieben `month` um 11 Bits (Anzahl der Bits eines Jahres) nach links und addieren das Ergebnis zu `date`, d.h. die Bits $a_{14}a_{13}a_{12}a_{11}$ beinhalten nun den Monat.

- Wenn wir `year` zu `date` addieren, werden die Bits $a_{10}...a_0$ mit dem Jahr gefüllt.

Die Methode `unpack()` führt die inversen Operationen aus, um die drei Werte zu extrahieren.

Programm

```c
#include <stdio.h>

typedef unsigned long UL;
void pack(UL year, UL month, UL day, UL *nRez){
  *nRez  = day<<15;
  *nRez += month<<11;
  *nRez += year;
}
```

```c
void unpack(UL nRez, UL *year, UL *month, UL *day){
  int b      = sizeof(UL)*8;
  *day       = nRez>>15;
  *month     = nRez<<(b-15)>>(b-4);
  *year      = nRez<<(b-11)>>(b-11);
}

int main(void){
  UL year, month, day;
  UL  date;
  FILE *fin  = fopen("datum.in", "r");
  FILE *fout = fopen("datum.out", "w");
  if(!fin) {
    printf("Eingabedatei datum.in existiert nicht!");
    return 0;
  };
  while(fscanf(fin, "%lu%lu%lu", &year, &month, &day)==3){
    pack (year, month, day, &date );
    fprintf(fout, "  Gepackt: %lu\n", date);
    unpack(date, &year, &month, &day);
    fprintf(fout,
      "  Normal: %lu/%lu/%lu\n------------\n", day, month, year);
  }
  fcloseall();
  return 0;
}
```

Aufgaben

1. Schreiben Sie die Zwischenergebnisse der beiden Methoden für die drei gegebenen Beispiele auf ein Blatt Papier.

2. Erweitern Sie das Programm so, dass auch die binäre Darstellung für das Datum ausgegeben wird. Dabei sollen Tag, Monat und Jahr durch ein Leerzeichen getrennt werden.

3. Zeigen Sie auch in Binär die Werte, mit denen man arbeitet (`packData():date, date>>11, month<<7, date, an, data; unpackData(): data>>11, data<<(b-11), data<<(b-11)>>(b-4), data<<(b-7)>>(b-7)`).

6.4 Verschiedene Operationen mit Bit-Operatoren

Die Verwendung der Bitoperatoren ist wegen deren Geschwindigkeit sehr vorteilhaft. Schreiben Sie mit Hilfe der Bit-Operatoren Funktionen für:

a. Den Test, ob eine gegebene Zahl teilbar durch 2^n ist, wobei n auch eine natürliche Zahl ist.

b. Den Test, ob eine ganze Zahl negativ oder positiv ist.

c. Die Berechnung $m \cdot 2^n$, wobei m eine ganze Zahl und n eine natürliche Zahl gegeben sind.

d. Die Berechnung $\left[\dfrac{m}{2^n}\right]$, wobei m eine ganze Zahl und n eine natürliche Zahl gegeben sind.

e. Mit Hilfe der Binärdarstellung von n, berechnet m^n, wobei m eine ganze Zahl und n eine natürliche Zahl gegeben sind.

Beispiel

```
m = -1024
n = 3


* * * * * * * * * *
 a. 2^3 teilt -1024
 b. -1024 ist negativ!
 c. -1024 * 2^3 = -8192
 d. -1024 / 2^3 = -128


* * * * * * * * * *
e. Geben Sie die zwei Zahlen ein:
 m = 3
 n = 5


 e. 3^5 = 243
```

Problemanalyse und Entwurf der Lösung

Wenn die Binärdarstellung von m

$$a_k a_{k-1} a_{k-2} a_{k-3} \ldots \ldots a_1 a_0$$

ist, dann ist m teilbar durch 2^n und nur dann, wenn $a_0 = a_1 = \ldots = a_{n-1} = 0$ ist.

Weil a_i gleich `(m>>i)&1` ist, werden wir alle Bits von 0 bis $n-1$ in einer **for**-Schleife Prüfen, ob sie Null sind. Dafür implementieren wir die Funktion `two_n_divide()`.

Die ganze Zahl m ist positiv, wenn in ihrer kompletten Binärdarstellung auf **sizeof** (m) Bits, der letzte Bit 0 ist. Dieser Bit ist `(m>>d)&1`, wobei d=**sizeof**(**long**)$\cdot 8-1$.

Um m mit 2^n zu multiplizieren oder durch 2^n zu teilen, benutzen wir die Shift-Operatoren links, bzw. rechts, wie in der Funktion `m_or_two_to_n()` und `m_div_two_or_n()`.

Für die Potenz von m gilt die Formel:

$$m^n = m^{a_0 + a_1 \cdot 2 + a_2 \cdot 2^2 + \ldots + a_k \cdot 2^k} = m^{a_0} \cdot (m^{a_1})^2 \cdot (m^{a_2})^{2^2} \cdot \ldots \cdot (m^{a_k})^{2^k}$$

wobei $a_k a_{k-1} a_{k-2} a_{k-3}.....a_1 a_0$ die Binärdarstellung von n ist, es folgt also, dass m^{a_1} 1 oder m ist, je nachdem ob a_i 0 oder 1 ist. Um m^n zu berechnen, benutzen wir die Funktion `m_two_n()`, basierend auf diesen Anmerkungen.

Programm

```c
#include <stdio.h>
#include <math.h>

long two_n_divide(long m, int n){
  int i;
  int ok=1;
  for(i=0; ok && i<n; i++)
    if((m>>i)&1) ok=0;
  return ok;
}

long isPositiv(long m){
  int d = sizeof(long)*8-1;
  return
     ((m>>d) & 1)==0;
}

long m_or_two_to_n(long m, int n){
  return m<<n;
}

long m_div_two_or_n(long m, int n){
  return m>>n;
}

long m_to_n(long m, int n){
  long i, pM = m;
  long res = 1;
  for(i=0; i<=log(n)/log(2)+1.0; i++){
    if((n>>i) &1 ) res *= pM;
    pM *= pM;
  }
  return res;
}

int main(void){
  long m;
  long n;
  printf(" m = "); scanf("%ld", &m);
  printf(" n = "); scanf("%ld", &n);
  printf("\n**********");
  if(two_n_divide( m,n ))
    printf("\n a. 2^%ld teilt %ld ", n, m);
  else printf("\n a. 2^%ld teilt %ld nicht ", n, m);
  if(isPositiv(m))
    printf("\n b. %ld ist positiv!", m);
  else printf("\n b. %ld ist negativ!", m);
```

```
 printf("\n c. %ld * 2^%ld = %ld",
   m, n, m_or_two_to_n(m, n));
 printf("\n d. %ld / 2^%ld = %ld",
   m, n, m_div_two_or_n(m, n));
 printf("\n\n**********");
 printf("\ne. Geben Sie die zwei Zahlen ein: ");
 printf("\n m = ");  scanf("%ld", &m);
 printf(" n = ");  scanf("%ld", &n);
 printf("\n e. %ld^%ld = %ld ", m, n, m_to_n(m, n));
 return 0;
}
```

Aufgaben

1. Schreiben Sie die Schritte von jeder Funktion mit dem gegebenen Beispiel auf
   ein Blatt Papier.

2. Schreiben Sie eine Funktion, die mit Hilfe der Bit-Operatoren das Produkt zweier
   ganzer Zahlen berechnet.

6.5 Anzahl der Eins-Bits in der binären Darstellung

Schreiben Sie eine Funktion, die zählt wie, viele Einsen es in der Binärdarstellung
einer natürlichen Zahl n $(0 \leq n \leq 255)$ gibt.

Beispiel:

```
Geben Sie eine ganze Zahl ein (0 - 255): 159
Anzahl Einsen in 159 (Basis 2) = 6
```

Problemanalyse und Entwurf der Lösung

Wir schreiben die Funktion `nrBits()`, die die Anzahl der Einsen in der Binärdarstellung zählt, mit Hilfe des Shift-Operators nach rechts, der Maske 1 und mit dem
logischen Operator AND. Das Resultat `x&1` ist das rechteste Bit (auf die niedrigste
Stelle) in `x`. Falls dieses Bit 1 ist, inkrementieren wir den Zähler `count`, der mit 0
initialisiert ist.

Programm

```c
#include <stdio.h>

unsigned char nrBits(unsigned char); /* Funktionskopf */

int main(void){
  unsigned char i8, count;
```

```c
    int i;
    printf("Geben Sie eine ganze Zahl ein (0 - 255): ");
    scanf("%d",&i);
    i8 = (unsigned char) i;
    count = nrBits(i8);
    printf("Anzahl Einsen in %d (Basis 2) = %d\n", i, count);
    return 0;
}
unsigned char nrBits(unsigned char x){
    unsigned char count;
    for(count = 0; x!=0; x>>=1)
        if(x&01)
            ++count;
    return count;
}
```

Aufgaben

1. Erweitern Sie das Programm so, dass man auch die Anzahl der Nullen ausgibt.

2. Schreiben Sie eine Funktion, die für eine ganze Zahl n, die Zahl m ausgibt, in der alle Bits aus n invertiert sind.

6.6 Sieb des Eratosthenes

Das "Sieb des Eratosthenes" ist ein äußerst bekanntes Verfahren zur Ermittlung von Primzahlen. Der griechische Mathematiker Eratosthenes von Kyrene (ca. 275-194 v.Chr.) entwickelte diesen Algorithmus. Wie der Name andeutet, werden aus den natürlichen Zahlen diejenigen ausgesiebt, die nicht prim sind. Durch das Sieb fallen zuerst alle Vielfachen der Zahl 2, in den nächsten Schritten scheiden die Vielfachen der übrig gebliebenen Zahlen 3, 5, 7... aus. Da Primzahlen keine Vielfachen anderer Zahlen sein können, findet man sie schließlich im Sieb.

Abb. 6.1: Eratosthenes von Kyrene
Quelle im Anhang B

Schreiben Sie ein Programm, das auf diese Art und Weise für mehrere natürliche Zahlen zwischen 2 und 5.000.000 überprüft, ob sie Primzahlen sind. Zwei Primzahlen p_1 und p_2 heißen Primzahlzwillinge, wenn $|p_1 - p_2| = 2$ ist. Erweitern Sie das Programm so, dass auch alle Primzahlzwillinge ausgegeben werden und am Ende auch deren Anzahl, wie im Beispiel.

Beispiel

zahlen.in	prim.out
123 345 12 101 43 284563 17 1006123 5000000 1021	123 -- zusammengesetzt 345 -- zusammengesetzt 12 -- zusammengesetzt 101 -- prim 43 -- prim 284563 -- zusammengesetzt 17 -- prim 1006123 -- prim 5000000 -- zusammengesetzt 1021 -- prim Zwillinge: 3 5 5 7 11 13 ... 2149991 2149993 ... 4999781 4999783 4999961 4999963 Anzahl Zwillinge im Intervall [1 - 5000000]: 32463

Problemanalyse und Entwurf der Lösung

Wir müssen für 5.000.000 Zahlen die Information verwalten, ob sie Primzahlen sind. Naiv könnten wir z. B. eine Variable `char` v[5.000.000] deklarieren und für jede Zahl $k < 5.000.000$ festlegen: k ist eine Primzahl, wenn v[k]='P' und keine Primzahl, wenn v[k]='N'. Das benötigt pro Zahl 8 Bits. Es ist aber ausreichend, wenn wir für eine Zahl ein Bit verwenden, und so bietet es sich an, aufeinanderfolgende Bits anzuwenden.

Wir werden eine Abbildung von den natürlichen Zahlen zu dem Array `sieve[]` mit Elementen des Typs **unsigned long** konstruieren. Weil 8*`sizeof`(**unsigned long**) die Anzahl der Bits beim Datentyp **unsigned long** ist, folgt, dass wir in einem solchen Element für 8*`sizeof`(**unsigned long**) natürliche Zahlen speichern können, ob sie Primzahlen sind: 0 bedeutet prim, 1 zusammengesetzt. Es sei DIM = 8*`sizeof`(**unsigned long**). Die Information, ob eine natürliche Zahl n prim ist oder nicht, befindet sich in sieve[n/DIM]. In diesem Element sieve[n/DIM] gibt das (n % DIM)-te Bit an, ob n eine Primzahl ist.

sieve[0]			sieve[1]			...	sieve[k]					...
b_0	...	b_{dim-1}	b_0	...	b_{dim-1}	...	b_0	...	b_j	...	b_{dim-1}	...

Für eine natürliche Zahl n ist also der Index k des Arrays gleich n `div` DIM und die
Position j des Primalitätbits ist n mod DIM. Die Primalitätsangabe im k-ten Element
des Arrays an Position *j* bezieht sich auf die Zahl n=k*DIM+j.

Wir schreiben die Methode isOne(UL* v, UL pos), die testet, ob an der Position
pos im Bitvektor *v* eine 1 steht. Dazu verschiebt sie v[pos/DIM] um pos/DIM Stellen nach rechts und liefert das Resultat von (v[pos/DIM]>>(pos%DIM))&1 zurück
- das ist das niedrigste Bit der Zahl v[pos/DIM]>>(pos%DIM).

Die Methode setOne(UL* v, UL pos) setzt das pos-te Bit im Bitvektor v auf 1.
Wir wenden den Bit-Operator *OR* (|) auf das entsprechende Element v[pos/DIM]
mit der Bitmaske 1<<(pos%DIM) an, in der nur an der Position pos%DIM eine 1 steht,
alle anderen Positionen enthalten 0. Damit wird das pos-te Bit in v auf 1 gesetzt.

Die Primzahlen werden mit der Methode doSieve(UL* sieve) bestimmt. Sie setzt
die Primalitätsbits aller Vielfachen einer Primzahl i im Array sieve[] auf 1, indem
sie die Bits i*j für alle $j \geq 2, j \in \mathbb{N}$ durchläuft.

Programm:

```c
#include <stdio.h>
#include <memory.h>

#define MAXSIZE 5000000
#define DIM (sizeof(unsigned long)*8)

typedef unsigned long UL;

int isOne(UL* v, UL pos){
  return
    (v[pos/DIM]>>(pos%DIM))&1;
}

void setOne(UL* v, UL pos){
  v[pos/DIM] |= (1<<(pos%DIM));
}

void doSieve(UL* sieve){
  UL i, j;
  for(i=2; i*i<=MAXSIZE; i++){
    if(!isOne(sieve, i)){
      j=2;
      while(i*j<=MAXSIZE){
        setOne(sieve, i*j);
        j++;
      }
    }
  }
}
```

```c
int main(void){
  FILE *fin, *fout;
  UL n, cont=0;
  UL sieve[MAXSIZE/DIM+1];
  fin  = fopen("zahlen.in", "r");
  fout = fopen("prim.out", "w");
  memset(sieve, (UL)0, sizeof(sieve));
  doSieve(sieve);
  while(fscanf(fin, "%lu", &n)==1){
    fprintf(fout, "%8lu", n );
    if(!isOne(sieve, n)) fprintf(fout, "  -- prim\n");
    else fprintf(fout, "  -- zussamengesetzt\n");
  }
  fprintf(fout, "\n zwillinge:\n");
  for(n=3; n<MAXSIZE-1; n+=2)
   if(!isOne(sieve, n) && !isOne(sieve, n+2)){
     fprintf(fout, "%8lu %8lu\n", n, n+2);
     cont++;
   }
  fprintf(fout, "Anzahl Zwillinge in Interval [1 - %8d]: %6lu",
             MAXSIZE, cont);
  fclose(fin); fclose(fout);
  return 0;
}
```

Aufgaben

1. Die geraden Zahlen größer als 2 sind keine Primzahlen. Verwenden Sie diese Eigenschaft für eine effizientere Kompaktierung und modifizieren Sie die beiden Programme entsprechend.

2. Schreiben Sie ein Programm, das das Problem mit Arrays löst, ohne Bit-Operationen zu verwenden.

6.7 Aufgaben

1. Finden Sie die Position des bedeutendsten Bit in der Binärdarstellung ganzen Zahl n.

2. Schreiben Sie eine Funktion, die entscheidet, ob eine natürliche Zahl n, eine Potenz von 2 ist.

3. Schreiben Sie eine Funktion, die ein gegebenes Bit in der Binärdarstellung einer ganzen Zahl invertiert.

4. Es sei eine natürliche Zahl n und wir betrachten die Menge $M = \{0,1,2,...,n\}$, mit $0 \leq n \leq 1000$. Eine Teilmenge von M kann als eine Sequenz von $n+1$ Bits kodiert werden, in der das Bit an der Stelle i 0 oder 1 ist, je nachdem, ob die Zahl i nicht zur Teilmenge gehört, bzw. gehört. Schreiben Sie ein Programm, das

mit solchen Mengen arbeitet, mit Hilfe einer kompakten Darstellung auf Bits (Funktionen für verschiedene Operationen wie Angehörigkeit eines Elements zu einer Menge, Durchschnitt, Vereinigung und Differenz zweier Mengen, ...).

5. Schreiben Sie alle Untermengen der Menge $\{1,2,...,n\}$ nur mit Verwendung der Bitoperatoren ($0 \leq n \leq 10$).

6. *Transitionenanzahl.* Wenn zwei Bitwörter w_1 und w_2 mit der Länge n gegeben sind, dann definiert man deren Hamming-Distanz als die Anzahl der invertierten Bits, die sich auf derselben Stelle befinden. Wenn wir n Wörter $w_1, w_2, ..., w_n$ und eine Permutation σ der Menge $\{1,2,...,n\}$ haben, dann definieren wir die Transitionenanzahl für die Wörter und die Permutation folgendermaßen:

$$N_T(\sigma, w_1, w_2, ..., w_n) = \sum_{i=1}^{n-1} d(w_{\sigma(i)}, w_{\sigma(i+1)})$$

Das ist die Summe aller nacheinander folgenden Hamming-Distanzen relativ zu der Permutation σ. Es seien n ($1 \leq n \leq 20$) Binärwörter als ganze Zahlen in Basis 10 kodiert (die Wörter sind deren Binärdarstellungen) und eine Permutation σ der Menge $\{1,2,...,n\}$. Bestimmen Sie die Transitionenanzahl für diese Wörter und für σ.

Beispiele

Tastatur	Bildschirm
n=5	24
5432 65 9876 12987 34	
Permutation:	
2 5 1 4 3	
n=7	30
5430 126 7890 1271 987 3212 654	
Permutation:	
1 2 4 3 5 7 6	

Erklärung für das erste Beispiel: $w_1 = 5432 \rightarrow 00000001010100111000$, $w_2 = 65 \rightarrow 00000000000001000001$, $w_3 = 9876 \rightarrow 00000010011010010100$, $w_4 = 12987 \rightarrow 00000011001010111011$, $w_5 = 34 \rightarrow 00000000000000100010$. Die Antwort ist $d(w_2, w_5) + d(w_5, w_1) + d(w_1, w_4) + d(w_4, w_3) = 4 + 6 + 7 + 7 = 24$. Schreiben Sie in dieser Weise auf Papier die Wörter und das Resultat für das zweite Beispiel.

Abb. 6.2: Auf die Autobahn in Anadalusien, Spanien

Kapitel 7
Zeitfunktionen, Zufallszahlen

7.1 Welcher Wochentag ist es?

Schreiben Sie ein Programm, das das Geburtsdatum einer Person, die zwischen 1900 und 2008 geboren ist, entgegennimmt und den Wochentag jedes Geburtstages ausgibt, den die Person bis 2008 erlebt hat.

Beispiel

```
Geben Sie Ihr Geburtsdatum ein:
 Tag: 31
 Monat: 12
 Jahr: 1999
Jahr 1999: Freitag
Jahr 2000: Sonntag
Jahr 2001: Montag
Jahr 2002: Dienstag
Jahr 2003: Mittwoch
Jahr 2004: Freitag
Jahr 2005: Samstag
Jahr 2006: Sonntag
Jahr 2007: Montag
Jahr 2008: Mittwoch
```

Problemanalyse und Entwurf der Lösung

Um Datumsangaben zu verarbeiten, bedienen wir uns der C-Headerdatei *time.h*. Die Datentypen `clock_t` und `time_t` stellen ein Datum und eine Uhrzeit als ganze Zahlen vom Typ **long** dar. Die Struktur `tm` aus *time.h* ist wie folgt definiert:

```
struct tm {
  int tm_sec;      /* Sekunden: 0..59 */
  int tm_min;      /* Minuten: 0..59 */
  int tm_hour;     /* Stunden: 0..23 */
```

```
    int tm_mday;    /* Tag im Monat: 1..31 */
    int tm_mon;     /* Monat beginnend mit Jan: 0..11 */
    int tm_year;    /* Jahr beginnend mit 1900: 0..> */
    int tm_wday;    /* Tag in der Woche beginnend
                       mit Sonntag: 0..6 */
    int tm_yday;    /* Tag im Jahr beginnend
                       mit 1 Jan: 1..365, 366 */
    int tm_isdst;   /* Zeit-Zeiger */
}
```

Die Funktion `mktime()` mit dem Kopf

```
time_t mktime(struct tm *timeptr);
```

liefert ein Datum zurück, das dem Argument entspricht. Die Komponenten `timeptr`
, `tm_wday` und `tm_yday` müssen nicht belegt sein, sie werden beim Funktionsaufruf
gesetzt.

Programm

```c
#include <stdio.h>
#include "time.h"

int main(void){
  char day[7][11] = {"Sonntag", "Montag", "Dienstag",
                     "Mittwoch", "Donnerstag", "Freitag",
                     "Samstag"};
  struct tm t;
  time_t t_birthday;
  int tag, m, j, i;
  printf("\nGeben Sie Ihr Geburtsdatum ein:\n");
  printf(" Tag: "); scanf("%d", &tag);
  printf(" Monat: "); scanf("%d", &m);
  printf(" Jahr: "); scanf("%d", &j);

  for(i=j; i<=2008; i++){
    t.tm_year = i - 1900;
    t.tm_mon = m-1;
    t.tm_mday = tag;
    t.tm_hour = 0;
    t.tm_min = 0;
    t.tm_sec = 1;
    t.tm_isdst = 0;
    t_birthday = mktime(&t);
    printf("Jahr %d: %s\n", i, day[t.tm_wday]);
  }

  return 0;
}
```

Aufgaben

1. Ändern Sie das Programm so, dass es alle Zeilen, deren Wochentage zwischen Montag und Freitag liegen, unter den Tisch fallen lässt.

2. Mit der Funktion `time()`, die den Kopf

```
time_t time(time_t *timer);
```

hat, kann man die aktuelle Systemzeit ermitteln. Erweitern Sie das Programm so, dass es die Geburtstage nicht nur bis zum Jahr 2008 ausgibt, sondern bis zum aktuellen Tag.

7.2 rand(), qsort() und bsearch()

Schreiben Sie ein Programm, das mehrere zufällige Ganzzahlen generiert und damit ein Array befüllt. Das Array soll angezeigt und dann mit der Bibliotheksfunktion `qsort()` aufsteigend sortiert werden. Schließlich soll eine ganze Zahl eingelesen und mit der Funktion `bsearch()` im Array gesucht werden. Als erstes soll das Programm den Wert der Konstanten `RAND_MAX` ausgeben, wie in den folgenden Beispielen.

Beispiel 1

```
RAND_MAX = 32767
Geben Sie die Elementanzahl des Arrays ein:   5

Der Array:  2151  5088 10568 30539    385
Der sortierte Array:    385  2151  5088 10568 30539
Das zu suchende Element: 10568
Das Element 10568 wurde an der Stelle 4 gefunden!
```

Beispiel 2

```
RAND_MAX = 32767
Geben Sie die Elementanzahl des Arrays ein:   4

Der Array:  2383 14561    972   2330
Der sortierte Array:     972   2330   2383 14561
Das zu suchende Element: 367
Das Element 367 wurde nicht gefunden!
```

Problemanalyse und Entwurf der Lösung

Die Funktion `rand()` aus der Header-Datei *stdlib.h* gibt eine natürliche Zahl zwischen 0 und `RAND_MAX` zurück. Bevor man `rand()` verwendet, muss man den Zufallszahlengenerator mit Hilfe der Funktion `srand()` starten, wenn man nicht will, dass bei jedem Programmstart immer dieselben Zahlen generiert werden.

Auch die Funktionen `qsort()` und `bsearch()` finden sich in `stdlib.h`:

```c
void qsort(void *base, size_t num, size_t width,
    int(__cdecl *compare)(const void *elem1, const void *elem2));

void *bsearch(const void *key,const void *base,size_t num,
    size_t width, int( __cdecl *compare )(const void *elem1,
    const void *elem2 ));
```

Die Argumente sind:

- `base`: die Anfangsadresse des Arrays

- `num`: die Anzahl der Elemente im Array

- `width`: die Größe eines Elements in Bytes

- `compare`: das Vergleichskriterium

- `elem1`: Zeiger auf den Suchschlüssel

- `elem2`: Zeiger auf das Vergleichselement

Die Funktion `qsort()` sortiert das Array und kehrt ohne Rückgabewert zurück.

Der Funktionskopf von `bsearch()` weist im Vergleich zum Kopf von `qsort()` zusätzlich den Parameter `key` auf, der die Adresse des zu suchenden Elements darstellt. `bsearch()` liefert die Adresse des ersten gefundenen Elements im Array zurück, das mit dem gegebenen Schlüssel übereinstimmt, und `NULL`, wenn die Suche ergebnislos ist.

Programm

```c
#include <stdio.h>
#include <stdlib.h>
#include "time.h"

int compare(const void *a, const void *b){
  return *(int*)a-*(int*)b;
}


int main(void){
  int a[200], n, i, elem;
  int* gefunden;
  srand((unsigned)time( NULL));
  printf("RAND_MAX = %d\n", RAND_MAX);
  printf("Geben Sie die Elementanzahl des Arrays ein: ");
  scanf("%d", &n);
  for(i=0; i<n; i++) a[i] = rand();
  printf("%20s", "\nDer Array:");
```

```
  for(i=0; i<n; i++)
    printf("%6d", a[i]);
  qsort((void*)a, n, sizeof(int), compare);
  printf("%20s", "\nDer sortierte Array:");
  for(i=0; i<n; i++)
    printf("%6d", a[i]);
  printf("\nDas zu suchende Element: ");
  scanf("%d", &elem);
  gefunden = bsearch((void*)&elem, (void*)a, n, sizeof(int),
    compare);
  if(gefunden)
    printf(
      "Das Element %d wurde an der Stelle %d gefunden!\n",
      *gefunden, gefunden-a+1);
  else
    printf("Das Element %d wurde nicht gefunden!", elem);
  return 0;
}
```

Aufgabe

Schreiben Sie eigene Funktionen, die denselben Zweck wie `qsort()` und `bsearch()` erfüllen, und verwenden Sie sie in einem Beispielprogramm für verschiedene Arrays.

7.3 Kopf oder Zahl

Wir simulieren das Spiel Kopf oder Zahl mit einer Münze. Es gelten die Regeln:

a. Wir werfen n mal, $1 \leq n \leq 200$.

b. Der erste Spieler übernimmt die Rolle des Ansagers und sagt, ob er Kopf oder Zahl erwartet. Der zweite Spieler hat die Rolle des Werfers und wirft die Münze.

c. Wenn der erste Spieler richtig geraten hat, erhöhen wir seinen Punktestand um 1, geben die Punkte beider Spieler aus und kehren zu Schritt b zurück.

d. Wenn der erste Spieler falsch geraten hat, tauscht er seine Rolle mit Spieler zwei. Wir geben die Punkte beider Spieler aus und kehren zu Schritt b zurück.

e. Am Ende geben wir beide Punktestände und die Erfolgsquoten in Prozent aus.

Beispiel

```
n = 5

Wurf 1. Spieler 1 sagt:
  Kopf('k'/'K') oder Zahl ('Z'/'z')? z
  Der Wurf liefert: zahl
 Punkte Spieler 1 = 1, Punkte Spieler 2 = 0
```

```
Wurf 2. Spieler 1 sagt:
  Kopf('k'/'K') oder Zahl ('Z'/'z')? z
  Der Wurf liefert: kopf    ** ROLLENTAUSCH **
 Punkte Spieler 1 = 1, Punkte Spieler 2 = 0

Wurf 3. Spieler 2 sagt:
  Kopf('k'/'K') oder Zahl ('Z'/'z')? k
  Der Wurf liefert:  zahl    ** ROLLENTAUSCH **
 Punkte Spieler 1 = 1, Punkte Spieler 2 = 0

Wurf 4. Spieler 1. sagt:
  K Kopf('k'/'K') oder Zahl ('Z'/'z')? k
  Der Wurf liefert:  zahl    ** ROLLENTAUSCH **
 Punkte Spieler 1 = 1, Punkte Spieler 2 = 0

Wurf 5. Spieler 2. sagt:
  Kopf('k'/'K') oder Zahl ('Z'/'z')? k
  Der Wurf liefert: zahl
 Punkte Spieler 1 = 1, Punkte Spieler 2 = 0


-------------------------------------------
 Punkte Spieler 1 = 1, Punkte Spieler 2 = 0
 Erfolgsquote Spieler 1 = 20.00% Erfolgsquote Spieler 2 = 0.00%
```

Problemanalyse und Entwurf der Lösung

Die Funktion `rand()` generiert eine natürliche Zahl zwischen 0 und RAND_MAX, daher passen wir den Funktionsaufruf so an, dass nur die Zahlen 0 oder 1 erzeugt werden:

```
2*((double)rand()/(RAND_MAX+1))
```

Im Programm kodieren wir den Kopf der Münze mit 0 und die Zahl mit 1 und spielen in einer **while**-Schleife.

Programm

```c
#include <stdio.h>
#include <stdlib.h>
#include "time.h"

int main(void){
  int n, i;
  int player, coin;
  int points[2]={0, 0};
  char ch;
  srand((unsigned)time( NULL ));
  printf("n = ");
  scanf("%d", &n);
  i=0; player = 0;
```

```c
while(i < n){
  printf(" \nWurf %d. Spieler %d sagt: ", i+1, player+1);
  printf("\n  Kopf (\'k\'/\'K\') oder Zahl ( \'Z\'/\'z\' ): ");
  fflush(stdin);
  ch = getchar();
  if(ch=='k'||ch=='K'||ch=='z'||ch=='Z'){
    ++i;
    coin = (int)(2*((double)rand()/(RAND_MAX+1)));
    printf("  Der Wurf liefert: %s\t", coin==0?"kopf":"zahl");
    if( coin==0 && (ch == 'k' || ch =='K') ||
      coin==1 && (ch == 'z' || ch =='Z')) points[player]++;
    else
      if(i<n){
        printf(" ** ROLLENTAUSCH ** ");
        player = 1-player;
      }
    printf("\n Punkte Spieler 1 = %d, Punkte Spieler 2 = %d\n",
      points[0], points[1]);
  }
  else {printf("Sie muessen k/K oder z/Z/ eingeben!");}
}
printf("\n---------------------------------------------");
printf("\n Punkte S1 = %d  Punkte S2 = %d ",
        points[0], points[1]);
printf("\n Erfolgsquote Spieler 1 = %3.2f%% Erfolgsquote
  Spieler 2 = %3.2f%% ",
        (float)(100*points[0])/n, (float)(100*points[1])/n );
return 0;
}
```

Aufgaben

1. Was macht das Programm, wenn wir die Zeile

```c
fflush(stdin);
```

löschen?

2. Ändern Sie das Programm so ab, dass die Rolle des Ansagers vor jedem Wurf eingegeben werden kann.

3. Modifizieren Sie das Programm folgendermaßen:

   ▷ Wenn ein Spieler richtig geraten hat, bleibt seine Punktzahl konstant gleich und die Rollen werden vertauscht.

   ▷ Wenn ein Spieler falsch geraten hat, erhöht sich die Punktzahl des anderen Spielers um eins. Die Rollen werden nicht getauscht.

7.4 Schere, Stein, Papier

Zwei Spieler zeigen gleichzeitig mit einer Hand eines der folgenden Objekte an:

■ Papier – mit der flachen Hand und ungespreitzten Fingern

■ Stein – mit der Faust

■ Schere – mit gespreitztem Zeige- und Mittelfinger.

Wenn beide Spieler dasselbe Objekt anzeigen, gewinnt keiner.

■ Bei Schere und Papier gewinnt die Schere (die Schere schneidet das Papier).

■ Bei Schere und Stein gewinnt der Stein (der Stein schleift die Schere).

■ Bei Stein und Papier gewinnt das Papier (das Papier umwickelt den Stein).

Simulieren Sie dieses Spiel, indem sich zwei imaginäre Spieler mehrmals nacheinander gleichzeitig für Schere, Stein oder Papier entscheiden und zählen Sie jedes mal die Punkte.

Beispiel

```
Anzahl Spiele: 4

Ergebnis 1: Stein   Papier
  ********
 S1 = 0 S2 = 1

Ergebnis 2: Schere   Papier
  ********
 S1 = 1 S2 = 1

Ergebnis 3: Papier   Stein
  ********
 S1 = 2 S2 = 1

Ergebnis 4: Schere   Schere
  ********
 S1 = 2 S2 = 1
```

Problemanalyse und Entwurf der Lösung

Wir repräsentieren das Papier mit 0, den Stein mit 1 und die Schere mit 2. Wenn wir diese Zahlen nur als Symbole betrachten, dürften wir $0 > 1$, $1 > 2$ und $2 > 0$ schreiben. Um eine natürliche Zahl zwischen 1 und 3 zu generieren, benutzen wir den Ausdruck:

```c
(int)(3*((double)rand()/(RAND_MAX+1)))
```

Abb. 7.1: Johann Liss, "Morraspiel im Freien" (Fragment)
Quelle im Anhang B

Programm

```c
#include <stdio.h>
#include <stdlib.h>
#include "time.h"

int main(void){

  int sign[2], points[2]={0, 0};
  int k, i=0, n;
  printf("Anzahl Spiele: ");
  scanf("%d", &n);
  srand((unsigned)time(NULL));

  while(i<n){
    sign[0] = (int)(3*((double)rand()/(RAND_MAX+1)));
    sign[1] = (int)(3*((double)rand()/(RAND_MAX+1)));
    printf("\nErgebnis %d:", ++i);
    for(k=0; k<2; k++)
      switch(sign[k]){
        case 0: printf(" Papier "); break;
        case 1: printf(" Stein "); break;
```

```c
        case 2: printf(" Schere ");
      }
   if(sign[0] - sign[1] == -1) points[0]++;
   if(sign[0] - sign[1] ==  1) points[1]++;
   if(sign[0] - sign[1] ==  2) points[0]++;
   if(sign[0] - sign[1] == -2) points[1]++;
   printf("\n ********\n S1 = %d        S2 = %d\n",
      points[0], points[1]);
   }

   return 0;
}
```

Aufgaben

1. Ändern Sie das Programm so ab, dass Sie mit einem Computergegner spielen können.

2. *Die Erweiterung mit dem Brunnen.* Der Brunnen ist das neue, vierte Objekt. Man stellt ihn dar, indem man mit dem Daumen einen Kreis mit den restlichen Fingern bildet. Der Brunnen gewinnt gegen den Stein und gegen die Schere (beide fallen in den Brunnen) und verliert gegen das Papier (das Papier bedeckt den Brunnen). Lassen Sie im Programm auch den Brunnen zu.

3. Lesen Sie über das Spiel im Internet nach:
   http://de.wikipedia.org/wiki/Schere,_Stein,_Papier
   http://www.spieltheorie.de/Spieltheorie_Grundlagen/
   schnick-schnack-schnuck.htm

7.5 Laufzeit einer Schleife

Durchlaufen Sie mit einem Programm sehr oft eine Schleife und geben Sie anschließend die dazu benötigte Zeit in Sekunden aus. Ermitteln Sie diese Zeit auf zwei Arten. Einmal mit der Funktion time() und einmal mit der Funktion clock(), beide stammen aus der Bibliothek time.h.

Beispiel

```
Zeit = 10 Sekunden
CPU Time =  10.7190 Sekunden.
```

Problemanalyse und Entwurf der Lösung

Die Funktion time() gibt die aktuelle Systemzeit zurück, indem sie die Anzahl der Sekunden bestimmt, die seit einem bestimmten Zeitpunkt (normalerweise seit dem 1.1.1970, 0 Uhr) vergangen sind.

Die Funktion `clock()` liefert die seit dem Programmstart verbrauchte CPU-Zeit in Takten in einer Variablen vom Typ `clock_t` zurück. Um daraus einen Wert
in Sekunden zu erhalten, dividieren wir den Rückgabewert durch die Konstante `CLOCKS_PER_SEC`, die abhängig vom System bzw. von der CPU ist. Wichtig ist
noch der Hinweis, dass `clock()` nur die Zeit (die CPU-
Ressourcen) für das eigene Programm bzw. für den eigenen Prozess ermittelt und andere gleichzeitig laufende

Prozesse nicht berücksichtigt. Wenn das Programm also vom Scheduler des Betriebssystems schlafen gelegt wird, verbraucht es bis zu seiner erneuten Ausführung
auch keine CPU-Ressourcen.

Programm

```c
#include <time.h>
#include <math.h>
#include <stdio.h>

int main(void) {
  unsigned long i;
  time_t        start, now;
  clock_t       start_cpu, now_cpu;

  i = (unsigned long) pow(10, 12);
  start = time(NULL);
  start_cpu = clock();
  while(i) i--;
  now = time(NULL);
  now_cpu = clock();

  printf("Zeit = %lf Sekunden\n", difftime(now,start));
  printf("mit CPU Time = %8.4lf Sekunden.\n",
    (now_cpu-start_cpu)/(double)CLOCKS_PER_SEC);
  return 0;
}
```

Aufgaben

1. Lesen Sie sich den Inhalt der Bibliothek `time.h` durch.

2. Verwenden Sie die Funktion `difftime()` anstatt `time()`.

7.6 Pause in Sekunden

Schreiben Sie eine Funktion, mit der man den Programmablauf um n Sekunden
pausieren kann, wobei n eine natürliche Zahl kleiner 100 ist. Beispiel:

```
Geben Sie die Anzahl der Wartesekunden ein: 4
Warte 4 Sekunden
Fertig mit dem Warten!
```

Problemanalyse und Entwurf der Lösung

Wir casten das Ergebnis von `n * CLOCKS_PER_SEC` (also die Anzahl der zu warten-
den CPU-Takte) in den Typ `clock_t`. Innerhalb der Funktion `sleep()` "verbrau-
chen" wir mit einer **while**-Schleife solange CPU-Ressourcen, bis die errechneten
Takte verbraucht bzw. angefallen sind.

Programm

```c
#include <stdio.h>
#include <stdlib.h>
#include <time.h>

void sleep(clock_t wait);

int main(void){
  int n;
  /*Warten...*/
  printf("Geben Sie die Anzahl der Wartesekunden ein: ");
  scanf("%d", &n);
  printf("Warte %d Sekunden\n", n);
  sleep((clock_t)n * CLOCKS_PER_SEC);
  printf("Fertig mit dem Warten!\n" );
  return 0;
}

/* Pause fuer eine gegebene Sekundenanzahl.*/
void sleep(clock_t wait){
  clock_t goal;
  goal = wait + clock();
  while(goal > clock());
}
```

Aufgabe

Zeigen Sie nach dem Ablauf jeder Sekunde einen Punkt '.' an.

7.7 Genaues Datum und genaue Uhrzeit

Schreiben Sie ein Programm, das das aktuelle Datum und die aktuelle Uhrzeit (aktuelle Systemzeit) ausgibt. Beispiel:

```
Datum und Uhrzeit: Thu Jan 24 14:57:46 2008
```

Problemanalyse und Entwurf der Lösung

Wir verwenden die Bibliotheksfunktion `time()`, um die aktuelle Systemzeit zu ermitteln und danach die Funktion `localtime()`, um diesen Wert in die lokale Ortszeit umzuwandeln und schließlich `asctime()`, um die Zeit in eine Zeichenkette zu transformieren.

Programm

```c
#include <stdio.h>
#include <time.h>

int main(void){
  time_t now;
  struct tm date_time;
  now = time(NULL);
  date_time = *localtime(&now);
  printf("Datum und Uhrzeit: %s", asctime(&date_time));
  return 0;
}
```

Aufgabe

Schreiben Sie das Datum auf Deutsch.

7.8 Vergangenheit oder Zukunft

Schreiben Sie ein Programm, das nach einer ganzzahligen Anzahl von Tagen aus dem Intervall $[-2000, 2000]$ fragt. Dann soll es diesen Wert von der aktuellen Systemzeit abziehen bzw. addieren und das Ergebnis anzeigen. Eine eingegebene 0 soll das Programm beenden.

Beispiel

```
Anzahl Tage:   45
Das Datum und die Uhrzeit ist Sun Mar 09 15:34:58 2008
Anzahl Tage:   -67
Das Datum und die Uhrzeit ist Sun Nov 18 15:34:58 2007
Anzahl Tage:   -8
Das Datum und die Uhrzeit ist Wed Jan 16 15:34:59 2008
Anzahl Tage:   23
Das Datum und die Uhrzeit ist Sat Feb 16 15:35:01 2008
Anzahl Tage:   1
Das Datum und die Uhrzeit ist Fri Jan 25 15:35:02 2008
```

```
Anzahl Tage:  0
```

Problemanalyse und Entwurf der Lösung

Weil ein Tag 86400 Sekunden dauert, addieren wir die Zahl `dif*86400` zur aktuellen Systemzeit (bestehend aus Datum und Uhrzeit), die wir mit der Funktion `time()` erhalten. Die eingegebene Anzahl von Tagen `dif` kann negativ oder positiv sein.

Programm

```c
#include   <stdio.h>
#include   <time.h>

int main(void){

  int dif;
  time_t now, newMoment;

  while(1){
    printf("Anzahl Tage:  ");
    scanf("%d", &dif);
    if(!dif) break;
    time(&now);
    newMoment = now+dif*86400;
    if(newMoment<0)
      printf("Overflow...\n");
    else
      printf("Das Datum und die Uhrzeit ist %s", ctime(&newMoment
    ));
  };

  return 0;
}
```

Aufgabe

Geben Sie Tag und Monat auf Deutsch aus.

7.9 Aufgaben

1. Fragen Sie mit einem Programm nach einem Datum in der Vergangenheit und einer Uhrzeit und lassen Sie die Sekunden ausrechnen, die seitdem vergangen sind.

2. Schreiben Sie ein Programm, das zwei Datumsangaben entgegennimmt und die Differenz in Tagen ausgibt.

3. Testen Sie die Bibliotheksfunktionen `qsort()`, `find()`, `search()` und `bsearch ()` für verschiedene Typen von Arrays (ganzzahlige und reelle Werte, Zeiger auf Zeichenketten).

4. Simulieren Sie Lotto mit einem Programm: geben Sie sechs Zahlen zwischen 1 und 49 ein, das Programm erzeugt sechs unterschiedliche Zufallszahlen und berichtet, welche Ihrer Zahlen richtig waren.

5. Schreiben Sie ein Programm, das Schülern beim Lernen der Addition und Multiplikation helfen könnte. Es soll nach den Resultaten für die Addition oder Multiplikation zweier einstelliger ganzer Zahlen fragen. Die Zahlen und die Operation werden zufällig ausgewählt. Jede richtige Antwort gibt einen Punkt, jede falsche Antwort sorgt für einen Punktabzug. Am Ende interessieren wir uns für die erreichte Punktzahl, für die Anzahl der richtigen und falschen Antworten und für den prozentualen Anteil der korrekten Antworten.

6. "Würfeln" Sie mit einem Programm n Mal und geben Sie am Schluss aus, wie oft die Augenzahlen von 1 bis 6 vorkamen.

7. *Monte-Carlo-Verfahren von Dewney.* Die Monte-Carlo-Verfahren (so benannt wegen des Casinos dort) sind Methoden, die die Wahrscheinlichkeitstheorie anwenden. Zu diesen Verfahren zählt die Dewney-Methode zur Berechnung der Kreiszahl π, die von Professor A. K. Dewney 1988 vorgestellt wurde. Die Ausgangsfigur zeigt ein Einheitsquadrat mit einem Viertelkreis und einer großen Anzahl von Zufallspunkten.

   Weil die Fläche des Quadrats 1 und die des Viertelkreises $\pi/4$ ist, ergibt sich für die Wahrscheinlichkeit, dass ein Punkt im Viertelkreis liegt, ein Wert von $\pi/4$. Der Punkt $P(x,y)$ mit $x,y \in [0,1]$ liegt dann und nur dann im Viertelkreis, wenn $x^2 + y^2 < 1$ ist. P liegt dann und nur dann nicht im Viertelkreis, wenn $x^2 + y^2 \geq 1$ gilt. Die gesamte Anzahl der Zufallspunkte bezeichnen wir mit N_{Gesamt} und die Anzahl der Punkte im Viertelkreis mit N_{Kreis}.

   Dann folgt

   $$\frac{N_{Kreis}}{N_{Gesamt}} \simeq \frac{\pi}{4}$$

   und daraus folgt, dass:

   $$\pi \simeq 4\,\frac{N_{Kreis}}{N_{Gesamt}}$$

Wenn wir mehrmals Zufallspunkte ins Quadrat "werfen", erhalten wir eine Tabelle, die π umso besser nähert, je größer die Anzahl der Punkte ist.

N_{Gesamt}	N_{Kreis}	π
500000000	392688018	3.1415041440000002
1000000000	785385468	3.1415418719999999
1500000000	1178073866	3.1415303093333335
2000000000	1570763251	3.1415265020000001
2500000000	1963450604	3.1415209663999999
3000000000	2356144139	3.1415255186666666

Tabelle 7.1: Näherungswerte für π

Der Algorithmus:

```
ALGORITHM_DEW_MONTE_CARLO

  1.   n    ←    Anzahl_Zufallspunkte

  2.   n_In  ←   0

  3.   For (i ← 1;  i ≤ n;  step 1) execute

  4.     x   ←   random([0,1))

  5.     y   ←   random([0,1))

  6.     if (x² + y² < 1) n_In++

  7.   End_For

  8.   return 4.0 * n_In/n;

END_ALGORITHM_DEW_MONTE_CARLO
```

Implementieren Sie diesen Algorithmus in einem Programm, erzeugen Sie mehrere Male Zufallspunkte und schreiben Sie die Resultate so wie in Tabelle 7.1 in die Datei `montecarlo.out`. Die Anzahl der Zufallspunkte pro Wurf geben Sie über die Tastatur oder aus einer Datei bekannt.

8. Zeigen Sie mit einem Programm grafisch an, wie das Experiment abläuft.

9. Die Monte-Carlo Methode von Dewney kann verfeinert werden. Die Punkte $P_i(x_i, y_i)$, die bisher zufällig erzeugt wurden, erhalten jetzt nur noch eine zufällige Abszisse x_i. Die zugehörigen Ordinaten y_i berechnen wir mit Hilfe der Kreisgleichung

$$y_i = \sqrt{1 - x_i^2},$$

so dass die P_i auf der Viertelkreislinie liegen. Die Folge der arithmetischen Mittel

$$\frac{y_1 + y_2 + ... + y_n}{n}$$

nähert die Fläche $\dfrac{\pi}{4}$ des Viertelkreises an. Dies wird klar, wenn man die arithmetischen Mittel als

$$\sum_{i=1}^{n} \frac{y_i}{n}$$

schreibt und diese Ausdrücke als Integrale von zufälligen Treppenfunktionen mit Stufenlänge

$$\frac{1}{n}$$

und Stufenhöhe y_i ("Monte-Carlo-Integration") auffasst. Deswegen nähern wir den Wert π mit

$$4 \cdot \frac{y_1 + y_2 + \dots + y_n}{n}$$

an. Bilden Sie diese Verfeinerung in einem neuen Programm nach.

10. *Das Buffon'sche Nadelproblem.* Eine andere Möglichkeit aus dem Bereich der Wahrscheinlichkeitstheorie zur Näherung der Kreiszahl π ist die Methode von Buffons Nadel. Im Jahre 1777 stellte der französische Adelige Georges-Louis Leclerc de Buffon (1707-1788) die folgende Frage: Wenn jemand eine Nadel auf ein liniertes Blatt Papier fallen lässt, wie groß ist dann die Wahrscheinlichkeit, dass die Nadel eine Linie schneidet? Die Antwort ist eng mit π verbunden. Sie hängt natürlich von der Länge l der Nadel und dem Abstand d der Linien ab. Die gesuchte Wahrscheinlichkeit ist

$$\frac{2}{\pi}\frac{l}{d}.$$

Wenn wir die Nadel N mal fallen lassen und sie T mal eine Linie schneidet, ist

$$\frac{2 \cdot l \cdot N}{d \cdot T}$$

eine Annäherung für π. Schreiben Sie ein Programm für das Buffon'sche Nadelproblem. Die Lage einer gefallenen Nadel ist eindeutig durch ihren Mittelpunkt und den Winkel, den sie mit den parallelen Linien bildet, bestimmt. Stellen Sie eine Formel auf, die uns sagt, ob die Nadel eine Linie kreuzt. Erweitern Sie Ihr Programm so, dass es auch eine Grafik generiert. Zeichnen Sie vier parallele Linien mit einem Abstand von zwei Einheiten. Die Nadel ist eine Einheit lang. Färben Sie die Nadeln, die über eine oder mehrere Linien gefallen sind, anders ein als die Nadeln, die keine Linien schneiden. Schauen Sie sich online ein Beispiel an: `www.fh-friedberg.de/users/jingo/mathematics/buffon/buffonneedle.html`. Können Sie die Buffon-Formel beweisen?

Abb. 7.2: Die Kuppel der blauen Moschee, Istanbul, Türkei

Kapitel 8
Verkettete Listen

8.1 Wörter im Satz

Ein Satz wird über die Tastatur eingegeben. Er endet mit einem der Zeichen '.', '!' oder '?'. Wir wollen mit Hilfe einer verketteten Liste alle seine Wörter ausgeben. Die Liste nimmt alle Wörter, so wie sie eingegeben werden, nacheinander auf. Ein Wort hat maximal 15 Buchstaben.

Beispiel

```
Geben Sie den Satz ein:
Die Ruhe besiegt alle Kaempfe,
    sowie die Zeit alle Wunden heilt.

Die Woerter im Satz sind:
Die
Ruhe
besiegt
alle
Kaempfe
sowie
die
Zeit
alle
Wunden
heilt
```

Problemanalyse und Entwurf der Lösung

Wir erstellen schrittweise eine einfache verkettete Liste, die die Wörter aus dem gegebenen Satz aufnimmt. Die Wörter werden beim Einlesen aufgebaut, indem wir Zeichen für Zeichen lesen.

In den Zeilen 4-7 definieren wir die Struktur `TCell`, die das Informationsfeld `word`
`[]` und einen Zeiger `next` zum nächsten Element in der Liste beinhaltet.

Auf den Zeilen 9-12 werden die nötigen Variablen deklariert und initialisiert:

- `head`: stellt den Kopf der Liste dar, es ist das erste Element in der Liste (initialisiert mit `NULL`).

- `man`: eine Variable, die das letzte gültige Element der Liste ist.

- `currentWord`: eine Zeichenkette, die das aktuell gelesene Wort aufnimmt (initialisiert mit dem leeren Wort).

- `k`: die Länge des aktuellen Wortes.

- `c`: das aktuell gelesene Zeichen.

Innerhalb einer **do-while**-Schleife lesen und verarbeiten wir das Zeichen `c`:

Ist `c` ein Buchstabe, fügen wir `c` dem aktuellen Wort `currentWord` hinzu (Zeile 26)
und inkrementieren die Länge `k` des aktuellen Wortes.

```
currentWord [k++]=c; currentWord[k]='\0';
```

Ist `c` kein Buchstabe, prüfen wir, ob das zuvor gelesene Zeichen ein Buchstabe war
oder nicht. War der Vorgänger von `c` ein Buchstabe, fügen wir das aktuelle Wort
der verketteten Liste hinzu und setzen die Länge `k` auf 0. War der Vorgänger von `c`
kein Buchstabe (das aktuelle Wort ist leer, hat also die Länge 0), durchlaufen wir
die **do-while**-Schleife erneut, wenn `c` kein Zeichen ist, das das Ende des Satzes
kennzeichnet. Sonst verlassen wir die Schleife. Um zu prüfen, ob wir ein '.', '!'
oder '?' gelesen haben, verwenden wir die Funktion `strrchr()` aus der Bibliothek
`string.h`. Wenn ein bestimmtes Zeichen in einer Zeichenkette gefunden wird, gibt
die Funktion einen Zeiger auf die Fundstelle zurück. Ist die Suche erfolglos, wird
`NULL` zurückgegeben.

So fügen wir ein neues Wort der Liste hinzu: Zuerst reservieren wir Speicher für
ein Element `q` vom Typ `TCell` (Zeile 18) und danach befüllen wir mit der Funktion
`strcpy()` aus der Bibliothek `string.h` das Informationsfeld mit dem aktuellen
Wort (Zeile 19). Weil `q` das letzte Element der verketteten Liste werden wird, setzen
wir den Zeiger auf seinen Nachfolger auf `NULL` (Zeile 20). Die Länge des aktuellen
Wortes setzen wir auch auf 0 (Zeile 21). Den neuen Knoten `q` fügen wir in den
Zeilen 22 und 23 hinzu: Wenn die Liste `head` leer ist, initialisieren wir sie mit `q`
und ebenso initialisieren wir `man` mit `q`. Wenn die Liste nicht leer ist, setzen wir den
Nachfolger von `man` auf `q` und anschließend setzen wir `man` auf `q` (`man` ist immer der
letzte Knoten in der Liste):

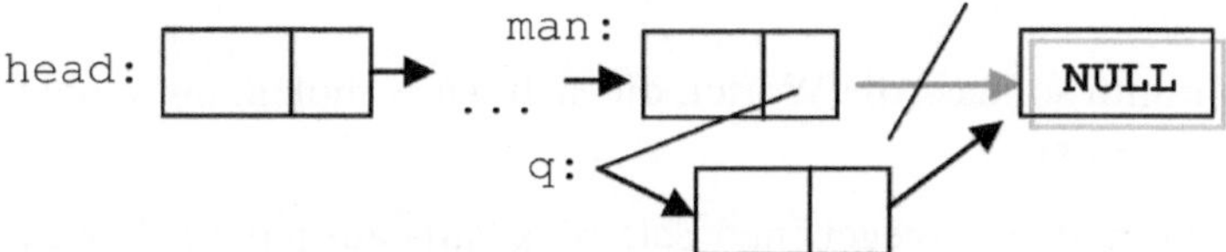

Programm

```
#include <stdio.h>
#include <string.h>
 1: #include <ctype.h>
 2: #include <malloc.h>

 3: char end[] = "?!.";

 4: typedef struct node{
 5:   char word[16];
 6:   struct node *next;
 7: } TCell;

 8: int main(void){
 9:   TCell *head, *man, *q;
10:   char currentWord[16], c;
11:   int k;
12:   head = NULL; currentWord[0] = '\0'; k = 0;
13:   printf("Geben Sie den Satz ein:\n");
14:   do {
15:     scanf("%c", &c);
16:     if(!isalpha(c)){
17:       if(k){
18:         q = (TCell*) malloc(sizeof(TCell));
19:         strcpy(q->word, currentWord);
20:         q->next = NULL;
21:         k = 0;
22:         if(head == NULL) { head = q; man = q; }
23:         else { man->next = q; man = q; }
24:       }
25:     }
26:     else { currentWord[k++]=c; currentWord[k]='\0';}
27:   } while(!strrchr(end, c));
28:   printf("\nDie Woerter im Satz sind:");
29:   while(head){
30:     printf("\n%s", head->word);
31:     man = head;
32:     head = head->next;
33:     free(man);
34:   }

35:   return 0;
36: }
```

Aufgaben

1. Ändern Sie das Programm so, dass die Wörter, die sich wiederholen, nur einmal
   in der Liste eingefügt werden.

2. Lassen Sie das Programm den eingegebenen Satz rückwärts ausgeben. Verzichten Sie auf die Variable man und erreichen Sie Ihr Ziel mit möglichst wenigen
   Änderungen im Programm.

8.2 Sortierte Wörter mit Großbuchstaben

Man gibt über die Tastatur einen Satz ein, der mit einem der Zeichen '.', '!' oder '?'
endet. Wir wollen alle seine Wörter mit Hilfe einer verketteten Liste sortiert und in
Großbuchstaben ausgeben. Diese Wörter haben maximal 15 Buchstaben.

Beispiel

```
Geben Sie den Satz ein:
Where is love, there is life_
                (Mahatma Gandhi).

Die Woerter im Satz sind:
GANDHI
IS
IS
LIFE
LOVE
MAHATMA
THERE
WHERE
```

Problemanalyse und Entwurf der Lösung

Der Unterschied zum vorherigen Problem (8.1 "Wörter im Satz") liegt hier darin,
dass wir Kleinbuchstaben in Großbuchstaben umwandeln und die Liste sortieren
müssen. Zeile 26 ändern wir so ab:

```
26:     else {currentWord[k++]= toupper(c); currentWord[k]='\0';}
```

Wir ersetzen die Zeile 23 durch die folgenden Anweisungen, um einen neuen Knoten q so in der Liste einzufügen, dass die Wörter in der Liste sortiert bleiben:

```
23.01: else {
23.02:   man = head;
23.03:   if(strcmp(head->word, q->word)>0){
23.04:         q->next = head; head = q;
```

```
23.05:   } else {
23.06:      while (man->next && strcmp(man->next->word, q->word)<0)
23.07:         {man = man->next;}
23.08:      if(man->next){
23.09:       q->next = man->next; man->next = q;
23.10:      } else {
23.11:      man->next = q;
23.12: }/*3.else*/        }/*2. else*/  }/*1.else*/
```

Das erste **else** auf der Zeile 23.01 besagt, dass die Liste head nicht leer ist. In diesem Fall müssen wir die Position herausfinden, an der der Knoten q einzufügen ist. Wenn das neue Wort lexikografisch kleiner ist als das erste Wort in der Liste, fügen wir es am Anfang ein (23.03-23.06). Anderenfalls wandern wir durch die Liste, bis wir ein Wort finden, das größer gleich q->word ist (23.06-23.07). Hier in diesem Programm verwenden wir die Variable man zum Durchlaufen der Liste. Finden wir so ein Wort, dann befindet sich im Nachfolger von man das erste Wort, das größer gleich q->word ist. Also fügen wir q nach man ein und wir biegen die nötigen Zeiger um (23.08-23.10). Wenn das neue erzeugte Wort (q->word)größer als das letzte Wort in der Liste ist (also größer als alle Wörter in der Liste), dann fügen wir q am Ende hinzu (26.10-26.12).

Das Programm können Sie als Übung erstellen.

Aufgaben

1. Ändern Sie das Programm so ab, dass die Wörter absteigend sortiert angezeigt werden.

2. Ändern Sie das Programm so ab, dass beim Einlesen vorerst keine Sortierung erfolgt und außerdem die Variable man nicht verwendet wird. Schreiben Sie eine Funktion, die den *Bubble-Sort*-Algorithmus implementiert, um die Liste nach ihrem Aufbau zu sortieren.

3. Modifizieren Sie das Programm so, dass die Wörter, die sich wiederholen, nur einmal ausgegeben werden. Implementieren Sie mindestens zwei Varianten dafür.

8.3 Sortierte Wörtermengen mit Großbuchstaben

Man gibt über die Tastatur einen Satz ein, der mit dem Zeichen '.', '!' oder '?' endet. Wir wollen jedes Wort nur einmal ausgeben und außerdem mitzählen, wie oft ein Wort eingelesen wurde. Die Wörter sollen sortiert und in Großbuchstaben ausgegeben werden. Das soll mit Hilfe einer verketteten Liste erfolgen und ein Wort besteht wieder aus höchstens 15 Buchstaben.

Beispiel

```
Geben Sie den Satz ein:
Wer kapmft, kann verlieren_
Wer nicht kampft, hat schon verloren_
(Bertolt Brecht).

Die Woerter im Satz sind:
BERTOLT 1
BRECHT 1
HAT 1
KAMPFT 2
KANN 1
NICHT 1
SCHON 1
VERLIEREN 1
VERLOREN 1
WER 2
```

Problemanalyse und Entwurf der Lösung

Wir ergänzen die Struktur `TCell`, indem wir das neue Informationsfeld `nr` vom Typ
int einfügen. Es stellt die Häufigkeit des dazugehörigen Wortes dar. Der Datentyp
`TCell` sieht dann so aus:

```c
typedef struct node {
  char word[16];
  int nr;
  struct node *next;
} TCell;
```

Wir erweitern das Programm aus Problem 2: Wenn ein Wort eingelesen ist, prüfen
wir, ob es sich schon in der Liste befindet. Wenn ja, inkrementieren wir die Häufigkeit `nr`. Wenn nein, fügen wir das Wort in der Liste ein und lesen das nächste Wort
ein:

```c
man = head;
while(man && strcmp(man->word, currentWord)) { man = man ->next;
    }
if(man){
    man->nr++;    k=0; currentWord[0]='\n';
    continue;
}
```

Die Variable `q` ist in Zeile 9 definiert

```c
9:    TCell *head, *man, *q;
```

und wird in Zeile 18 initialisiert:

```
18:   q = (TCell*) malloc(sizeof(TCell));
```

Wenn wir q initialisieren, initialisieren wir auch nr mit 1. Hierfür legen wir die neue Zeile 19.1 an:

```
19.1: q->nr = 1;
```

Mit der geänderten Zeile 30 erfolgt die Ausgabe:

```
30: printf("\n%s  %d", head->word, head->nr);
```

Das komplette Programm bleibt Ihnen als Übung.

Aufgaben

1. Modifizieren Sie das Programm so, dass die Wörter absteigend sortiert angezeigt werden.

2. Ändern Sie das Programm so ab, dass beim Einlesen noch keine Sortierung vorgenommen wird. Verzichten Sie wieder auf die Variable man. Schreiben Sie eine Funktion, die den *Bubble-Sort*-Algorithmus implementiert, um eine solche Liste zu sortieren.

8.4 Rare Matrizen

Wir sagen, dass eine Matrix eine rare Matrix ist, wenn die Anzahl der Nullen sehr groß ist. Schreiben Sie ein Programm, das zwei rare Matrizen liest (nur die Elemente, die nicht Null sind) und die beiden Matrizen und deren Summe ausgibt. Um eine Matrix zu speichern, benutzen wir eine einfach verkettete Liste. Wir nehmen an, dass die Matrizen quadratisch sind, maximal 100 Zeilen haben und die Elemente, die nicht Null sind, in den Datentyp **int** passen. Wir überprüfen, ob die eingelesenen Positionen in der Matrix korrekt und die Werte ungleich Null sind. Wir vergessen auch nicht, den reservierten Speicher freizugeben, wenn er nicht mehr gebraucht wird.

Beispiel

Tastatur	Bildschirm
n = 4	AUSGABE:
Geben Sie die erste Matrix ein:	Matrix A:
Anzahl der nicht Null Elemente: 3	0 71 0 0
Element 1:	0 0 -9 0

Tastatur	Bildschirm
Zeile: 1	0 0 0 0
Spalte: 2	0 0 0 35
Wert: 71	Matrix B:
Element 2:	0 65 0 0
Zeile: 4	0 0 0 0
Spalte: 4	0 0 0 0
Wert: 35	0 0 0 -893
Element 3:	
Zeile: 2	Die Summe A+B:
Spalte: 3	
Wert: -9	0 136 0 0
	0 0 -9 0
Geben Sie die zweite Matrix ein:	0 0 0 0
Anzahl der nicht Null Elemente: 2	0 0 0 -858
Element 1:	
Zeile: 4	
Spalte: 4	
Wert: -893	
Element 2:	
Zeile: 1	
Spalte: 2	
Wert: 65	

Problemanalyse und Entwurf der Lösung

Für jede Matrix definieren wir eine einfache verkettete Struktur, die natürlich nur die Elemente speichert, die eingegeben wurden. Jedes Listenelement besteht aus vier Feldern: der Zeile, der Spalte, dem Wert und der Adresse des nächsten Elements in der Liste. Für die Matrix *A* aus dem Beispiel sieht die Darstellung so aus:

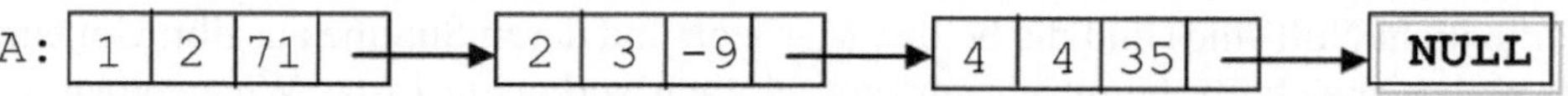

Wir definieren den Datentyp `RareMatrix` als Struktur (siehe Abb. 8.1):

```c
typedef struct node {
  int i, j;
  int info;
  struct node* next;
} RareMatrix;
```

Für diesen Datentyp schreiben wir die nötigen Funktionen: `read()`, `write()`, `posCmp()` und `sum()`.

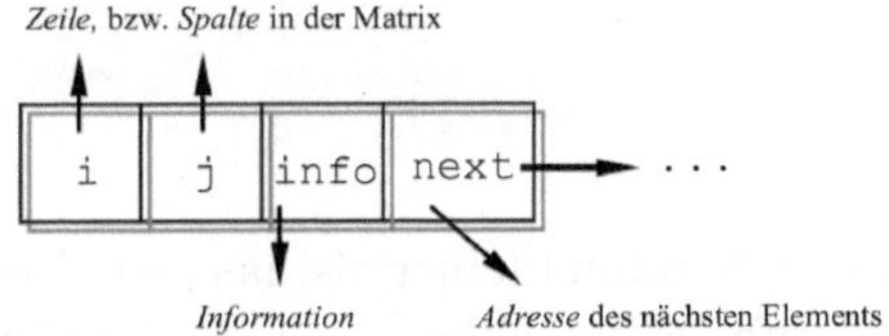

Abb. 8.1: Die Struktur `RareMatrix`

Die Funktion `posCmp()` mit dem Kopf

```
short posCmp(RareMatrix* p, RareMatrix* q);
```

prüft die lexikografische Reihenfolge der Paare (Zeile, Spalte) der beiden Argumente p und q. Wenn sich die Position von p vor der Position von q befindet (zum Beispiel $(1, 2) < (1, 3)$), gibt `posCmp()` -1 zurück und 1 im anderen Fall. Mit `posCmp()` können wir eine Matrix so als Liste aufbauen, dass die Knoten lexikografisch aufsteigend nach Positionen angeordnet sind.

Die Funktion `read()` liest die Matrix und baut gleichzeitig die entsprechende Liste auf. Sie prüft ab, ob die Position (Zeile und Spalte) und der Wert jedes Elements gültig sind. Wenn nicht, wird eine Nachricht ausgegeben und mit dem Einlesen des nächsten Elements fortgefahren:

```
if(l>n || c>n || l<1 || c<1)
   { printf(" ungueltige Position!!!"); continue; }
printf("    Wert: "); scanf("%d", &val);
if(val == 0){ "Null nicht erlaubt!!"; continue; };
```

Wenn die Position und der Wert korrekt sind, fügen wir einen neuen Knoten in der Liste ein. Dafür reservieren wir zuerst Speicher und danach füllen wir die Felder:

```
q = (RareMatrix*)malloc(sizeof(RareMatrix));
q->i = l; q->j = c; q->info = val;
```

Nun wollen wir die richtige Stelle in der Liste für den neuen Knoten bestimmen. Wenn die Liste noch leer ist, initialisieren wir sie einfach mit diesem Knoten:

```
if (*matr == NULL){ q->next=NULL; *matr=q; }
```

Wenn die Liste nicht leer ist und die eingelesene Position kleiner als die des ersten Elements in der Liste ist, fügen wir q davor ein und aktualisieren den Zeiger `*matr` (er zeigt immer auf den Anfang der Liste):

```
if(posCmp(q, *matr) < 0){
```

```
    q->next = *matr;
    *matr = q;
}
```

Wenn die Liste weder leer, noch die eingelesene Position kleiner als das erste Listenelement ist, durchsuchen wir die Liste mit Hilfe der Variablen man nach der Einfügestelle (*matr ist die Adresse des ersten Elements):

```
man = *matr;
while(man->next && posCmp(man->next, q) < 0)
  { man = man->next; }
if(man->next){
  q->next = man->next;
  man->next = q;
} else {
  q->next = NULL;
  man->next = q;
} /* else */
```

Nachdem die **while**-Schleife ausgeführt ist, fügen wir q als Nachfolger von man
in die Liste ein. Wenn man nicht das Ende der Liste markiert, müssen wir auf die
richtigen Anschlüsse (Adressen der Nachfolger) aufpassen: Als Nachfolger von q
 wählen wir den Nachfolger von man und als Nachfolger von man wählen wir q.
Grafisch könnten wir es so darstellen:

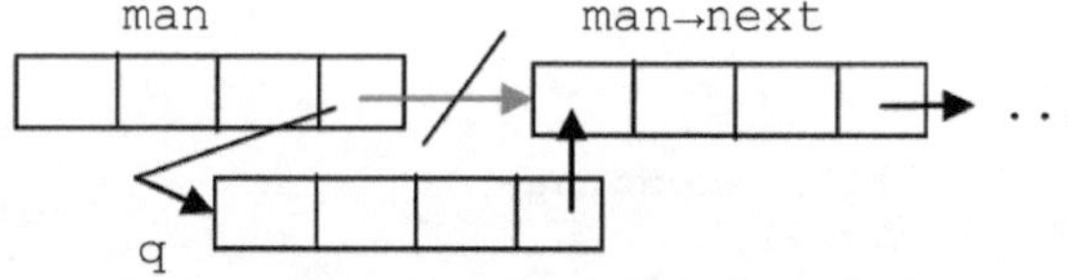

Wenn man auf das letzte Element der Liste zeigt, setzen wir den Nachfolger von q
auf die leere Adresse NULL und den Nachfolger von man auf q:

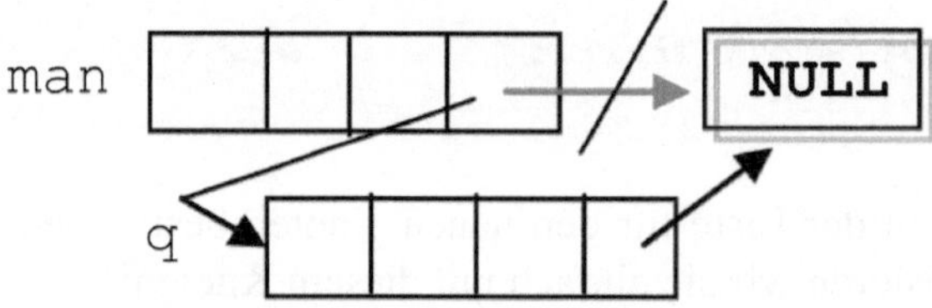

Die Funktion write() gibt eine Liste in Matrixform aus. Sie nutzt dabei die Tatsache, dass die Elemente lexikografisch nach der Position sortiert sind. Es werden
iterativ alle Positionen der Matrix durchlaufen. Wenn es die Position, an der wir
uns gerade in der Matrix befinden, auch in der Liste gibt, lesen wir den Wert aus,
schreiben ihn auf den Bildschirm und wandern in der Liste zum nächsten Element.
Anderenfalls geben wir 0 aus:

```c
elem = 0;
if(matr && i==matr->i && j==matr->j){
  elem = matr->info;
  matr = matr->next;
}
printf("%6d", elem);
```

Die Funktion `sum()` mit dem Kopf

```c
RareMatrix* sum(RareMatrix* A, RareMatrix *B);
```

gibt die Summe der Matrizen A und B zurück. Das Verfahren ähnelt dem *Merge-Sort*-Algorithmus, der ein sortiertes Array aus zwei gegebenen sortierten Arrays zusammenbaut. Solange die beiden Listen nicht leer sind, vergleichen und verarbeiten wir die Positionen in den beiden Listen, auf die durch die Zeiger A und B verwiesen wird. Wir reservieren Speicher für die neue Variable `q` und belegen den Nachfolger von `q` mit NULL:

```c
q = (RareMatrix*) malloc(sizeof(RareMatrix));
q->next = NULL;
```

Wenn die Position in A kleiner als die in B ist, setzen wir den Wert in `q` auf den aus A. Das Element aus A ist somit verbraucht. Den Zeiger A biegen wir auf das nachfolgende Element um:

```c
if(posCmp(A, B) < 0){
  q->i = A->i; q->j=A->j; q->info = A->info;
  A = A->next;
}
```

Wenn die Position in A mit der in B übereinstimmt, bildet die Summe der Informationen aus A und B den Wert für `q`. Beide Zeiger A und B werden nach rechts verschoben:

```c
if(posCmp(A, B) == 0){
  q->i = A->i; q->j = A->j;
  q->info = A->info + B->info;
  A = A->next; B = B->next;
}
```

Und den letzten Fall, wenn die Position in B kleiner als die in A ist, handeln wir so ab:

```c
q->i = B->i; q->j = B->j; q->info = B->info;
B = B->next;
```

Jeden neuen Knoten q fügen wir der Liste *C* hinzu. Wenn die Liste *C* leer ist, initialisieren wir sowohl sie als auch die Manövervariable man (stellt das letzte Element dar) mit q:

```
if (C == NULL){ C = q; man = q; }
```

Wenn die Liste *C* nicht leer ist, fügen wir den neuen Knoten mit Hilfe der Variablen man am Ende dazu und aktualisieren man:

```
man->next = q;
man = q;
```

Wenn wir bereits eine der beiden Listen *A* oder *B* abgearbeitet haben, fügen wir die andere Liste am Ende der Liste *C* ein:

```
if(A) { if(man) man->next = A; else C = A; }
if(B) { if(man) man->next = B; else C = B; }
```

Programm

```c
#include <stdio.h>
#include <malloc.h>

typedef struct node{
  int i, j;
  int info;
  struct node* next;
} RareMatrix;

short posCmp(RareMatrix* p, RareMatrix* q){
  short rez;
  if(p->i < q->i) rez = -1;
  if(p->i == q->i && p->j<q->j) rez = -1;
  if(p->i == q->i && p->j == q->j) rez = 0;
  if(p->i > q->i) rez = 1;
  if(p->i == q->i && p->j>q->j) rez = 1;
  return rez;
}

void read(RareMatrix **matr, short n){
  int l, c;
  int i, k, val;
  RareMatrix *man, *q;
  printf("\n   Anzahl der nicht Null Elemente: ");
  scanf("%d", &k);
  *matr = NULL;
  for(i=0; i<k; i++){
    printf("   Element %d: \n", i+1);
    printf("     Zeile: ");scanf("%d", &l );
    printf("     Spalte: ");scanf("%d", &c);
```

```c
     if(l>n || c>n || l<1 || c<1)
       { printf("  ungueltige Position!!!"); continue; }
     printf("    Wert: "); scanf("%d", &val);
     if(val == 0){"Null nicht erlaubt!!"; continue; };
     q = (RareMatrix*) malloc(sizeof(RareMatrix));
     q->i = l; q->j = c; q->info = val;
     if(*matr == NULL){  q->next=NULL; *matr=q; } else
       if(posCmp(q, *matr) < 0){
         q->next = *matr;
         *matr = q;
         } else
         { man = *matr;
         while(man->next && posCmp(man->next, q) < 0)
           { man = man->next; }
         if(man->next){
           q->next = man->next;
           man->next = q;
           } else {
             q->next = NULL;
             man->next = q;
           } /* else */
       } /* else */
   }  /* for */
} /*read*/

void write(RareMatrix *matr, short n){
  short i, j;
  int elem;
  for(i=1; i<=n; i++){
    printf("\n   ");
    for(j=1; j<=n; j++){
      elem = 0;
      if(matr && i==matr->i && j==matr->j){
        elem = matr->info;
        matr = matr->next;
      }
      printf("%6d", elem);
    }
  }
  printf("\n");
}

RareMatrix* sum(RareMatrix* A, RareMatrix *B){
  RareMatrix *C, *man, *q;
  C = NULL;
  while(A && B){
    q = (RareMatrix*) malloc(sizeof(RareMatrix));
    q->next = NULL;

    if(posCmp(A, B) < 0){
      q->i = A->i; q->j=A->j; q->info = A->info;
      A = A->next;
    } else
    if(posCmp(A, B) == 0){
```

```
            q->i = A->i;  q->j = A->j;
            q->info = A->info + B->info;
            A = A->next;  B = B->next;
      } else
      {
            q->i = B->i;  q->j = B->j;  q->info = B->info;
            B = B->next;
            };
            if(C == NULL){ C = q; man = q; }
            else{
               man->next = q;
               man = q;
            }
      }
  if(A) { if(man) man->next = A; else C = A; }
  if(B) { if(man) man->next = B; else C = B; }
  return C;
}

void deleteMatrix(RareMatrix* matrice){
  if(matrice != NULL){
    deleteMatrix(matrice->next);
    free(matrice);
  }
}

int main(void){
  short n;
  RareMatrix *A, *B, *C;
  printf("n = "); scanf("%d", &n);
  printf("\nGeben Sie die erste Matrix ein:");
  read(&A, n);
  printf("\nGeben Sie die zweite Matrix ein:");
  read(&B, n);
  C = sum(A, B);
  printf("\nAUSGABE:\n");
  printf("Matrix A: "); write(A, n);
  printf("Matrix B: "); write(B, n);
  printf("\nDie Summe A+B:\n");
  write(C, n);
  deleteMatrix(A); deleteMatrix(B); deleteMatrix(C);

  return 0;
}
```

Aufgaben

1. Ändern Sie das Programm so ab, dass die Matrizen in der Listenform ausgegeben
   werden. Für die Matrix *A* aus dem Beispiel sähe das so aus:

```
(1, 2, 71), (2, 3, -9), (4, 4, 35)
```

2. Ändern Sie das Programm so ab, dass die Matrizen nicht unbedingt quadratisch sein müssen und man sie auch mit einem Namen (z. B. A, B, C, M, N) versehen kann. Die Namen werden eingelesen und auch für die Ausgabe benutzt.

3. Innerhalb der Funktion `sum()` verwenden wir zweimal eine ähnliche Sequenz, um die Information aus A bzw. B in `q` zu kopieren:

```
q->i = A->i;  q->j=A->j;  q->info = A->info;
```

Schreiben Sie eine Funktion, die das erledigt, und verwenden Sie sie im Programm.

4. Modifizieren Sie das Programm so, dass die Eingabe aus einer Datei gelesen und die Ausgabe in eine Datei geschrieben wird.

5. Implementieren Sie mehrere Operationen mit Matrizen mit Hilfe des Datentyps `RareMatrix`: Differenz, Produkt, inverse Matrix. Implementieren Sie eine Funktion, die die Diskriminante einer quadratischen Matrix berechnet.

6. Entwerfen Sie eine Funktion, die für eine gegebene rare Matrix den prozentualen Anteil der Elemente, die nicht Null, negativ und positiv sind, berechnet.

Beispiel

Tastatur	Bildschirm

<pre>   n = 4
 	
Geben Sie die Matrix ein:
Anzahl der nicht
Null Elemente : 3
   Element 1:
    Zeile: 1
    Spalte: 2
   Wert: 71
   Element 2:
    Zeile : 4
    Spalte : 4
   Wert: 35
   Element 3:
    Zeile : 2
    Spalte : 3
   Wert: -9</pre>
	<pre>AUSGABE:
	Die Matrix:
	    0 71 0 0
	    0 0 -9 0
	    0 0 0 0
	    0 0 0 35
	Nicht Null: 18.75%
	Negative Elemente: 6.25%
	Positive Elemente: 12.5%</pre>

7. Schreiben Sie Funktionen, um die Summe der Elemente unter und über der Hauptdiagonale einer quadratischen Matrix zu berechnen.

8. Ein rares Polynom ist ein Polynom mit einem hohen Grad und mit sehr vielen Nullkoeffizienten. Erstellen Sie ein Programm, das mit Hilfe einfacher Listen mit solchen Polynomen arbeitet: Einlesen, Ausgeben, Addition, Multiplikation, Multiplikation mit $(X - a)$, Berechnung des Wertes in einem Punkt.

8.5 Zählreime I

Ein paar Kinder spielen *Versteck Dich!*. Das Kind, das die anderen Kinder suchen muss, wird durch einen Abzählreim ermittelt (z. B. *Hoppe, hoppe, Reiter, wenn er fällt, dann schreit er, fällt er in der Graben, fressen ihn die Raben, fällt er in den Sumpf, macht der Reiter Plumps!*). Wir wollen es so handhaben, dass jedes Kind eine Silbe sagt und der Reim so lange wiederholt wird, bis nur noch ein Kind übrig ist. Das soll dann die anderen suchen. Am Anfang sagt das Kind 1 die erste Silbe und wenn ein Kind den Kreis verlässt, ist das nachfolgende Kind an der Reihe, um die erste Silbe für den neu beginnenden Reim aufzusagen. Schreiben Sie ein Programm, das diese Auswahl simuliert und geben Sie den Namen jedes Kindes aus, das per Reim ausgezählt wird. Die Zählreime haben mehr als eine Silbe.

Beispiel

Tastatur	Bildschirm
Anzahl Kinder: 5	1 Aus dem Kreis: Dan
Name Kind 1: Maria	2 Aus dem Kreis: Maria
Name Kind 2: Ionel	3 Aus dem Kreis: Marius
Name Kind 3: Dan	4 Aus dem Kreis: Ionel
Name Kind 4: Magda	
Name Kind 5: Marius	Magda ist geblieben.
Anzahl Silben: 3	

Problemanalyse und Entwurf der Lösung

Wir verwenden eine einfache verkettete Struktur, in der das letzte Element auf das erste zeigt. Für unser Beispiel ergibt sich:

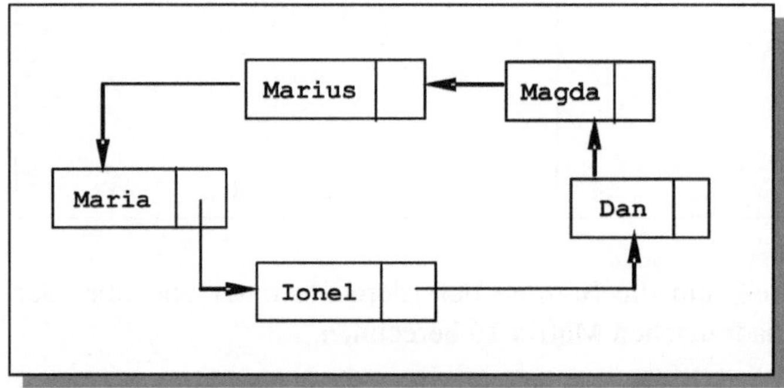

Die Namen der Kinder werden schrittweise eingelesen und wir fügen sie der Liste hinzu. Das erledigt die Funktion `create()`. Beim Einlesen des ersten Namens erzeugen wir die Liste `head`, die dann so aussieht:

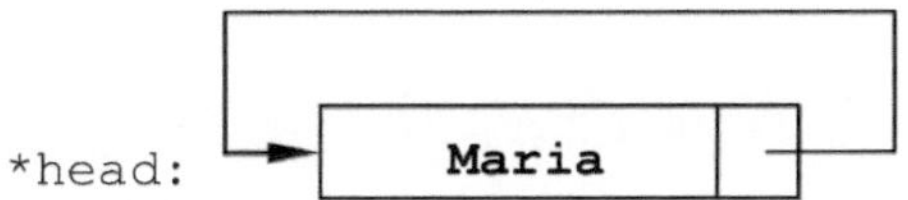

`*head` markiert innerhalb der Funktion `create()` das erste gelesene Kind und die
Variable `p` das zuletzt gelesene Kind. Am Anfang gilt: `p = *head`.

So fügen wir ein Kind in der Liste ein: Wir reservieren Speicher für eine neue Variable `q` vom Typ `Kindchen*`, füllen `q->name` mit dem gelesenen Namen und machen
`q` zum letzten Element der Liste (`p=q`).

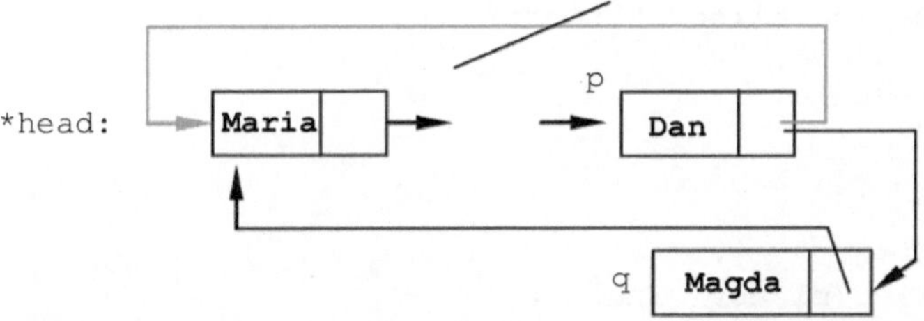

Nachdem wir in der Hauptfunktion `main()` die Liste `head` mit `create()` erzeugt
haben, zeigen wir mit `head` schrittweise auf das Kind, das die aktuelle Silbe aufsagen soll. Wir erledigen das in einer **while**-Schleife mit der Bedingung `head!=head`
`->next` (es gibt mehr als ein Kind). Wenn ein Kind ausgezählt wurde und den Kreis
verlassen hat, bewegen wir uns mit `head` auf das nachfolgende Kind, das einen neu-
en Reim beginnen wird. Die Variable `k` enthält die Anzahl der Silben. Wir bewegen
uns mit `head` $k-1$ mal gegen den Uhrzeigersinn, damit wir das nächste Kind aus-
zählen können, das wir im Nachfolger von `head` finden. Immer, wenn wir ein Kind
aus der Liste löschen, geben wir den Speicher frei und aktualisieren `head` und die
Anschlüsse:

```
for(i=0; i<k-2; i++) head=head->next;
printf("%d Aus dem Kreis: %s\n", ++counter, head->next->name);
q=head->next;
head->next=head->next->next;
head=head->next;
free(q);
```

Programm

```c
#include <stdio.h>
#include <malloc.h>

typedef struct node{
  char name[20];
  struct node *next;
} Kindchen;

void create(Kindchen **head){
  Kindchen *q, *p;
  int i, n;
  printf(" Anzahl Kinder: ");
  scanf("%d", &n);
  *head=(Kindchen*) malloc(sizeof(Kindchen));
  printf("Name Kind 1: ");
  scanf("%s", (*head)->name);
  (*head)->next=*head;
  p=*head;
  for(i=2; i<=n; i++){
    printf("Name Kind %d: ",i);
    q=(Kindchen*) malloc(sizeof(Kindchen));
    scanf("%s", q->name);
    q->next=*head;
    p->next=q;
    p=q;
  }
}
int main(void){
  int i, k;
  Kindchen *head, *q;
  int counter = 0;
  create (&head);
  printf("Anzahl Silben: ");
  scanf("%d",&k);
  while(head!=head->next){
    for(i=0; i<k-2; i++) head=head->next;
    printf("%d Aus dem Kreis: %s\n",++counter,head->next->name);
    q=head->next;
    head->next=head->next->next;
    head=head->next;
    free(q);
  }
  printf("\n%s ist geblieben.", head->name);
  free(head);
  return 0;
}
```

Aufgabe

Ändern Sie das Programm so ab, dass es auch für die Silbenanzahl 1 funktioniert.

8.6 Zählreime II

Die Kinder haben die Idee, bei jedem neuen Reim die Richtung des Aufsagens zu ändern. Den ersten Reim sagen sie gegen den Uhrzeigersinn auf, den zweiten im Uhrzeigersinn usw. Diesmal darf der Reim auch nur aus einer Silbe bestehen. Schreiben Sie ein Programm dafür.

Beispiel

Tastatur	Bildschirm
Anzahl Kinder: 5	Aus dem Kreis: Walter
Name Kind 1: Eric	Aus dem Kreis: Eric
Name Kind 2: Walter	Aus dem Kreis: Daniela
Name Kind 3: Daniela	Aus dem Kreis: Ferdinand
Name Kind 4: Victor	
Name Kind 5: Ferdinand	Victor ist geblieben.
Anzahl Silben: 2	

Problemanalyse und Entwurf der Lösung

Wir verwenden diesmal eine doppelt verkettete kreisförmige Liste, in der jedes Element die Adresse seines Vorgängers und seines Nachfolgers enthält. Für unser Beispiel:

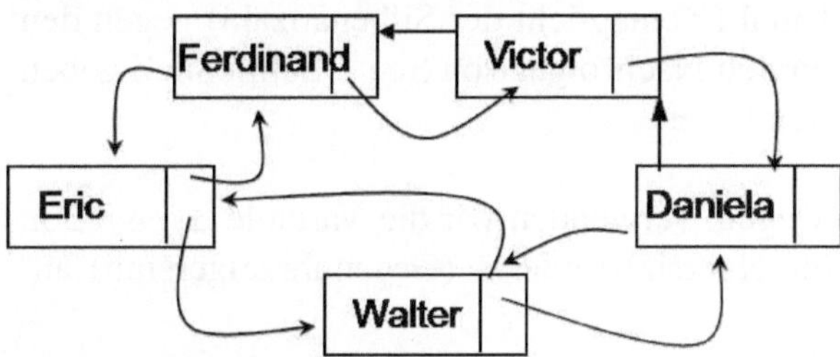

Wenn wir den Namen des ersten Kindes einlesen, erzeugen wir einen Knoten, der sich selbst als Vorgänger und Nachfolger hat:

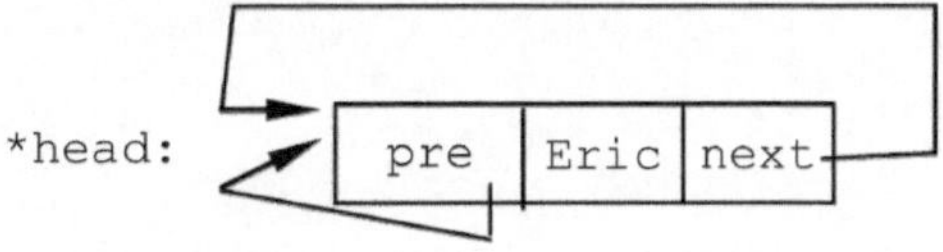

Beim Einfügen eines weiteren Kindes in die Liste führen wir Folgendes aus:

- Wir reservieren Speicher für den neuen Knoten q vom Typ `Kindchen*`.

- Wir speichern den eingelesenen Namen in `q->name`.

- Wir tragen `*head` (das erste Kind) als Nachfolger und p (das zuletzt gelesene Kind) als Vorgänger von q ein.

■ Wir tragen q als Vorgänger von *head und als Nachfolger von p ein.

■ Wir machen q zum letzten Element der Liste (p=q):

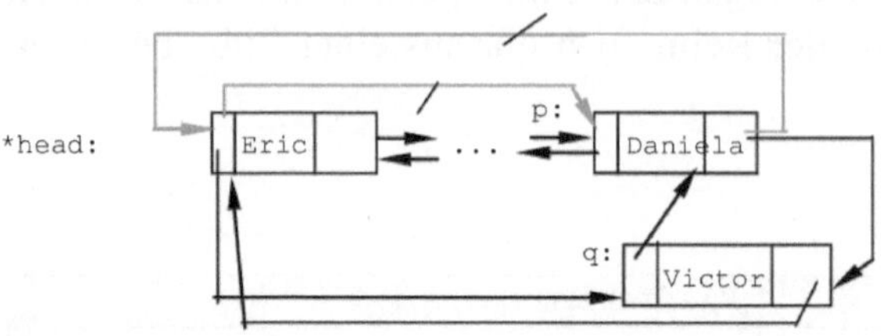


```
q=(Kindchen*) malloc(sizeof(Kindchen));
scanf("%s", q->name);
q->next = *head;
q->pred = p;
(*head)->pred = q;
p->next = q;
p = q;
```

Nachdem wir in der Hauptfunktion `main()` die Liste `head` mit `create()` erzeugt haben, zeigen wir wieder schrittweise mit `head` auf das Kind, das die aktuelle Silbe aufsagen soll. Dazu führen wir eine **while**-Schleife mit der Bedingung `head!=head ->next` aus. Das heißt, dass sich mehr als ein Element in der Liste befindet. Bei jedem Reim bewegen wir uns $k - 1$ mal (k entspricht der Silbenanzahl) gegen den bzw. im Uhrzeigersinn und entfernen den Nachfolger von `head`. Schließlich geben wir den Speicher frei und aktualisieren `head`.

Um uns im Kreis der Kinder zu bewegen, verwenden wir die Variable `direction`, die abwechselnd den Wert -1 (Uhrzeigersinn) oder 1 (Gegenuhrzeigersinn) annimmt.

Programm

```
#include <stdio.h>
#include <malloc.h>

typedef struct node {
  char name[20];
  struct node *pred, *next;
} Kindchen;

void create(Kindchen **head) {
  Kindchen *q, *p;
  int i, n;
  printf("Anzahl Kinder: ");
  scanf("%d",&n);
  *head=(Kindchen*) malloc(sizeof(Kindchen));
  printf("Name Kind 1: ");
```

```c
  scanf("%s", (*head)->name);
  (*head)->next=*head;
  (*head)->pred=*head;
  p=*head;
  for(i=2;i<=n;i++) {
    printf("Name Kind %d: ", i);
    q=(Kindchen*) malloc(sizeof(Kindchen));
    scanf("%s", q->name);
    q->next=*head;
    q->pred =p;
    (*head)->pred = q;
    p->next=q;
    p=q;
  }
}

void write(Kindchen* l){
  Kindchen *aux = l;
  do{
    printf( "%s  ", l->name ) ;
    l = l->next;
  } while(l != aux);
}

int main(void) {
  int i,k, direction = 1;
  Kindchen *head, *q;
  int counter = 0;
  create (&head);
  printf("Anzahl Silben: ");
  scanf("%d", &k);

  while (head!=head->next) {
    for(i=0;i<k-1;i++){
      if(direction+1) head = head->next;
      else head = head->pred;
    }
    printf("%d Aus dem Kreis: %s\n", ++counter, head->name);
    q=head;
    head->pred->next = head->next;
    head->next->pred = head->pred;
    if(direction+1){
      head=head->next;
    } else {
      head=head->pred;
    }
    free(q);
    direction *= -1;
  }
  printf("\n%s ist geblieben.", head->name);
  free(head);
  return 0;
}
```

Aufgabe

Fragen Sie jedes Mal, wenn ein Abzählreim vollständig aufgesagt wurde und ein
Kind den Kreis verlässt, die Silbenanzahl eines neuen Reims ab.

8.7 Hashtabelle

In der Datei `hashtable.in` befinden sich mehrere natürliche Zahlen, die in den Typ
`int` passen. Wir verwenden eine Struktur vom Typ *THashTable*, um die Zahlen in
Listen zu speichern. Jede Liste speichert die Zahlen, die dasselbe Vorzeichen und
dieselbe letzte Ziffer aufweisen. Innerhalb einer Liste sind die Zahlen aufsteigend
sortiert.

```
typedef struct node {            typedef struct nodehash {
  int info;                        TListe *liste;
  struct node *next;               struct nodehash *next;
} TListe;                        } THashTable;
```

Beispiel

hashtable.in	Bildschirm
456 78	-9: -879 -789 -459
9	-7: -67
90	-6: -56
0 45 67 8764 -879	-2: -72 -42 -12
546 65876	-1: -11
435	0: 0 90
324	2: 32
435 5675 -72 -42	3: 3543
5765 45	4: 234 324 8764 23534
-12 -459	5: 45 435 545 5675 5765
-56 -67	6: 56 456 546 65876
-11 -67 56 32 -56 45 9	7: 67
-789 545 23534 234 3543 435 456	8: 78
	9: 9

Problemanalyse und Entwurf der Lösung

Die Funktion

```
TListe *nodeListe( int info, TListe *next );
```

liefert ein Element vom Typ `TListe*` zurück, das die Information `info` und den
Nachfolger `next` hat. Sie wird innerhalb der Funktion `insertInListe()` für die
Erzeugung einer Liste benutzt.

Die Funktion

```
THashTable *nodeHashTable( TListe *liste, THashTable *next );
```

gibt ein Element vom Typ `THashTable*` zurück und mit ihr legen wir eine Struktur vom Typ `THashTable` an.

Mit der Funktion `insertInListe(TListe **head, int nr)` fügen wir einen neuen Knoten mit der Information `nr` so in der Liste `*head` ein, dass die Liste sortiert bleibt. Lesen Sie sich im Programm die Erklärungen in den Kästchen durch.

Die Funktion

```
void insertInHashTable(THashTable **t, int nr);
```

fügt eine Zahl so in der entsprechenden Liste der Tabelle *Hash* ein, dass die Liste sortiert bleibt. Die Elemente der Liste haben die Eigenschaft, dass sie dieselbe letzte Ziffer und dasselbe Vorzeichen haben. Wenn es noch keine passende Liste gibt, erzeugen wir sie und fügen darin das neue Element ein. Analysieren Sie die Implementierung der Funktion. Für unser Beispiel wird die Struktur auf Abb. 8.2 erzeugt.

Programm

```c
#include <stdio.h>
#include <malloc.h>

typedef struct node{
  int info;
  struct node *next;
} TListe;

typedef struct nodehash{
  TListe *liste;
  struct nodehash *next;
} THashTable;

TListe *nodeListe( int info, TListe *next ){
  TListe *newNode = (TListe*) malloc( sizeof(TListe) );
  newNode->info = info;
  newNode->next = next;
  return newNode;
}

THashTable *nodeHashTable( TListe *liste, THashTable *next ){
  THashTable *newNode = (THashTable*) malloc(sizeof(THashTable));
  newNode->liste = liste;
  newNode->next  = next;
  return newNode;
}
```

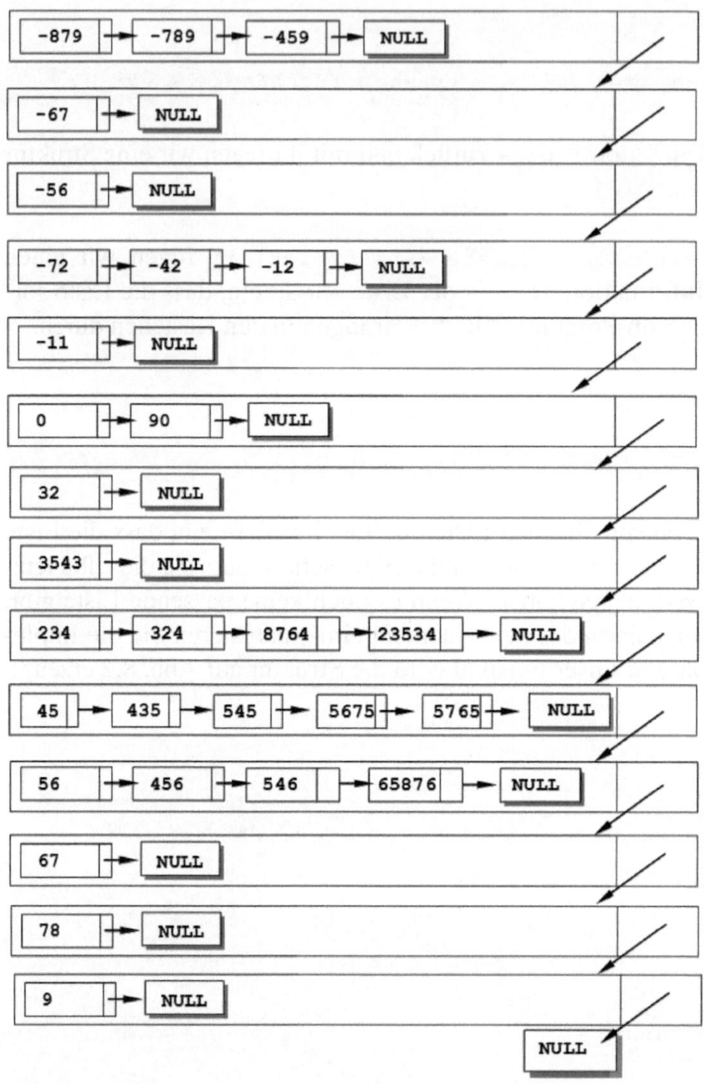

Abb. 8.2: Struktur der Hashtabelle

```
void insertInListe( TListe **head, int nr ){
/** Wenn die Liste *head NULL ist, erzeugen wir einen Knoten **/
/** (den wir auch zurueckgeben) mit dem Nachfolger NULL und   **/
/** der Information nr.                                        **/
  TListe *q, *p;
  p = *head;
  if( p == NULL){
    q = nodeListe( nr, NULL );
    *head = q; return;
  };
```

```c
/** Wenn die neue Information nr kleiner als die Information **/
/** des ersten Knotens ist, wird der neue Knoten q vor dem   **/
/** ersten Element eingefuegt.                               **/

  if( nr < p->info){
    q = nodeListe( nr, *head );
    *head = q; return;
  };


/** Wenn nr nicht mit der Information aus p uebereinstimmt, **/
/** fuegen wir den neuen Knoten q irgendwo nach p ein. Wir  **/
/** laufen durch die Liste, bis wir den richtigen Platz     **/
/** gefunden haben (eine Information, die groesser als nr    **/
/** ist), fuegen q der Liste hinzu und aktualisieren die    **/
/** Anschluesse (Adressen der Nachfolger).                  **/

  if(nr != p->info){
    p = *head;
    while(p->next && p->next->info<nr) {
      p = p->next;
    }
    if(!p->next){
      q = nodeListe( nr, NULL );
      p->next = q;
    } else
        if( p->next->info > nr ) {
          q = nodeListe( nr, p->next );
          p -> next = q;
        }
    }
}

void insertInHashTable( THashTable **t, int nr ){
  THashTable *t2, *aux;
  aux = *t;
  if( aux == NULL){
    TListe* q = nodeListe( nr, NULL );   // leere Tabelle
    *t = nodeHashTable( q, NULL );return;
  };


/** Wenn nr%10 kleiner als der Schluessel der ersten Liste **/
/** ist, dann erzeugt wir eine neue Liste, die am Anfang   **/
/** der Tabelle eingefuegt wird.                           **/

  if( aux->liste->info%10 > nr%10 ){
    TListe *q = nodeListe( nr, NULL );
    aux = nodeHashTable( q, *t );
    *t = aux; return;
  };


  if( aux->liste->info%10 == nr%10 ){
  /** Wenn nr in der ersten **/
  /** Liste eingefuegt      **/
  /** werden soll.          **/
```

```c
      insertInListe( &aux->liste, nr );
      return;
  };
/** Wir suchen nach der Stelle, an der nr eingefuegt werden **/
/** muss. Wenn es eine passende Liste gibt, wird darin      **/
/** eingefuegt. Wenn nicht, wird eine neue Liste erzeugt.   **/

  while( aux->next && aux->next->liste->info%10 < nr%10 ){
    aux = aux->next;
  }
  if( !(aux->next) ){
    TListe *q = nodeListe( nr, NULL );
    t2 = nodeHashTable( q, NULL );
    aux->next = t2;
  }else {
    if( aux->next->liste->info%10 == nr%10 ){
      insertInListe( &aux->next->liste, nr );
      } else {
        TListe *q = nodeListe( nr, NULL );
        t2 = nodeHashTable( q, aux->next );
        aux->next = t2;
      }
    }
  }
}


void writeListe( TListe *head ){
  while( head != NULL ){
    printf( "%6d", head->info );
    head = head->next;
  }
}

void writeHashTable( THashTable* t ){
  while( t ){
    TListe *liste = t->liste;
    printf( "\n%2d: ", liste->info%10 );
    writeListe( liste );
    t = t->next;
  }
}
int main(void){
  THashTable *table = NULL;
  TListe *l = NULL;
  int n;
  FILE * fIn = NULL;
  fIn = fopen( "hashtable.in", "r" );
  while( fIn && !feof( fIn ) ){
    fscanf( fIn, "%d", &n );
    insertInHashTable( &table, n );
  }
  writeHashTable( table );
  fclose( fIn );
  return 0;
}
```

Aufgaben

1. Ändern Sie das Programm so ab, dass die Vorzeichen-Bedingung entfällt und nur die Zahlen, die dieselbe letzte Ziffer haben, in eine Liste kommen. Beispiel: -567 und 37 finden in derselben Liste Platz.

2. Schreiben Sie Funktionen für die Freigabe des Speichers, sowohl für eine Liste als auch für eine Hashtabelle: `deleteListe(TListe*)` und `deleteHashTable (THashTable *head)`.

3. Modifizieren Sie das Programm so, dass die Ausgabe in die Datei `hashtable. out` erfolgt.

8.8 Erzeugung von Listen

Implementieren Sie ein paar Funktionen für eine einfache verkettete Liste. Erzeugen Sie verkettete Listen auf zwei Arten: Elemente werden in der Reihenfolge ihres Einlesens angelegt; jedes gelesene Element wird immer am Anfang der Liste eingefügt. Geben Sie eine verkettete Liste aus. Verketten Sie zwei vorhandenen Listen. Löschen Sie in einer vorhandene Liste alle Elemente ab der Position k. Löschen Sie eine Liste und geben Sie den Speicher frei. Schreiben Sie ein Testprogramm mit diesen Funktionen.

Beispiel

Tastatur.in	Bildschirm.out
`ERZEUGUNG1...`	`____AUSGABE____`
`Geben Sie ein Element ein? (j/n)j`	
`Das Element: 34`	`Erste Liste: 67 2 34`
`Geben Sie ein Element ein? (j/n)j`	`Zweite Liste: 1 2 9 4`
`Das Element: 2`	
`Geben Sie ein Element ein? (j/n)j`	` VERKETTUNG...`
`Das Element: 67`	`Erhaltene Liste:`
`Geben Sie ein Element ein? (j/n)n`	`67 2 34 1 2 9 4`
`ERZEUGUNG2...`	` ENTFERNEN VON ELEMENTEN...`
`Geben Sie ein Element ein? (j/n)j`	`Erhaltene Liste:`
`Information: 1`	`67 2 34 1 2`
`Geben Sie ein Element ein? (j/n)j`	
`Information: 2`	
`Geben Sie ein Element ein? (j/n)j`	
`Information: 9`	
`Geben Sie ein Element ein? (j/n)j`	
`Information: 4`	
`Geben Sie ein Element ein? (j/n)n`	

Tastatur.in	Bildschirm.out
Anzahl k der ersten Elemente = 5	

Problemanalyse und Entwurf der Lösung

Innerhalb der Funktion `create1()` fügen wir das neue Element mit Hilfe der Variablen `q` am Ende ein und innerhalb der zweiten Funktion `create2()` fügen wir eine neue Zahl vorne ein. Um die Freigabe des Speichers durchzuführen, schreiben wir die rekursive Funktion `removeListe()`. Die Funktion mit dem Kopf

```
void elimin_k(TListe **head, int k);
```

löscht alle Elemente ab der Position k.

Programm

```c
#include <stdio.h>
#include <malloc.h>
#include <ctype.h>

typedef struct liste {
  int inf;
  struct liste* next;
} TListe;

/** direkte Reihenfolge **/
void create1(TListe** head) {
  TListe *q;
  short ok;
  char ch;
  *head = NULL;
  printf( "\nERZEUGUNG1...\n" );
  do {
    printf(" Geben Sie ein Element ein? (j/n)");
    ch=getchar();
    ch=getchar();
    if(tolower(ch)!='n') {
      q = (TListe*) malloc(sizeof(TListe));
      printf(" Das Element: ");
      scanf("%d", &q->inf);
      q->next = *head;
      *head = q;
      ok=1;
    }
    else ok=0;
  } while(ok);
}

/** umgekehrte Reihenfolge **/
void create2(TListe** head) {
  TListe *q, *p;
```

```c
  unsigned firstElem=0, ok;
  char ch;
  *head=NULL;
  q=*head;
  printf( "\nERZEUGUNG2...\n" );
  do {
    printf(" Geben Sie ein Element ein? (j/n)");
    scanf("%c",&ch);
    scanf("%c",&ch);
    if(tolower(ch)!='n') {
      p = (TListe*) malloc(sizeof(TListe));
      printf(" Information: ");
      scanf("%d", &p->inf);
      p->next=NULL;
      if(firstElem==0){*head=p;q=p;}
      else {
        q->next=p;
        q=p;
      }
      ok=1;
      firstElem++;
    }
    else ok=0;
  } while(ok);
}

/** Verkettung zweier Listen; das Resultat in head1 **/
void concat(TListe* head1, TListe* head2) {

/** Wenn die erste Liste nicht leer ist, setzen wir den  **/
/** Nachfolger ihres letzten Elements auf den Beginn der **/
/** zweiten Liste. Wenn die erste Liste leer ist, geben  **/
/** wir die zweite Liste zurueck.                        **/

  TListe *q;
  if(head1) {
    q=head1;
    while(q->next)q=q->next;
    q->next=head2;
  }
  else head1=head2;
}

/** Ausgabe einer Liste **/
void write(TListe *head) {
  while(head) {
    printf(" %d", head->inf);
    head=head->next;
  }
}

/** Loeschen der Elemente ab Position k; **/
/** Freigabe der geloeschten Elemente    **/
void elimin_k(TListe **head, int k) {
```

```c
  TListe *kp, *q;
  kp = *head;
  /* laufen k-1 Positionen nach rechts */
  while(kp && k-1){kp=kp->next; k--;}
  q=kp->next;
  kp->next=NULL;
  while(q) {

/** Wir positionieren uns auf das Element k+1 **/
/** und geben den Speicher ab dann frei.       **/

    kp=q;
    q=q->next;
    free(kp);
  }
}


/** rekursive Freigabe des Speichers **/
void removeListe(TListe* l) {
  if(l != NULL){
    removeListe(l->next);
    free(l);
  }
}


int main(void) {
  TListe* head1, *head2;
  int k;
  create1(&head1); create2(&head2);
  printf(" \n Anzahl k der ersten Elemente = ");
  scanf("%d", &k);
  printf("\n ___AUSGABE___ \n");
  printf("\nErste Liste: ") ; write(head1);
  printf("\nZweite Liste: ") ; write(head2);
  printf("\n\n VERKETTUNG... \n");
  concat(head1, head2);
  printf( "Erhaltene Liste:" ); write(head1);
  printf("\n\n ENTFERNEN VON ELEMENTEN... ");
  elimin_k(&head1, k);
  printf( "\nErhaltene Liste:" ); write(head1);
  removeListe(head1);
  return 0;
}
```

Aufgaben

1. Simulieren Sie auf einem Blatt Papier mit ein paar Beispielen das Verhalten der
   Variablen innerhalb der Funktionen.

2. Schreiben Sie neue Funktionen, zum Beispiel für das Umkehren einer Liste, für
   das Löschen einer gegebenen Zahl, für das Zählen der Elemente in einer Liste.

3. Ändern Sie das Programm so, dass die Eingabe aus einer und die Ausgabe in
   eine Datei erfolgen.

8.9 Kellerspeicher (Stack)

Der Kellerspeicher (Engl. *stack*) ist ein einfaches, aber wichtiges Beispiel für einen abstrakten Datentyp. Er wird verwendet, um Elemente gemäß dem Prinzip *Last element In – First one Out* (LIFO – das letzte eingefügte Element wird als Erstes ausgegeben) zu verarbeiten. Um das zu verstehen, stellen wir uns einen Teller mit mehreren Pfannkuchen vor: Nur der zuletzt abgelegte Pfannkuchen kann vom Teller genommen werden. Und ein neuer Pfannkuchen kann nur ganz oben platziert werden.

Die elementaren Operationen für einen Kellerspeicher:

Operation	Bedeutung
`isEmpty: stack -> boolean`	Testet, ob der Kellerspeicher leer ist.
`top:stack ->Element_Type`	Gibt das oberste (letzte) Element zurück und entfernt es aus dem Kellerspeicher.
`pop: stack->stack`	Entfernt das oberste (letzte) Element aus dem Kellerspeicher.
`push:Element_Type×stack->stack`	Fügt ein neues Element hinzu (oben).

Schreiben Sie ein Programm, das alle diese Operationen implementiert und testet. Die Elemente, die sich im Kellerspeicher befinden, müssen vom Typ **struct** sein, der zwei Komponenten enthält: einen Namen (maximal 10 Buchstaben) und eine ID (ganze Zahl vom Typ **int**).

Beispiel

```
Wie viele Elemente? n=3

 Das Element 1:
Name = Ion
Id = 12

 Das Element 2:
Name = Maria
Id = 31

 Das Element 3:
Name = Gigi
Id = 89
Der Kellerspeicher:
(Gigi, 89) (Maria, 31) (Ion, 12)
Geben Sie ein neues Element ein:
Name: Moni
Id:  76
```

```
Kellerspeicher nach push: (Moni, 76) (Gigi, 89) (Maria, 31) (Ion,
    12)
Kellerspeicher nach pop: (Gigi, 89) (Maria, 31) (Ion, 12)
Kellerspeicher nach pop: (Maria, 31) (Ion, 12)
Aufruf top(): Element: (Maria, 31)
Kellerspeicher: (Ion, 12)
```

Problemanalyse und Entwurf der Lösung

Wir definieren den Datentyp `Stack` als verkettete Liste:

```c
typedef struct stack {
  Element el;
  struct stack *next;
} Stack;
```

Und die Operationen, um mit einem Kellerspeicher umzugehen: Erzeugung (`create`), Ausgabe (`write`), `isEmpty`, `top`, `pop` und `push`.

Programm

```c
#include <stdio.h>
#include <stdlib.h>

typedef struct{
  char name[10];
  int id;
} Element;

typedef struct stack {
  Element el;
  struct stack *next;
} Stack;

void create(Stack **stack){
  Stack *q;
  int n, i;
  *stack = NULL;
  printf("Wie viele Elemente? n=");
  scanf("%d", &n);
  for(i=0; i<n; i++){
    q = (Stack*) malloc(sizeof(Stack));
    printf("\n Das Element %d:\n", i+1);
    printf("Name = ");
    scanf("%s", q->el.name);
    printf("Id = "); scanf("%d", &q->el.id);
    q->next = *stack;
    *stack = q;
  }
}
```

```c
void write(Stack *stack){
  while(stack){
    printf("(%s, %d) ", stack->el.name, stack->el.id);
    stack = stack->next;
  }
}

int isEmpty(Stack *stack){
  if(stack==NULL) return 1;
  else return 0;
}

Element top(Stack **stack){
  Element e = (*stack)->el;
  Stack *q = *stack;
  (*stack) = (*stack)->next;
  free(q);
  return e;
}

void pop(Stack **stack){
  Stack *q = *stack;
  if(isEmpty(*stack)) return;
  *stack = (*stack)->next;
  free(q);
}

void push(Element e, Stack **stack){
  Stack *q = (Stack*) malloc(sizeof(Stack));
  q->el = e;
  q->next = *stack;
  *stack = q;
}

int main(void){
  Stack *stack;
  Element el;
  create(&stack);
  printf("Der Kellerspeicher: \n");
  write(stack);
  printf("\nGeben Sie ein neues Element ein: ");
  printf("\nName: "); scanf("%s", el.name);
  printf("Id:  "); scanf("%d", &el.id);
  push(el, &stack);
  printf("\nKellerspeicher nach push: ");
  write(stack);
  pop(&stack);
  printf("\nKellerspeicher nach pop: ");
  write(stack);
  pop(&stack);
  printf("\nKellerspeicher nach pop: ");
  write(stack);
  el = top(&stack);
```

```
   printf("\nAufruf top(): ");
   printf("Element: (%s, %d)", el.name, el.id);
   printf("\nKellerspeicher: "); write(stack);

   return 0;
}
```

Aufgaben

1. Entwickeln Sie auch die Funktion `size()`, die die Anzahl der Elemente in einem Kellerspeicher zurückgibt.

2. Implementieren Sie eine Version des Programms, die anstatt mit verketteten Listen mit eindimensionalen Arrays arbeitet.

3. Die Warteschlange (Engl. *queue*). Ein anderes, wichtiges Beispiel für einen abstrakten Datentyp ist die Warteschlange. Man greift auf sie zurück, wenn man Elemente nach dem Prinzip *First In – First Out* (FIFO – das zuerst eingefügte Element wird auch als erstes ausgegeben) verarbeiten möchte. Als Analogie stellen wir uns eine Warteschlange bei einer Bank vor: Der, der zuerst kommt, wird auch zuerst bedient. Die elementaren Operationen für eine Warteschlange lauten:

Operation	Bedeutung
`isEmpty:` `queue -> boolean`	testet, ob die Warteschlange leer ist
`size:` `queue -> int`	gibt die Anzahl der Elemente zurück
`front:` `queue -> Element_Type`	liefert (ohne es zu löschen) das erste eingefügte Element (das "älteste") zurück
`back:` `queue -> Element_Type`	liefert (ohne es zu löschen) das letzte eingefügte Element (das "neueste") zurück
`insert:` `Element_Type×queue -> queue`	fügt ein neues Element in die Schlange ein
`pop:` `queue -> queue`	löscht (ohne es zurückzugeben) das erste eingefügte Element (das "älteste")

Implementieren Sie alle diese Operationen mit Hilfe verketteter Strukturen.

4. Implementieren Sie alle Operationen für eine Warteschlange auch mit eindimensionalen Arrays.

8.10 Kartenspiel

Schreiben Sie ein Programm, das 54 Karten, die aus einem französischem Blatt (52 Karten mit den Farben Kreuz, Karo, Pik und Herz) und zwei Jokern bestehen, mischt und anschließend eine bestimmte Anzahl von Karten nacheinander an eine bestimmte Anzahl Spieler verteilt. Von der Tastatur lesen wir die Anzahl der Spieler und die Anzahl der Karten ein, die jeder Spieler erhalten soll. Wenn eine Ausgabe der Karten nicht möglich ist, soll eine entsprechende Nachricht ausgeben werden.

Beispiel

Tastatur	Bildschirm
Anzahl Spieler: 5 Anzahl Karten: 8	---AUSGABE--- Karten am Anfang: 53 52 51 50 49 48 47 46 45 44 43 42 41 40 39 38 37 36 35 34 33 32 31 30 29 28 27 26 25 24 23 22 21 20 19 18 17 16 15 14 13 12 11 10 9 8 7 6 5 4 3 2 1 0 Karten nach dem Mischen: 12 48 2 8 0 23 24 41 21 44 20 7 35 40 5 14 50 37 47 34 45 46 29 6 39 52 27 15 49 42 43 22 36 28 19 51 17 16 26 18 32 53 11 33 9 25 3 30 31 4 10 38 1 13 Spieler 1 KREUZ KOENIG | PIK AS | KREUZ 4 | KREUZ 10 | KREUZ 2 | KARO BUBE | KARO DAME | PIK 4 | Spieler 2 KARO 10 | PIK 7 | KARO 9 | KREUZ 9 | HERZ AS | PIK 3 | KREUZ 7 | KARO 3 | Spieler 3 PIK DAME | HERZ DAME | PIK 10 | HERZ 10 | PIK 8 | PIK 9 | HERZ 5 | KREUZ 8 | Spieler 4 PIK 2 | JOKER | HERZ 3 | KARO 4 | PIK BUBE | PIK 5 | PIK 6 | KARO AS | Spieler 5 HERZ BUBE | HERZ 4 | KARO 8 | PIK KOENIG | KARO 6 | KARO 5 | HERZ 2 | KARO 7 | Uebrige Karten: 32 53 11 33 9 25 3 30 31 4 10 38 1 13

Tastatur	Bildschirm
Anzahl Spieler: 8	---AUSGABE---
Anzahl Karten: 12	Karten am Anfang:
	53 52 51 50 49 48 47 46 45 44 43 42 41
	40 39 38 37 36 35 34 33 32 31 30 29 28
	27 26 25 24 23 22 21 20 19 18 17 16 15
	14 13 12 11 10 9 8 7 6 5 4 3 2 1 0
	Karten nach dem Mischen:
	12 48 2 8 0 23 24 41 21 44 20 7 35 40 5
	14 50 37 47 34 45 46 29 6 39 52 27 15 49
	42 43 22 36 28 19 51 17 16 26 18 32 53
	11 33 9 25 3 30 31 4 10 38 1 13
	Zu viele Spieler oder zu viele
	Karten gefragt!
	Uebrige Karten:
	12 48 2 8 0 23 24 41 21 44 20 7 35 40 5
	14 50 37 47 34 45 46 29 6 39 52 27 15 49
	42 43 22 36 28 19 51 17 16 26 18 32 53
	11 33 9 25 3 30 31 4 10 38 1 13

Problemanalyse und Entwurf der Lösung

Die Spielkarten werden mit Zahlen von 0 bis 53 kodiert. Die ersten 13 Karten sind die mit der Farbe Kreuz (2, 3, ..., 10, Ass, Bube, Dame und König), die nächsten 13 Karten sind die mit der Farbe Karo (2, 3, ..., 10, Ass, Bube, Dame und König), dann folgen die Karten mit den Farben Herz und die Pik. Die letzten beiden Karten sind die Joker (kodiert durch 52 und 53). Die 54 Karten sind also vollständig durch die Menge der natürlichen Zahlen von 0 bis 53 definiert. Die Farbe einer Karte `i` kann man mit `i/13` ermitteln (0 → Kreuz, 1 → Karo, 2 → Herz, 3 → Pik und anderenfalls → Joker) und den Wert einer Karte mit `i%13` (0 → 2, 1 → 3, ..., 8 → 10, 9 → Ass, 10 → Bube, 11 → Dame und 12 → König).

Die Funktion

```
void addToPacket(TPacket **head, int nr, short *n);
```

fügt eine Karte mit dem Code `nr` im Paket ein und modifiziert dementsprechend den Zeiger `*head` und die Kartenanzahl `n`.

Die Funktion

```
void writePacket(TPacket *head);
```

gibt die Kodierungen der Karten im Paket aus.

Die Funktion

```
void swap(TPacket **head, int i, int j);
```

vertauscht die Kodierungen der Karten in der Liste *head, die sich an den Stellen i und j befinden. Dazu begeben wir uns mit den Zeigern p und q an diese Stellen und vertauschen die Kodierungen mit:

```
if( q && p!=q) {
  aux = p->k;
  p->k=q->k;
  q->k=aux;
}
```

Die Funktion

```
void shuffle(TPacket **head, short n);
```

mischt die Karten vor dem Ausgeben, indem sie zwei zufällig ausgewählte Karten im Paket mehrmals vertauscht:

```
int m = rand();
for(i=0; i<m; i++) {
  i1 =  rand() % n;
  i2 =  rand() % n;
  if(i1-i2) swap(head, i1, i2);
}
```

Die Funktion

```
void nrToCardName(short nr, char value[6], char colour[7]);
```

bestimmt, wie oben beschrieben, die Farbe und den Wert einer Karte, die mit nr kodiert ist.

Die Funktion

```
short lastCard(TPacket **head, short *n);
```

gibt die oberste Karte aus dem Paket zurück, löscht sie, gibt den Speicher frei und dekrementiert die Anzahl der Karten.

Programm

```c
#include <stdio.h>
#include <stdlib.h>

typedef struct packet {
  short k;
  struct packet *next;
} TPacket;

/** wir fuegen die Karte, die mit nr kodiert ist, vorne **/
/** im Paket hinzu und inkrementieren die Kartenanzahl  **/

void addToPacket(TPacket **head, int nr, short *n) {
  TPacket *q;
  q = (TPacket*) malloc(sizeof(TPacket));
  q->k=nr;
  q->next=*head;
  *head=q;
  (*n)++;
}

void writePacket(TPacket *head) {
  if( !head ) printf("Leeres Paket!");
  while(head) {
    printf(" %d", head->k);
    head=head->next;
  }
}

/** Wir positionieren uns auf das Element i und j in **/
/** der Liste (Zeiger p und q) und vertauschen die   **/
/** enthaltenen Informationen                        **/

void swap(TPacket **head, int i, int j) {
  TPacket *p, *q;
  short aux;
  int min, max;
  p=*head;
  min=i<j ? i:j;
  max=i+j-min;
  while(p && min){p=p->next; min--; max--;}
  if(p) {
    q=p;
    while(q && max){q=q->next; max--;}
    if( q && p!=q) {
      aux = p->k;
      p->k=q->k;
      q->k=aux;
    }
  }
}

void shuffle(TPacket **head, short n) {
```

```c
  int m = rand();

/** Mehrmals zwei zufaellig ausgewaehlte Karten vertauschen **/

  long int i;
  long int i1, i2;
  for(i=0; i<m; i++) {
    i1 =  rand() % n;
    i2 =  rand() % n;
    if(i1-i2) swap(head,i1,i2);
  }
}
void nrToCardName(short nr, char value[6], char colour[7]) {
  short i, joker = 0;

/** 0.. 12: 2, 3, ..., 10, A, B, D, K Kreuz               **/
/** 13.. 25: 2,  ...,   10, A, B, D, K Karo               **/
/** 26.. 38: 2,  ...,   10, A, B, D, K Herz               **/
/** 39.. 51: 2,  ...,   10, A, B, D, K Pik                **/
/** 52, 53: Joker                                         **/
/** nr/13 ist die Kartenfarbe                             **/
/** (0->Kreuz, 1->Karo, 2->Herz, 3->Pik)                 **/
/** (nr%13 + 2) ist der Kartenwert (11->As, 12->Bube,     **/
/** 13->Dame, 14->Koenig)                                 **/

  if(nr<54) {

    i = nr / 13;
    switch(i) {
      case 0: colour = "KREUZ"; break;
      case 1: colour = "KARO"; break;
      case 2: colour = "HERZ"; break;
      case 3: colour = "PIK"; break;
      default:colour = "JOKER |"; joker = 1;
    };
    printf(" %s ", colour);

        if(joker) return;

    i = nr % 13;
    if(i>=0&&i<=8) printf(" %d |", i+2);
    else {
      value = "";
      switch(i) {
        case 9:  value = "ASS"; break;
        case 10: value = "BUBE"; break;
        case 11: value = "DAME"; break;
        case 12: value = "KOENIG";
      }
      printf(" %s |", value);
    }
  }
}
short lastCard(TPacket **head, short *n){
```

```c
/** Gibt die oberste Karte des Pakets zurueck, loescht **/
/** Sie aus der Liste, gibt den Speicher frei,          **/
/** dekrementiert die Kartenanzahl                       **/

  if(n) {
    short aux = (*head)->k;
    TPacket *q = (*head);
    *head=(*head)->next;
    free(q);
    (*n)--;
    return aux;
  }
  else
    printf(" leeres Paket!");
  return -1;
}

int main(void) {
  TPacket *head;
  short n=0, i, j;
  char value[4], colour[7];
  int nj, nc, nr;
  printf("Anzahl Spieler: "); scanf("%d",&nj);
  printf("Anzahl Karten: "); scanf("%d",&nc);
  printf(" \n\n---AUSGABE--- ");
  head=NULL;
  for(i=0; i<54; i++)
    addToPacket(&head, i, &n);
  printf("\n Karten am Anfang:\n");
  writePacket(head);
  shuffle(&head,n);
  printf("\n Karten nach dem Mischen:\n");
  writePacket(head);
  if(nj*nc<=54) {
    for(i=0;i<nj; i++) {
      printf("\n\n Spieler %d\n",i+1);
      for(j=0; j<nc; j++) {
        nr = lastCard(&head, &n);
        nrToCardName(nr, value, colour);
      }
    }
  }
  else printf(
    "\n\n Zu viele Spieler oder zu viele Karten gefragt!");
  printf("\n\n Uebrige Karten:\n "); writePacket(head);

  return 0;
}
```

Aufgaben

1. Geben Sie die Karten, die jeder Spieler bekommen hat, in aufsteigender Reihenfolge aus. Hier die sortierten Karten der ersten beiden Spieler aus dem Beispiel vorhin:

```
Spieler 1
  KREUZ 2 | KREUZ 4 | KREUZ 10 | KREUZ KOENIG | KARO BUBE |
     KARO DAME | PIK 4 | PIK ASS |
Spieler 2
  KREUZ 7 | KREUZ 9 | KARO 3 | KARO 9 | KARO 10 | HERZ ASS |
     PIK 3 | PIK 7 |
```

Joker geben wir am Ende aus.

2. In unserem Programm verteilen wir die Karten nach dem Mischen so: Zuerst alle Karten für den ersten Spieler, dann für den zweiten Spieler usw. Ändern Sie das Programm so, dass es nacheinander jedem Spieler eine Karte gibt.

8.11 Traversieren von Binärbäumen

Schreiben Sie ein Programm mit spezifischen Operationen zur Verarbeitung von Binärbäumen: einen Baum erzeugen, die Knoten zählen, einen Knoten suchen, einen Knoten löschen, einen Baum traversieren (*pre-order* oder Hauptreihenfolge W-L-R, *in-order* oder symmetrische Reihenfolge L-W-R und *post-order* oder Nebenreihenfolge L-R-W).

Beispiel

Tastatur	Bildschirm
`Information: 1`	`---AUSGABE---`
`Linker Unterbaum fuer 1?`	`Preorder Traversierung:`
`(j/n)j Information: 2`	`1 2 3 4 5 6`
`Linker Unterbaum fuer 2?`	`Inorder Traversierung:`
`(j/n)j Information: 3`	`3 2 4 1 6 5`
`Linker Unterbaum fuer 3?`	`Postorder Traversierung:`
`(j/n)n`	`3 4 2 6 5 1`
`Rechter Unterbaum fuer 3?`	`Anzahl Elemente im Baum = 6`
`(j/n)n`	`4 ist im Baum`
`Rechter Unterbaum fuer 2?`	
`(j/n)j`	
`Information: 4`	
`Linker Unterbaum fuer 4?`	
`(j/n)n`	
`Rechter Unterbaum fuer 4?`	
`(j/n)n`	

Tastatur	Bildschirm
Rechter Unterbaum fuer 1? (j/n)j Information: 5 Linker Unterbaum fuer 5? (j/n)j Information: 6 Linker Unterbaum fuer 6? (j/n)n Rechter Unterbaum fuer 6? (j/n)n Rechter Unterbaum fuer 5? (j/n)n Geben Sie eine Zahl ein: 4	

So sieht der Baum aus, der eingelesen wurde:

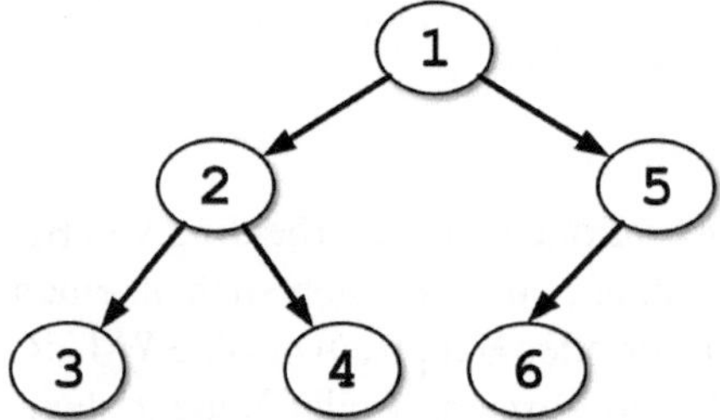

Problemanalyse und Entwurf der Lösung

Ein Binärbaum ist vollständig durch seine Wurzel und seinen linken und rechten Unterbaum (Teilbaum) definiert. Beachten Sie die Erklärungen in den Kästchen im Programm.

Programm

```c
#include <stdio.h>
#include <malloc.h>
#include <ctype.h>

struct node {
  int inf;
  struct node *left, *right;
};

/** Die rekursive Erzeugung des Binaerbaums: Zuerst die **/
/** Wurzel, dann der linke und der rechte Unterbaum.     **/

struct node *create() {
  struct node *p = NULL;
```

```c
  p=(struct node*) malloc(sizeof(struct node));
  printf(" Information: ");
  scanf("%d", &p->inf);
  printf(" Linker Unterbaum fuer %d? (j/n)", p->inf);
  if(tolower(getche())=='j') p->left=create();
  else p->left=NULL;
  printf(" Rechter Unterbaum fuer %d? (j/n)", p->inf);
  if(tolower(getche())=='j') p->right=create();
  else {printf("\n"); p->right=NULL;}
  return p;
}

/** Die Hauptreihenfolge W-L-R: Zuerst die Wurzel, **/
/** dann der linke und der rechte Unterbaum.       **/

void preTravers(struct node *p) {
  if(p!=NULL) {
    printf(" %d", p->inf);
    preTravers(p->left);
    preTravers(p->right);
  }
}

/** Die symmetrische Reihenfolge L-W-R: Zuerst der linke   **/
/** Unterbaum, dann die Wurzel, dann der rechte Unterbaum. **/

void inTravers(struct node *p) {
  if(p!=NULL) {
    inTravers(p->left);
    printf(" %d", p->inf);
    inTravers(p->right);
  }
}

/** Die Nebenreihenfolge L-R-W: Zuerst der linke Unterbaum, **/
/** dann der rechte und danach die Wurzel.                  **/

void postTravers(struct node *p) {
  if(p!=NULL) {
    postTravers(p->left);
    postTravers(p->right);
    printf(" %d", p->inf);
  }
}

int countNodes(struct node *p) {

/** Die Knotenanzahl in einem Binaerbaum ist 1 plus die **/
/** Knotenanzahl seines linken und rechten Unterbaums.  **/

  if(p==NULL) return 0;

  else return 1+countNodes(p->left)+countNodes(p->right);
```

```c
}

/** Rekursives Loeschen des Binaerbaumes: Zuerst der linke **/
/** Unterbaum, dann der rechte, dann die Speicherfreigabe  **/
/** der Wurzel                                             **/

void deleteTree(struct node *p) {
  if(p!=NULL) {
    deleteTree(p->left);
    deleteTree(p->right);
    free(p);
  }
}


/** Die Funktion gibt 1 zurueck, wenn der angegebene Wert **/
/** gefunden wird und 0, wenn nicht. Sie sucht so nach    **/
/** der Zahl im Baum: Wenn der Baum NULL ist, wird 0      **/
/** zurueckgegeben; wenn die Information in der Wurzel     **/
/** gleich der gesuchten Zahl ist, wird 1 zurueckgegeben; **/
/** anderenfalls sucht man im linken und dann im rechten  **/
/** Unterbaum weiter                                      **/

int findNr(struct node *p, int n){

  if(p==NULL) return 0;

  else

    if(p->inf==n) return 1;

    else return



      findNr(p->right, n) || findNr(p->left, n);
}

int main(void) {
  struct node *root;
  int k;
  root=create();
  printf(" Geben Sie eine Zahl ein: ");
  scanf("%d", &k);
  printf("\n ---AUSGABE---");
  printf("\n Preorder Traversierung: "); preTravers(root);
  printf("\n Inorder Traversierung: "); inTravers(root);
  printf("\n Postorder Traversierung:"); postTravers(root);
  printf(
    "\n Anzahl Elemente im Baum = %d ",countNodes(root));
  if(findNr(root, k)) printf("\n %d ist im Baum",k);
  else printf("\n %d gibt nicht im Baum!", k);

  return 0;
}
```

Aufgaben

1. Schreiben Sie rekursive Funktionen, die die Summe der Elemente eines binären Baums und die Anzahl der negativen und die Anzahl der positiven Elemente ermitteln.

2. Schreiben Sie eine Funktion, die die *level-order*-Traversierung implementiert: Zuerst die Wurzel, dann schrittweise die Ebenen darunter und innerhalb einer Ebene von links nach rechts. In unserem Beispiel wäre das: 1 2 5 3 4 6.

8.12 Aufgaben

1. Schreiben Sie ein Programm, das eine verkettete Liste, die ganze Zahlen beinhaltet, einliest und durchläuft. Schreiben Sie eine Funktion, die die Anschlüsse für die Knoten einer Liste invertiert, ohne zusätzlichen Speicher zu reservieren. Die Funktion soll die Adresse des ersten Knotens in der invertierten Liste ausgeben.

2. Über Tastatur liest man mehrere reelle Zahlen ein. Erzeugen Sie eine einfache verkettete Liste mit diesen Zahlen und geben Sie die Zahlen auf verschiedene Arten aus: in der Reihenfolge ihres Einlesens, invertiert dazu und mit aufsteigend und absteigend sortierten Zahlen. Außerdem sollen Sie die Menge der Zahlen (jede Zahl nur einmal) und die positiven und negativen Zahlen ausgeben.

3. In einer Klasse sind n Schüler, $n < 50$. Schreiben Sie ein Programm, das Folgendes macht:

   ▷ Eine Liste erzeugen, in der jeder Knoten den Namen, Vornamen und Notendurchschnitt eines Schülers enthält;

   ▷ Die Liste mit den Informationen über die Schüler in der Reihenfolge ausgeben, wie sie eingelesen wurden;

   ▷ Mit Hilfe der vorhandenen Liste eine neue, sortierte Liste erzeugen, die nur die Schüler aufnimmt, deren Notendurchschnitt besser als 2 ist. Ein neuer Knoten soll in der Liste gleich an der richtigen Stelle eingefügt werden, so dass die neue Liste jederzeit sortiert ist;

   ▷ Den Namen und Vornamen eines Schülers von der Tastatur einlesen und den Schüler aus der Liste löschen.

4. Schreiben Sie eine Funktion, die für je zwei benachbarte Knoten einer einfachen verketteten Liste, die reelle Zahlen vom Typ `double` beinhaltet und den Mittelwert aus beiden Zahlen berechnet. Die Funktion soll außerdem jeden Mittelwert in einen neuen Knoten eintragen, der zwischen den beiden Nachbarn eingefügt wird.

5. Die Datei `pruefung.in` enthält das Ergebnis zweier Prüfungen. Jede Zeile besteht aus diesen Feldern: Vorname, Name, erste Note, zweite Note. Erzeugen Sie mit Hilfe der Struktur

```c
struct Person{
  char *name, *vorname;
  float note1, note2;
}
```

die Datei `pruefung.out`, die die Personen enthält, die in beiden Prüfungen mindestens die Note 4 erzielten. Nummerieren Sie die Zeilen in der Ausgabedatei und geben Sie für jeden Schüler eine Zeile mit seinem Namen, Vornamen und seiner Durchschnittsnote aus. Sortieren Sie die Ausgabe absteigend nach der Durchschnittsnote und wenn zwei Personen dieselbe Durchschnittnote haben, sortieren Sie als Nächstes nach Namen und Vornamen.

6. Erzeugen Sie eine einfache verkettete Liste mit den ganzen Zahlen, die sich in der Datei `zahlen.in` befinden. Schreiben Sie eine Funktion, die die negativen Zahlen aus der Liste löscht.

7. Es sei eine doppelt verkettete Liste gegeben, deren Knoten Zeichenketten speichern. Sortieren Sie die Liste aufsteigend, ohne neuen Speicher zu reservieren.

8. Es sei eine einfache verkettete Liste mit natürlichen Zahlen gegeben. Entwickeln Sie eine Funktion, die die Liste auf zwei Listen verteilt: eine mit den Primzahlen und eine mit den zusammengesetzten Zahlen.

9. Es sei eine Datei mit ganzen Zahlen gegeben. Lesen Sie die Datei so ein, dass eine Liste entsteht, die die Menge der Zahlen enthält. D.h. Sie müssen gewährleisten, dass jede Zahl nur einmal in der Liste vorkommt. Implementieren Sie Funktionen, die für zwei solcher Listen folgende Mengen bilden: Schnittmenge, Differenzmenge, Vereinigungsmenge und symmetrische Differenz.

10. *Prozess-Scheduler.* Wir lesen aus einer Datei mehrere Befehle ein, einer auf jeder Zeile. Jeder Befehl liegt in einem der beiden Formate vor:

```
INSERT <id_process> <priority>
```

oder

```
PROCEEDING
```

Die Formate kennzeichnen die Operationen, die der Scheduler eines Betriebssystems ausführt. Die erste Operation fügt den Prozess mit der `ID` `<id_process>` in eine priorisierte Warteschlange ein, die absteigend nach der Priorität `<priority>` sortiert ist. Die zweite Operation entfernt den ersten Prozess (den ältesten der Prozesse, die alle die höchste Priorität haben) aus der Schlange und gibt seine `ID` bekannt. Geben Sie die Aktivität des Schedulers mit Hilfe einer verketteten Liste aus.

11. *Evaluierung eines Ausdrucks in Postfixnotation.* In einer Datei befindet sich ein syntaktisch gültiger arithmetischer Ausdruck in der Postfixnotation. Die lexika-

lischen Einheiten (Operatoren und Operanden) werden eingelesen und in einer Warteschlange abgelegt. Die Evaluierung erfolgt mit einem Kellerspeicher von Operanden. Der Algorithmus in Pseudocode:

```
ALGORITHM_POSTFIXNOTATION (Warteschlange Q)

   While (Warteschlange Q nicht leer) Execute

        Extrahiere ein Element E aus Q
        If (E ist Operand) Then
            Füge E im Kellerspeicher S ein
        End_If
        If (E ist Operator) Then
            Extrahiere OP2 aus S
            Extrahiere OP1 aus S
            Berechne R = OP1 E OP2
            Füge R in S ein
        End_If

   End_While

END_ALGORITHM_POSTFIXNOTATION
```

Bilden Sie den Algorithmus mit verketteten Listen in einem Programm nach.

Abb. 8.3: Garten in Alhambra, Spanien

Kapitel 9
Anwendung - Große Zahlen

9.1 Problemstellung

Schreiben Sie ein Programm, das die k-te Wurzel ($1 \leq k \leq 250$) aus einer großen natürlichen Zahl (mit bis zu 30.000 Ziffern) mit Hilfe einfacher verketteter Listen berechnet. Schreiben Sie eine Header-Datei, die die arithmetischen Operationen mit solch großen Zahlen definiert. Wenn die Wurzel keine ganze Zahl ist, geben Sie ihre Ab- und Aufrundung aus, wie in den Beispielen.

9.2 Ziele

- Realisierung einer komplexeren Anwendung

- Algorithmus-Entwurf

- Definition der Schritte und der benötigten Konstruktionen

- Schreiben einer Header-Datei `.h` mit Funktions-Deklarationen, einer Quelldatei `.c` und eines Test-Programms

- Anwendung der Rekursion (z. B. Funktionen `write()`, `deleteNr()`)

- Anwendung einfach verketteter Listen: Platzreservierung, Freigabe des Speichers, Durchlaufen der Liste, Rückgabe der Länge, Spiegelung, Summe und Produkt, Potenz, k-te Wurzel

- Verwendung des Moduls `BigNumber` für die Lösung eines konkreten Problems

9.3 Beispiele

Tastatur	Bildschirm
-- EINGABEDATEN --	-- AUSGABEDATEN --
N1 = 45655468758975896759675	Erste Zahl N1 = 45655468758975896759675
N2 = 567567676676	Zweite Zahl N2 = 567567676676
Wurzel von Rang k = 35	N1 X 8 = 365243750071807140789400
	!!!! N1 inkrementiert um 1,
	N1 = 45655468758975896759676
	N1 + N2 = 45655468759032653275352
	N1 X N2 = 25912568331085650745081690093680976
	N1^2:
	2084421827601824110627289654518801680137996952976
	Anzahl Ziffern in N1 = 24
	N1 invertiert = 67689576985798578645564
	-- 35-te Wurzel aus 45655468758975896759676
	!!! Keine exakte Wurzel!!!
	Abrundung: 4
	Einschliessende 35-te Potenzen fuer N1:
	4^35 --> 1180591620717411303424
	N1 ---> 45655468758975896759676
	5^35 --> 2910383045673370361328125
-- EINGABEDATEN --	-- AUSGABEDATEN --
N1 = 9979479338254335	Erste Zahl N1 = 9979479338254335
N2 = 123456789	Zweite Zahl N2 = 123456789
Wurzel von Rang k = 6	N1 X 8 = 79835834706034680
	!!!! N1 inkrementiert um 1,
	N1 = 9979479338254336
	N1 + N2 = 9979479461711125
	N1 X N2 = 1232034474992725187887104
	N1^2: 99590007862645199957883822800896
	Anzahl Ziffern in N1 = 16
	N1 invertiert = 6334528339749799
	-- 6-te Wurzel aus 9979479338254336
	!!! EXAKTE-Wurzel !!!
	Wert = 464
-- EINGABEDATEN --	-- AUSGABEDATEN --
N1 = 57676767687676767687	Erste Zahl N1 = 57676767687676767687
N2 = 5756	Zweite Zahl N2 = 5756
Wurzel von Rang k = 65	N1 X 8 = 461414141501414141496
	!!!! N1 inkrementiert um 1,
	N1 = 57676767687676767688
	N1 + N2 = 57676767687676773444
	N1 X N2 = 331987474810267474812128
	N1^2: 3326609530898234875407146209815520865344

Tastatur	Bildschirm
	Anzahl Ziffern in N1 = 20
	N1 invertiert = 88676767678676767675
	-- 65-te Wurzel aus 57676767687676767688
	!!! Keine exakte Wurzel!!!
	Abrundung: 2
	Einschliessende 65-te Potenzen fuer N1:
	2^65 --> 36893488147419103232
	N1 ---> 57676767687676767688
	3^65 --> 10301051460877537453973547267843
-- EINGABEDATEN --	-- AUSGABEDATEN --
N1 = 678687897897979879	Erste Zahl N1 = 678687897897979879
N2 = 89989	Zweite Zahl N2 = 89989
Wurzel von Rang k = 3	N1 X 8 = 5429503183183839032
	!!!! N1 inkrementiert um 1,
	N1 = 678687897897979880
	N1 + N2 = 678687897898069869
	N1 X N2 = 61074445243941311421320
	N1^2: 460617262753178762417392584884814400
	Anzahl Ziffern in N1 = 18
	N1 invertiert = 088979798798786876
	-- 3-te Wurzel aus 678687897897979880
	!!! Keine exakte Wurzel!!!
	Abrundung: 878799
	Einschliessende 3-ten Potenzen fuer N1:
	878799^3 --> 678685643006316399
	N1 ---> 678687897897979880
	878800^3 --> 678687959872000000
-- EINGABEDATEN --	-- AUSGABEDATEN --
N1 = 10109221616390624	Erste Zahl N1 = 10109221616390624
N2 = 567	Zweite Zahl N2 = 567
Wurzel von Rang k = 6	N1 X 8 = 80873772931124992
	!!!! N1 inkrementiert um 1,
	N1 = 10109221616390625
	N1 + N2 = 10109221616391192
	N1 X N2 = 5731928656493484375
	N1^2: 102196361689299480843652587890625
	Anzahl Ziffern in N1 = 17
	N1 invertiert = 52609361612290101
	-- 6-te Wurzel von 10109221616390625
	!!! EXAKTE-Wurzel !!!
	Wert = 465
-- EINGABEDATEN --	-- AUSGABEDATEN --
N1 = 9999999999999999999	Erste Zahl N1 = 9999999999999999999

Tastatur	Bildschirm
N2 = 1234	Zweite Zahl N2 = 1234
Wurzel von Rang k = 20	N1 X 8 = 79999999999999999992
	!!!! N1 inkrementiert um 1,
	N1 = 100000000000000000000
	N1 + N2 = 100000000000000001234
	N1 X N2 = 123400000000000000000000
	N1^2: 10000000000000000000000000000000000000000
	Anzahl Ziffern in N1 = 21
	N1 invertiert = 000000000000000000001
	-- 20-te Wurzel aus 100000000000000000000
	!!! EXAKTE-Wurzel !!!
	Wert = 10

9.4 Problemanalyse und Entwurf der Lösung

Der Algorithmus, der die k-te Wurzel einer natürlichen Zahl berechnet

Es seien eine natürliche Zahl A mit N Ziffern und eine natürliche Zahl $k(k \leq 250)$ gegeben. Die Anzahl m der Ziffern der k-ten Wurzel von A ist N/K, wenn N durch K teilbar ist und $N/K+1$, wenn N nicht durch K teilbar ist:

$$m = \left\lceil \frac{N}{K} \right\rceil \quad \text{(Aufrundungsfunktion, engl. } \textit{ceiling}\text{)}.$$

Die Berechnung der Ziffern der k-ten Wurzel erfolgt schrittweise, von links nach rechts. Wir schreiben die Ziffernfolge dieser Wurzel in der Form

$$X_m X_{m-1} X_{m-2} ... X_2 X_1$$

Wir nehmen an, dass die Ziffern $X_m, X_{m-1}, ..., X_{i+1}$ schon bestimmt sind und wollen X_i berechnen. X_i ist die größte Ziffer, die die Bedingung

$$(X_m X_{m-1} X_{m-2} ... X_{i+1} X_i 0...0)^K \leq A$$

erfüllt.

Darstellung

Wir speichern die Ziffern X_i, invertiert, in einer verketteten Liste, wie zum Beispiel für $N = 561290$:

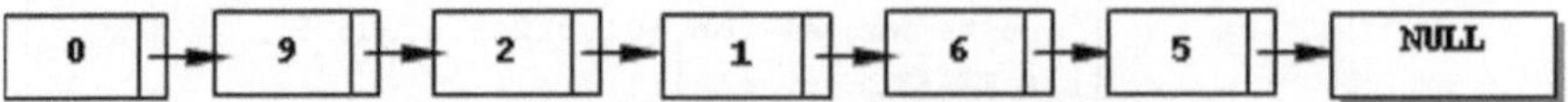

Wir definieren für diesen Datentyp die Struktur `BigNumber`:

```
typedef struct node{
  short c;
  struct nod *next;
} BigNumber;
```

Funktionen

Bevor wir die Funktion `root()` implementieren, schreiben wir zunächst einige
Hilfsfunktionen. Die Header-Datei `BigNumber.h` beinhaltet die Definitionen des
Datentyps `BigNumber` und Funktionen zur Verarbeitung großer natürlicher Zahlen.
Sie sind in der Quelldatei `BigNumber.c` implementiert.

Die Funktion mit dem Kopf

```
BigNumber *createNode(short d, BigNumber *next);
```

erzeugt einen Knoten von Typ `BigNumber` mit dem Informationsfeld `d` (die Ziffer)
und Anschlussfeld `next` (die Verbindung zum nächsten Knoten). Zum Beispiel, liefert für `next`:

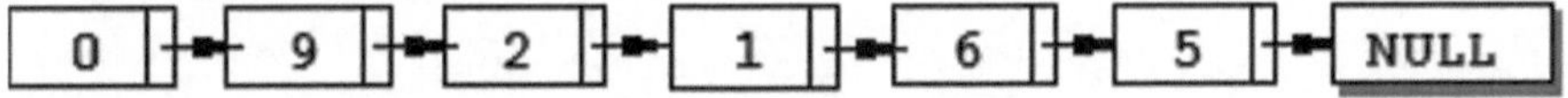

und `c = 8`,

der Aufruf `createNode(c, next)` das Resultat

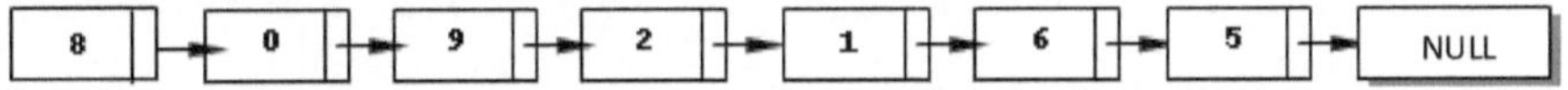

Die Funktion `read(BigNumber **numar)` baut die Zahl Ziffer für Ziffer auf, indem sie jede gelesene Ziffer vor der Zahl einfügt. Dabei prüfen wir mit Hilfe der
Funktion `isdigit()` aus der Bibliothek `ctype.h`, ob das eingelesene Zeichen eine
Ziffer ist. Wenn "ja", wird ein Knoten `q` mit der Information `ch-'0'` und Verbindung `NULL` erzeugt. Wenn es sich um die erste eingelesene Ziffer handelt, wird sie
zurückgegeben, wenn nicht, wird sie vorne eingefügt:

```
q->next = *nr; *nr = q;
```

Ausgabe und Speicherfreigabe erfolgen mit Hilfe der rekursiven Funktionen `write
()` und `deleteNr()`: der erste Knoten wird verarbeitet, dann werden die Funktionen
mit der restlichen Liste (ohne den ersten Knoten) als Parameter aufgerufen.

Die Funktion mit dem Kopf

```
BigNumber *mulDigit(BigNumber *number, short d);
```

führt die Multiplikation zwischen einer großen Zahl und der Ziffer d aus und gibt
das Resultat als Liste zurück. Die Multiplikation wird von rechts nach links ausgeführt, wobei der Übertrag in der Variablen t (mit 0 initialisiert) abgelegt ist. In der
Variable head halten wir die aktuelle Liste. Die Variable tail stellt jedes Mal den
letzten eingefügten Knoten dar.

Die Funktion

```
void addToEnd(BigNumber **head, BigNumber **tail,
             BigNumber *source, short *t);
```

wird bei der Addition benutzt, um eine Zahl mit Übertrag t am Ende einer anderen
Zahl anzuhängen.

Die Funktion sum() berechnet die Summe zweier großer Zahlen, indem sie die
Ziffern und Überträge stellengerecht addiert. Jedes Mal wird ein Knoten q erzeugt,
der Übertrag t aktualisiert und q am Ende mit Hilfe der Variablen tail eingefügt:

```
q = createNode((short)((nr1->d+nr2->d+t)%10), NULL );
t = (nr1->d + nr2->d + t) / 10;
if(!head) {head = tail = q;}
else{
  tail->next = q;
  tail = q;
};
nr1=nr1->next; nr2=nr2->next;
```

Diese Anweisungen werden innerhalb einer **while**-Schleife ausgeführt, so lange die beiden Zahlen noch Ziffern zur Verarbeitung haben. Nach dieser Schleife
wird die Funktion addToEnd() zur Endverarbeitung aufgerufen. Wegen der **while**-
Bedingung (nr1 && nr2) werden eventuell neue Ziffern eingefügt, aber höchstens
von einer der beiden Zahlen:

```
addToEnd(&head, &tail, nr1, &t);
addToEnd(&head, &tail, nr2, &t);
```

Es folgt die Funktion product():

```
BigNumber *product(BigNumber *nr1, BigNumber *nr2);
```

die das Produkt zweier großer Zahlen berechnet. Jede Ziffer der zweiten Zahl wird
schrittweise mit der ersten Zahl multipliziert, wir fügen die erforderliche Anzahl
von Nullen am Ende gemäß factor ein (am Anfang ist factor gleich 0 und wird
dann schrittweise inkrementiert). Die neu berechnete Zahl q wird jeweils zu head

addiert. Danach wird der Speicher für die Zwischenvariable `q` freigegeben und wir fahren mit der nächsten Ziffer fort:

```
while(nr2){
  q = mulDigit(nr1, nr2->d);
  for(i=0; i<factor; i++){
    aux = createNode(0, q);
    q=aux;
  }
  head=sum(q, head);
  deleteNr(q);
  nr2=nr2->next; factor++;
}
```

Probieren Sie jetzt mit Papier und Bleistift einige Beispiele, multiplizieren Sie z. B. 2345 mit 651 (der Körper der `while`-Schleife wird entsprechend der Ziffernanzahl der zweiten Zahl drei mal ausgeführt). Notieren Sie jeweils die Inhalte der Variablen (`factor`, `q`, `head`, `i`, `aux`).

Die Funktion

```
BigNumber *power(BigNumber *nr, short k);
```

berechnet die `k`-te Potenz der Zahl `nr`, die wieder als Liste dargestellt ist. Wir initialisieren die Variable `head` mit 1 und multiplizieren sie danach `k` Mal mit `nr`:

```
for(i=0; i<k; i++){
  aux = product(head, nr);
  deleteNr(head); head=aux;
}
```

Wir merken, dass nach jeder Berechnung des dazwischen liegenden Produkts anschließend der Speicher freigegeben wird.

Die Funktion `nrDigits()` ist sehr einfach. Sie gibt die Anzahl der Ziffern einer Zahl zurück, indem sie die Liste der dargestellten Zahl durchläuft.

Die Funktion `invert()` invertiert die Liste, die als Parameter eingegeben ist. Sie erzeugt für jede Ziffer einen neuen Knoten und fügt ihn am Anfang ein.

Die Funktion `nrCmp()` vergleicht zwei gegebene Zahlen: Wenn sie gleich sind, wird 0 zurückgegeben, wenn die erste kleiner als die zweite ist 1, andernfalls -1. Nun vergleicht man die Anzahl der Ziffern der beiden Zahlen. Wenn sie ungleich sind, liefern wir direkt 1 oder -1 zurück. Wenn sie gleich sind, invertieren wir die beiden Zahlen (damit es nachher mit den höchstwertigen Ziffern losgeht) und vergleichen die Ziffern schrittweise. Entweder finden wir dabei unterschiedliche Werte, dann liefern wir eine entsprechende Antwort zurück, oder wir finden keinen Unterschied, dann sind die Zahlen gleich und wir geben 0 zurück:

```
inv1 = invert(nr1);
inv2 = invert(nr2);
while(inv1 && inv2){
  if(inv1->d > inv2->d) return 1;
  if(inv2->d > inv1->d) return -1;
  inv1=inv1->next; inv2=inv2->next;
}
free(inv1); free(inv2);
```

Die Funktion `plusOne()` addiert 1 zu einer Zahl. Die Liste wird durchlaufen und die Ziffern mit Hilfe der Übertragsvariablen `t` (mit 1 initialisiert) entsprechend angepasst.

Die Funktion `nrCpy()` kopiert ziffernweise eine große Zahl in eine andere. Zuerst erfolgt die Speicherreservierung, dann die Erzeugung der neuen Liste mittels einer Variablen `tail`, die die aktuelle letzte Ziffer aufnimmt.

Schließlich kommen wir an unser Ziel, nämlich das Ziehen der `k`-ten Wurzel aus einer großen Zahl. Beim ersten Schritt berechnen wir die Ziffernanzahl `n` der Wurzel:

```
n = nrDigits( nr );
if(n%k==0) n = n/k;
else n = n/k+1;
```

Für jede Position von `n` bis 1 bestimmen wir die Ziffer der `k`-ten Wurzel, so wie im Algorithmus bereits beschrieben. In der Variable `res` speichern wir die aktuell aufgebaute Zahl: Wir fügen die Ziffer `c` hinzu und füllen mit Nullen auf, bis die Ziffernanzahl `n` erreicht ist. Wir fahren in dieser Weise fort, bis die `k`-te Potenz größer als unsere Zahl `nr` ist. Wir fügen die Ziffer `c-1` in `res` ein:

```
for(i=n; i>0; i--){
  c = -1;
  do{
    c++;
    if(man) deleteNr(man);
    nrCpy( &man, res );
    q = createNode( c, man );
    man=q;
    for(j=1; j<i; j++){
      q = createNode((short)0, man );
      man=q;
    }
  } while (nrCmp(power(man, k), nr) <= 0);
  q = createNode( (short)(c-1), res );
  res=q;
} /* for */
```

Analysieren Sie, wie das Programm `test.c` die oben vorgestellten Funktionen anwendet.

Header-Datei `BigNumber.h`

```c
#ifndef __BIGNUMBER_H
#define __BIGNUMBER_H

typedef struct node {
  short d;
  struct node *next;
} BigNumber;

BigNumber *createNode(short d, BigNumber *next);

void read(BigNumber **numar);
void write(BigNumber *numar);
void deleteNr(BigNumber *numar);

BigNumber *mulDigit(BigNumber *number, short d);
void addToEnd(BigNumber **cap, BigNumber **ultim,
         BigNumber *sursa, short *t);
BigNumber *sum(BigNumber *nr1, BigNumber *nr2);
BigNumber *product(BigNumber *nr1, BigNumber *nr2);
BigNumber *power(BigNumber *nr, short k);
int nrDigits(BigNumber *numar);
BigNumber *invert(BigNumber *numar);
short nrCmp(BigNumber *nr1, BigNumber *nr2);
void plusOne(BigNumber **numar);
void nrCpy(BigNumber **dest, BigNumber *sursa);
BigNumber *root(BigNumber *nr, short k);

#endif
```

Quelle-Datei `BigNumber.c`

```c
#include "BigNumber.h"

#include <stdio.h>
#include <malloc.h>
#include <ctype.h>

/***********************************************
 erzeugt einen Knoten von Typ BigNumber mit
 folgenden Feldern aus den Parametern:
 Ziffer d und Verbindung next
 ********************************************/
BigNumber *createNode(short d, BigNumber *next){
  BigNumber *q = (BigNumber*) malloc(sizeof(BigNumber));
  q->d = d;
  q->next = next;
  return q;
```

```c
}

/***********************************************
 Einlesen einer grossen Zahl, Ziffer fuer Ziffer
 invertierte Spiegelung
 ***********************************************/
void read(BigNumber **nr){
  BigNumber *q=NULL;
  char ch;
  *nr = NULL;
  do{
    ch=getch(); putch(ch);
    if(isdigit(ch)) {
      q = createNode((short)(ch-'0'), NULL);
      if(*nr==NULL) {*nr=q;}
      else {q->next = *nr; *nr = q;};
    }
  }while(isdigit(ch));
}


/******************************************************************
 Ausgabe einer grossen Zahl rekursiv, basierend auf der
 Tatsache, dass die Ziffern invertiert gespeichert sind:
 das erste Element enthaellt die niedrigstwertige Ziffer
 ******************************************************************/
void write(BigNumber *number){
  if(number){
    write(number->next);
    printf("%d", number->d);
  }
}


/***********************************************
 Freigabe des benutzten Speichers, rekursiv
 ***********************************************/
void deleteNr(BigNumber *number){
  if(number){
    deleteNr(number->next);
    free(number);
  }
}


/*********************************************************
 Multiplikation einer grossen Zahl mit einer Ziffer:
 durchlaeuft die Liste und erzeugt schrittweise das
 Resultat mit Hilfe des Uebertrags t
 *********************************************************/
BigNumber *mulDigit(BigNumber *number, short dig){
  BigNumber *head=NULL, *q = NULL, *tail = NULL;
  short t = 0;
  while(number){
    q = createNode((short)((number->d*dig+t)%10), NULL );
    t = (number->d*dig + t) / 10;
    if(head == NULL) {head=tail=q;}
```

```c
    else{
      tail->next = q;
      tail = q;
    }
    number = number->next;
  }
  if(t){
    q = createNode(t, NULL);
    tail->next = q;
    tail = q;
  }
  return head;
}

/*******************************************
 Einfuegen am Ende einer Ziffernfolge, mit
 Anpassung des Uebertrags t
 *******************************************/
void addToEnd(BigNumber **head, BigNumber **tail,
                        BigNumber *sursa, short *t){
  BigNumber *q;
  while(sursa){
    q = createNode( (short)((sursa->d+*t)%10), NULL );
    *t = (sursa->d + *t) / 10;
    if(!(*head)) {*head = *tail = q;}
    else{
       (*tail)->next = q;
       (*tail) = q;
    };
    sursa=sursa->next;
  }
  if(*t){
    q = createNode((short)(*t), NULL);
    (*tail)->next=q;
    *t = 0;
    (*tail)=q;
  }
}

/***********************************************************
 Berechnung der Summe zweier grossen Zahlen: wir addiren
 stellenweise, wie ueblich. Wenn eine der Listen leer
 wird, dann faehrt man mit der anderen Liste mit Hilfe
 der Funktion addToEnd() fort
 ***********************************************************/
BigNumber *sum(BigNumber *nr1, BigNumber *nr2 ){
  BigNumber *head=NULL, *tail=NULL, *q=NULL;
  short t = 0;
  while(nr1 && nr2){
    q = createNode((short)((nr1->d+nr2->d+t)%10), NULL );
    t = (nr1->d + nr2->d + t) / 10;
    if(!head) {head = tail = q;}
    else{
      tail->next = q;
```

```c
      tail = q;
    };
    nr1=nr1->next; nr2=nr2->next;
  }
  addToEnd(&head, &tail, nr1, &t);
  addToEnd(&head, &tail, nr2, &t);
  return head;
}


/************************************************
 Produkt zweier grossen Zahlen
*************************************************/
BigNumber *product(BigNumber *nr1, BigNumber *nr2){
  int i, factor = 0;
  BigNumber *head = NULL, *q, *aux;
  while(nr2){
    q = mulDigit(nr1, nr2->d);
    for(i=0; i<factor; i++){
      aux = createNode(0, q);
      q=aux;
    }
    head=sum(q, head);
    deleteNr(q);
    nr2=nr2->next; factor++;
  }
  return head;
}


/************************************************
 k-te Potenz einer grossen Zahl
*************************************************/
BigNumber *power(BigNumber *nr, short k){
  BigNumber *head = NULL, *aux = NULL;
  int i;
  head = (BigNumber*) malloc(sizeof(BigNumber));
  head->d = 1; head->next = NULL;
  for(i=0; i<k; i++){
    aux = product(head, nr);
    deleteNr(head); head=aux;
  }
  return head;
}


/************************************************
 gibt die Laenge einer grossen Zahl zurueck
*************************************************/
int nrDigits(BigNumber *nr2){
  int len = 0;
  while(nr2){
    len++;
    nr2=nr2->next;
  }
  return len;
}
```

```c
/***********************************************
 gibt die invertierte Zahl zurueck
 ***********************************************/
BigNumber *invert(BigNumber *nr){
  BigNumber *head = NULL, *q = NULL;
  while(nr){
    q = createNode( nr->d, NULL );
    if(head == NULL){head=q;}
    else{
      q->next=head; head=q;
    }
    nr=nr->next;
  }
  return head;
}


/***********************************************
                 | -1, wenn N1<N2
 nrCmp(N1, N2) = |  0, wenn N1=N2
                 |  1, wenn N1>N2
 ***********************************************/
short nrCmp(BigNumber *nr1, BigNumber *nr2){
  short decis = 0;
  BigNumber *inv1, *inv2;
  if(nrDigits(nr1)>nrDigits(nr2)) return 1;
  if(nrDigits(nr1)<nrDigits(nr2)) return -1;
  inv1 = invert(nr1);
  inv2 = invert(nr2);
  while(inv1 && inv2){
    if(inv1->d > inv2->d) return 1;
    if(inv2->d > inv1->d) return -1;
    inv1=inv1->next; inv2=inv2->next;
  }
  free(inv1); free(inv2);
  return 0;
}


/***********************************************
 inkrementiert eine grosse Zahl
 ***********************************************/
void plusOne(BigNumber **number){
  short t=1, aux;
  BigNumber *q = NULL, *man, *naux;
  naux = man = *number;
  while (t && man){
    aux = man->d;
    man->d = (aux + t) % 10;
    t = (aux + t) / 10;
    naux = man;
    man = man->next;
  }
  if(t){
    q = createNode( t, NULL );
```

```c
      if((*number) == NULL) {*number=q;}
      else
        naux->next = q;
    }
}


/***************************************************
 kopiert eine grosse Zahl
 **************************************************/
void nrCpy(BigNumber **dest, BigNumber *source){
  BigNumber *q, *tail;
  *dest = NULL;
  if((*dest)==NULL) deleteNr(*dest);
  while(source){
    q = createNode(source->d, NULL);
    if((*dest)==NULL){
      *dest=tail=q;
     }else{
        tail->next=q; tail=q;
     }
    source=source->next;
  }
}


/*********************************************************
 gibt die k-te Wurzel einer natuerlichen Zahl zurueck
 ********************************************************/
BigNumber *root(BigNumber *nr, short k){
  int i, j, n;
  short c;
  BigNumber *res, *q, *man;
  n = nrDigits( nr );
  if(n%k==0) n = n/k;
  else n = n/k+1;
  res=NULL; man=NULL;
  for(i=n; i>0; i--){
    c = -1;
    do{
      c++;
      if(man)deleteNr(man);
      nrCpy( &man, res );
      q = createNode( c, man );
      man=q;
      for(j=1; j<i; j++){
        q = createNode((short)0, man );
        man=q;
        }
    } while (nrCmp(power(man, k), nr) <= 0);
    q = createNode( (short)(c-1), res );
    res=q;
  } /* for */
  return res;
}
```

Test-Datei `test.c`

```c
#include "BigNumber.h"
int main(void){
  BigNumber *nr1=NULL, *nr2=NULL, *nr3=NULL;
  int k;
  printf("--- EINGABEDATEN ---");
  printf("\n N1 =   ");
  read(&nr1); printf("\n");
  printf(" N2 =   ");
  read( &nr2 ); printf("\n");
  printf("Wurzel von Rang k = ");
  scanf("%d", &k);
  printf("\n\n--- AUSGABEDATEN ---");
  printf("\nErste Zahl N1 = ");write(nr1);
  printf("\nZweite Zahl N2 = "); write(nr2);
  printf("\nN1 X 8 = "); write(mulDigit(nr1,8));
  plusOne(&nr1);
  printf( "\n!!!! N1 inkrementiert um 1, \nN1 =   " );
  write(nr1);
  nr3 = sum(nr1, nr2);
  printf("\nN1 + N2 = "); write(nr3); deleteNr(nr3);
  nr3 = product(nr1, nr2);
  printf( "\nN1 X N2 = " ); write(nr3);deleteNr(nr3);
  nr3=power( nr1, 2 );
  printf("\nN1 ^ 2: "); write(nr3);deleteNr(nr3);
  printf("\nAnzahl Ziffern in N1 = ");
  printf( "%d", nrDigits(nr1) );
  printf("\nN1 invertiert = ");
  write(invert(nr1));
  printf( "\n\n--- %d-te Wurzel aus ", k );
  write(nr1);
  nr3 = root(nr1, k);
  if(nrCmp( power(nr3,k), nr1 ) == 0){
    printf( "\n!!! EXAKTE-Wurzel !!!" );
    printf("\n Wert = "); write(nr3);}
  else{
    printf("\n!!! Keine exakte Wurzel!!!");
    printf("\nAbrundung:   ");
    write(nr3);
    printf( "\n\nEinschliessende %d-te Potenzen ", k);
    printf( "fuer N1:\n" );
    write(nr3); printf("^ %d ---> ", k);
    write(power(nr3, k));
    printf("\n N1 ----> ");
    write(nr1);
    plusOne(&nr3);
    printf("\n"); write(nr3); printf("^ %d ---> ", k);
    write(power(nr3, k));
  }
  deleteNr(nr1); deleteNr(nr2); deleteNr(nr3);
  return 0;
}
```

9.5 Aufgaben

1. Probieren Sie jetzt mit Papier und Bleistift einige Beispiele und schreiben Sie die Zwischenergebnisse für jede Funktion auf.

2. Um zu zeigen, wie wichtig die Freigabe des Speichers ist, löschen Sie überall im Programm die Aufrufe der Funktion `deleteNr()` und führen sie es mit sehr großen Zahlen (über 400 Ziffern) aus. Was passiert in diesen Fällen?

3. Schreiben Sie die Funktionen `deleteNr()` und `write()` rekursiv und die Funktion `nrDigits()` nichtrekursiv um.

4. Implementieren Sie auch andere Funktionen zur Verarbeitung großer Zahlen, z. B. Division und Rest.

5. Verwenden Sie die Bibliothek `BigNumber`, um die Zahlen `100!` und `200!` auszugeben. Schreiben Sie eine Funktion `factorial()`, die die Fakultät einer Zahl zurückgibt.

Abb. 9.1: Im Hof des Königspalasts, Madrid, Spanien

Kapitel 10
Anwendung - Raumfüllende Fraktale

Was ist ein Fraktal?

Ein Fraktal ist ein geometrisches Objekt, das bei abnehmenden Längen selbstähnlich ist und sich aus unregelmäßigen, "rauen" Kurverstücken zusammengesetzt, die in der klassischen Geometrie nicht darstellbar sind. Die Fraktale werden oft verwendet, um mit dem Rechner unregelmäßige Formen und Strukturen aus der Natur zu simulieren.

Beispiele

Die Koch'sche Schneeflockenkurve

Die Koch-Kurve wurde 1904 von dem schwedischen Mathematiker Helge von Koch (1870-1924) eingeführt. Sie ist eines der ersten formal beschriebenen Fraktale. Die Koch-Kurve wird in einem iterativen Prozess aufgebaut. Am Anfang ist sie nur eine Strecke, und in jeder Iteration teilt man jedes Segment der Kurve in drei gleiche Teile und führt für das mittlere Stück die Konstruktion "baue gleichseitiges Dreieck" aus, wie die Abbildung 10.1 zeigt:

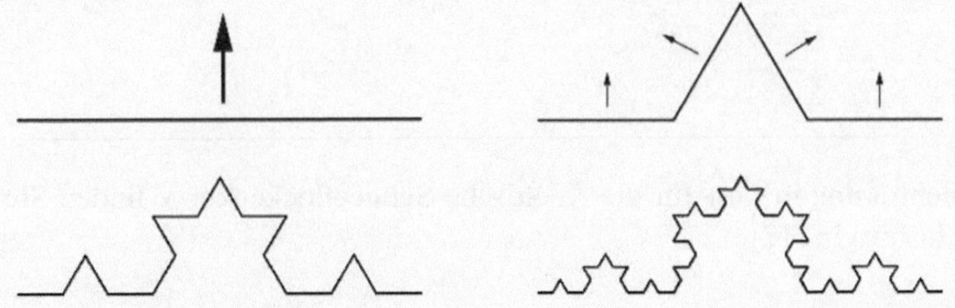

Abb. 10.1: Die Konstruktion der Koch-Kurve schreitet in Stufen voran. In jeder Stufe erhöht sich die Anzahl der Strecken um den Faktor 4.

Zur Schneeflockenkurve kommt man, wenn man den Iterationsprozess nicht mit einer Strecke, sondern mit einem gleichseitigen Dreieck startet:

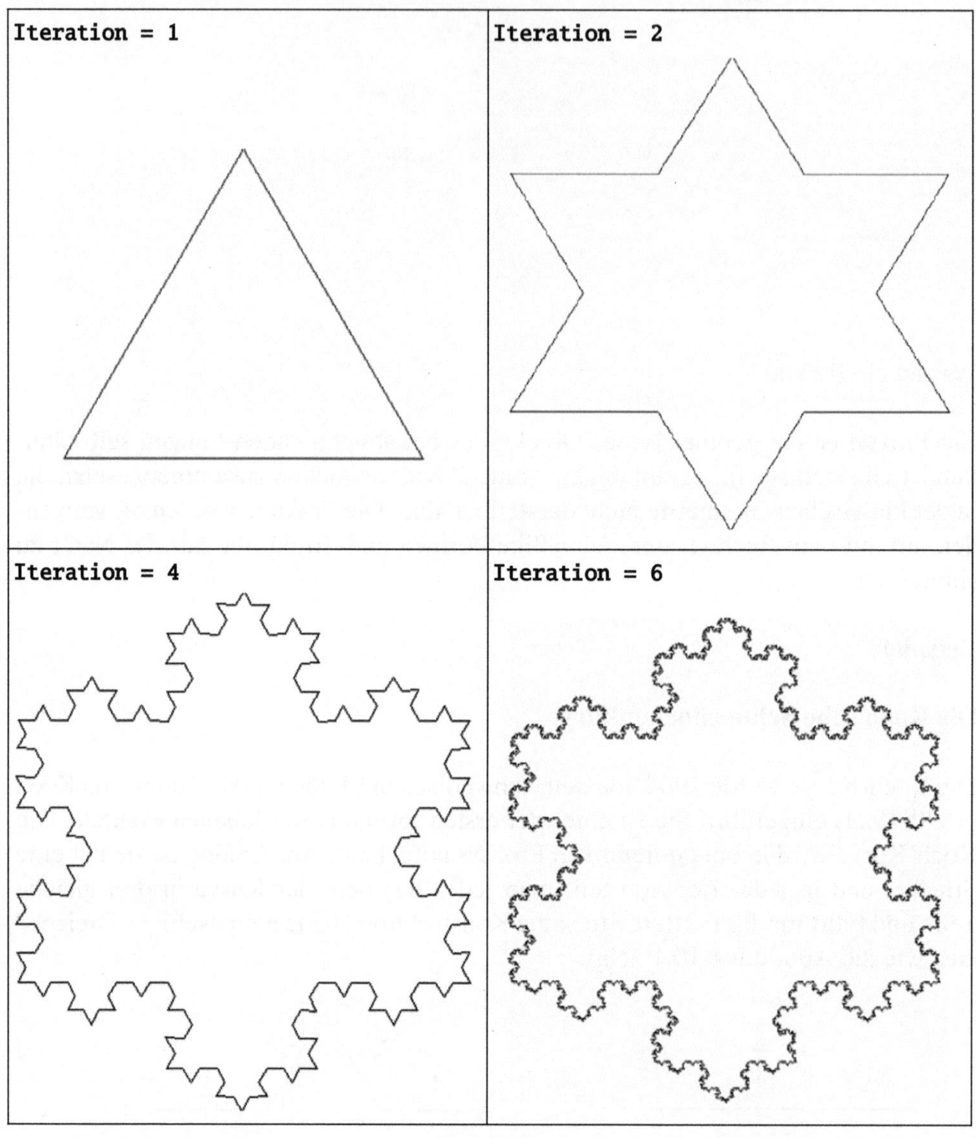

Eine Implementierung in C++ für die Koch'sche Schneeflockenkurve finden Sie in [9] und eine in Java in [12].

Sierpinski-Dreieck

Ein beliebiges Dreieck ist gegeben. Man halbiert die Seiten und zeichnet ein neues
Dreieck, dessen Ecken auf den Mittelpunkten liegen. Dadurch entstehen vier gleich
große Teildreiecke. Man entfernt das mittlere Dreieck und wiederholt die Schritte
für die übrig gebliebenen Teildreiecke. Schreiben Sie ein Programm, das die Figur
für eine gegebene Iteration darstellt.

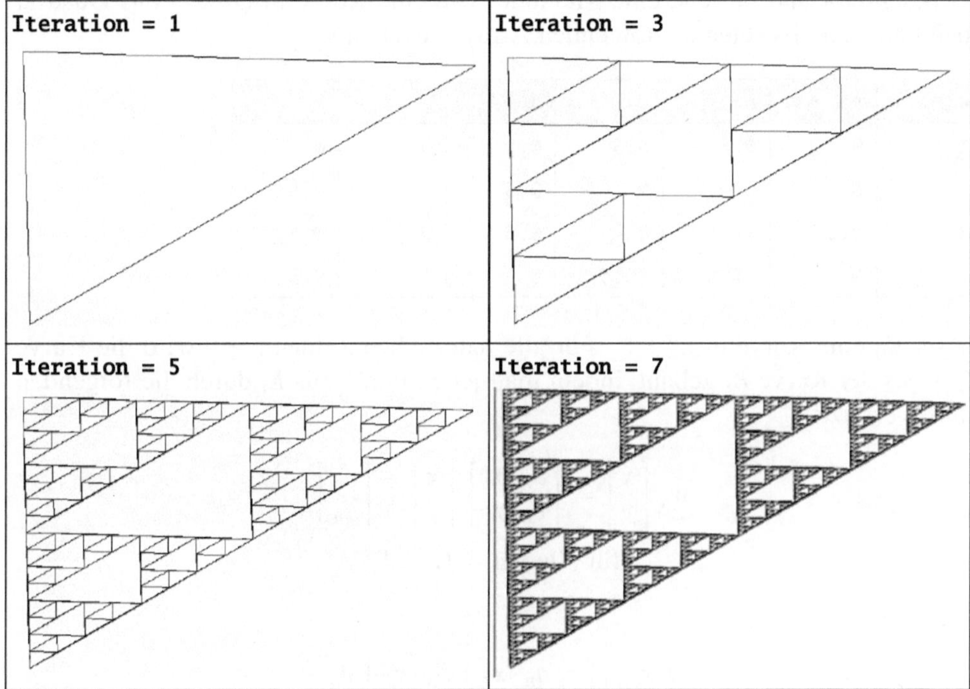

10.1 Ziele

- Realisierung einer komplexeren Anwendung

- Beispiel für ein Fraktal

- Anwendung eines iterativen Algorithmus

- Bitoperatoren

- Geometrische Formeln für grundlegende Kurven

- Anwendung einer graphischen Bibliothek

10.2 Problembeschreibung

Wir beschreiben ein Fraktal-Modell, dass die Eigenschaft hat, das Quadrat $Q(0,1) = [0,1] \times [0,1]$ zu füllen und wenden es auf mehrere Startkurven an.

Es sei die Menge $Q(0,1) = \{(x,y)|0 < x,y < 1\}$ gegeben, d. h. die Menge aller Punkte im Inneren des Quadrats Q mit den Ecken $(0,0),(0,1),(1,1)$ und $(1,0)$. [1] beschreibt und beweist eine Methode, wie eine Kurve in $Q(0,1)$ das Quadrat ausfüllen kann. Es seien die folgenden Arrays gegeben:

w	a	b	c	d	e	f
1	0	0.5	0.5	0	0	0
2	0.5	0	0	0.5	0	0.5
3	0.5	0	0	0.5	0.5	0.5
4	0	-0.5	-0.5	0	1	0.5

Es sei K_0 eine Kurve in $Q(0,1)$. Für alle natürlichen Zahlen $i \geq 0$ wird die Kurve K_{i+1} aus der Kurve K_i gebaut, indem man jeden Punkt aus K_i durch die folgenden Punkte ersetzt:

$$w_n \begin{bmatrix} x \\ y \end{bmatrix} = \begin{bmatrix} a_n & b_n \\ c_n & d_n \end{bmatrix} \begin{bmatrix} x \\ y \end{bmatrix} + \begin{bmatrix} e_n \\ f_n \end{bmatrix}$$

$$\text{für alle} \quad n = 1,...,4$$

Es gilt also:

$$\begin{cases} x_{n,j+1} = a_n \cdot x_j + b_n \cdot y_j + e_n \\ y_{n,j+1} = c_n \cdot x_j + d_n \cdot y_j + f_n \end{cases}$$

$$\text{für alle} \quad n = 1,...,4$$

Man kann für alle i größer oder gleich 0 formal schreiben:

$$K_{i+1} = \bigcup_{n=1}^{4} \left\{ (x_{n,j+1},y_{n,j+1}) \,\middle|\, (x_j,y_j) \in K_i \right\}$$

Hier die ursprüngliche Kurve K_0:

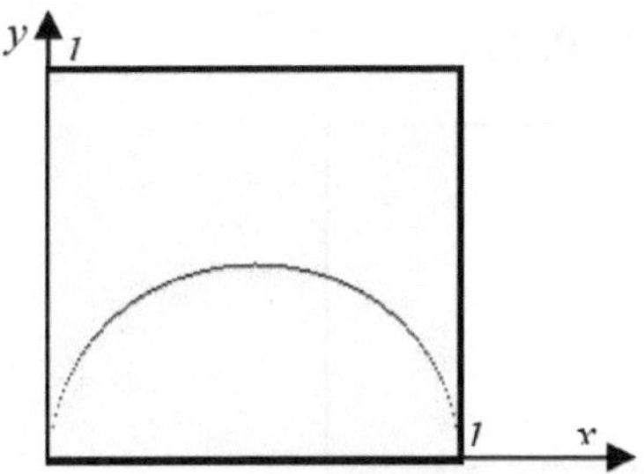

Die Kurven $K_0, K_1, ..., K_{11}$:

Schreiben Sie ein Programm, das verschiedene Kurven K_0 erzeugt und die ersten zwölf Iterationen in der abgebildeten Art und Weise zeichnet. Über ebene Kurven kann man in [Stu67] viele zusätzliche Informationen finden. Wir werden eine Implementierung in Borland C++ liefern, die von dessen grafischen Bibliothek Gebrauch macht.

10.3 Einige Beispiele

Die ursprüngliche Kurve ist ein Punkt im Raum Q(0, 1)

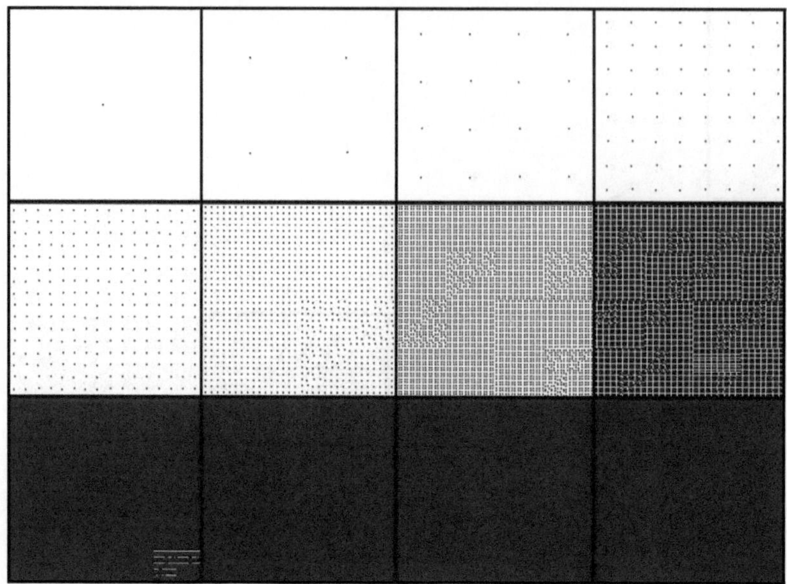

Die ursprüngliche Kurve ist eine Strecke im Raum Q(0, 1)

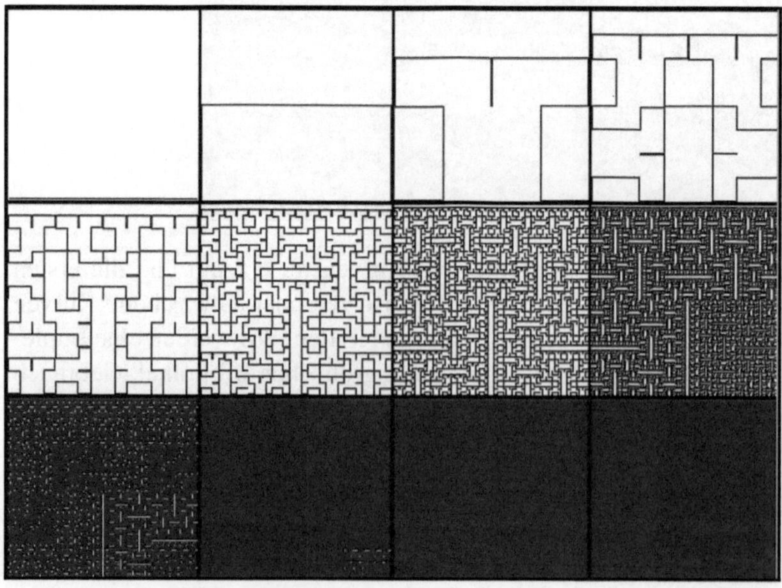

Die ursprüngliche Kurve ist ein Kreis im Raum Q(0, 1)

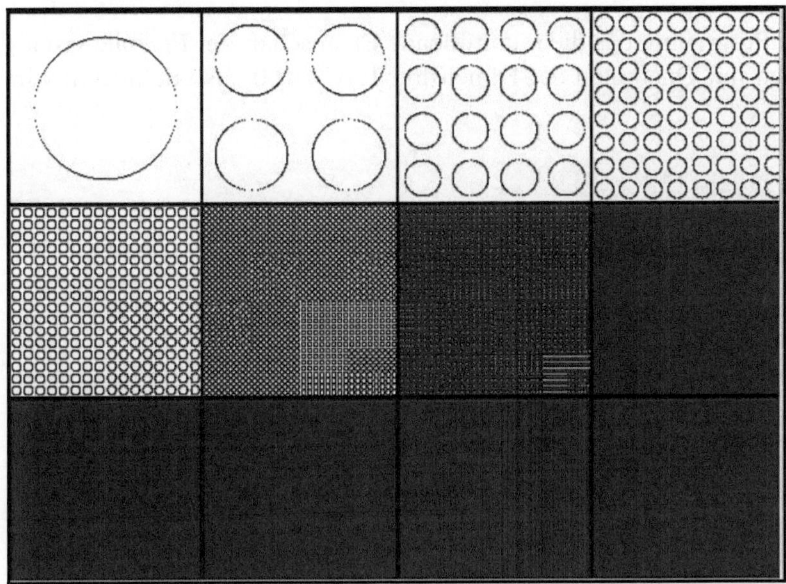

Die ursprüngliche Kurve ist ein Streckenzug im Raum Q(0, 1)

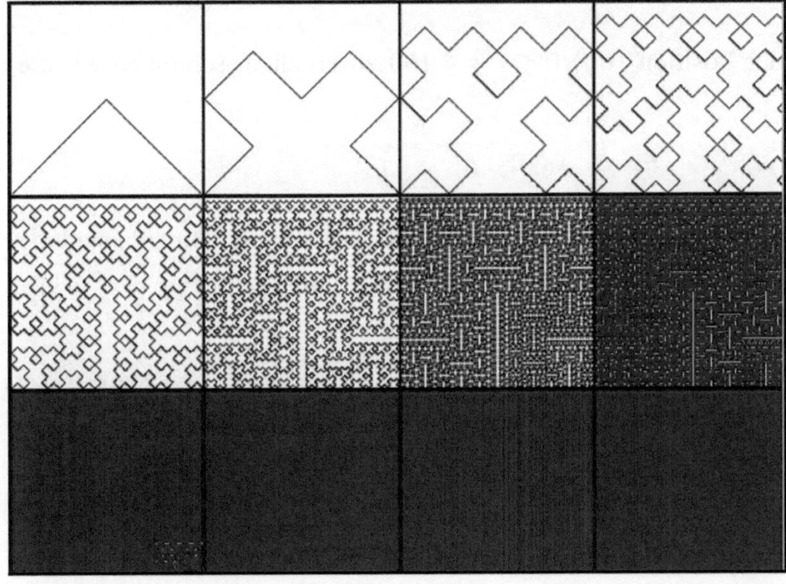

10.4 Problemanalyse und Entwurf der Lösung

Wir schreiben ein Programm, das die raumfüllende Eigenschaft der Fraktale visualisiert. Wir arbeiten mit Quadraten der Dimension 160×160, also definieren wir den Typ:

```
typedef int Quadrat[160][10];
```

Da jedes Element 16 Bits enthält, brauchen wir nur zehn Spalten.

Um ein Bit $a[i][j], 0 \leq i, j < 160$ mit 0 oder 1 zu setzen, benutzen wir die Funktion

```
void set(Quadrat p, int i, int j, short bit);
```

Das betroffene Matrixelement ist `p[i][j/16]`, also müssen wir das `j%16`-te Bit aus der Binärdarstellung des Elements mit `bit` (0 oder 1) setzen. Für `bit==1` benutzen wir die Maske `1<<j%16` (alle Stellen außer der `j%16`-ten werden auf 0 gesetzt). Dann wenden wir das logische OR an: Alle Stellen behalten ihren Wert, außer die `j%16`-te, die 1 enthält. Für `bit==0` benutzen wir die Maske `~(1<<j%16)` (alle Stellen außer der `j%16`-ten werden auf 1 gesetzt). Dann wenden wir das logische AND auf `p[i][j/16]` an, alle Bits bleiben unverändert, außer das `j%16`-te, das 0 wird.

Um das Bit aus der Position $(i, j), 0 \leq i, j \leq 160$ zu erhalten, schreiben wir die Funktion

```
short get(Quadrat p, int i, int j);
```

das gewünschte Bit befindet sich an der Stelle `j%16` innerhalb der Binärdarstellung des Elements `n=p[i][j/16]` und ist `(n>>j%16)&1`.

Wir implementieren die Funktion

```
void draw(Quadrat p, int x, int y, int colBack, int colPen);
```

die das Quadrat `p`, beginnend an der linken oberen Ecke mit den Koordinaten (x, y) anzeigt. Um den Raum $Q(0, 1)$ auf dem Bildschirm darzustellen, machen wir eine Skalierung mit 160.

Wir schreiben die Funktionen `init1()`, ..., `init10()`, die eine solche zweidimensionale Matrix mit verschiedenen Kurven initialisieren. Die zwölf Quadrate werden auf dem Bildschirm durch die Paare (`cX[i]`, `cY[i]`), $0 \leq i < 4, 0 \leq j < 3$ gekennzeichnet, wobei `cX[]` und `cY[]` konstante Arrays sind. Sie stellen die oberen linken Ecken dieser zwölf Quadrate dar, die die Iteration-Fraktale beinhalten.

Das Programm funktioniert wie folgt: Wenn man über die Tastatur eine natürliche
Zahl zwischen eins und zehn eingibt, wird die Matrix mit der entsprechenden Kurve
initialisiert, es wird zwölf Mal iteriert und jedes Mal wird das Quadrat gezeichnet.
`w[][]` stellt die alte und `v[][]` die neue Matrix dar, die mit Nullen folgendermaßen
initialisiert wird:

```
for(i=0; i<160; i++)
  for(j=0; j<10;j++)
    v[i][j]=0;
```

Wenn wir ein Bit 1 in der Matrix `w[][]` finden (`get(w, i, j)==1`), dann bauen
wir die vier Iterationspunkte auf und setzen sie in der Matrix `v[][]`:

```
for( k=0; k<4; k++ )
{
  iNew = 160*(a[k]*i/160.0+b[k]*j/160.0+e[k]);
  jNew = 160*(c[k]*i/160.0+d[k]*j/160.0+f[k]);
  set(v, iNew, jNew, 1);
}
```

Man kopiert den Inhalt des Arrays `v[][]` in das Array `w[][]` und `v[][]` wird mit
Nullen aufgefüllt durch:

```
for(i=0; i<160; i++)
  for(j=0; j<160; j++)
  {
    set(w, i, j, get(v, i, j));
    set(v, i,j,0);
  }
```

10.5 Programm

```
#include <stdio.h>
#include <graphics.h>
#include <math.h>

typedef int Quadrat[160][10];

const double  a[4] = { 0,   0.5,  0.5,  0 },
              b[4] = { 0.5, 0,    0,   -0.5 },
              c[4] = { 0.5, 0,    0,   -0.5 },
              d[4] = { 0.0, 0.5,  0.5,  0.0 },
              e[4] = { 0.0, 0,    0.5,  1.0 },
              f[4] = { 0.0, 0.5,  0.5,  0.5};

const int cX[4] = {0, 162, 324, 486 };
```

```c
const int cY[3] = {2, 165, 328};

void initGrafica()
{
        int gdet = DETECT, gm, err;
        initgraph(&gdet, &gm, "H:\\borlandc\\bgi");
        err = graphresult();
        if(err != grOk )
        {
         printf( "Eroare la initializare mod grafic!!" );
         printf( "Apasati o tasta petnru iesire!" );
         getch();
         exit(1);
        }
}

void set( Quadrat p, int i, int j, short bit )
{
        int  n;
        n = p[i][j/16];
        if(bit)
                n |= 1 << j%16;
        else
                n &= ~(1<<(j%16));
        p[i][j/16]=n;
}

short get( Quadrat p, int i, int j )
{
        short bit;
        int l, n;
        n = p[i][j/16];
        return  (n>>j%16)&1;
}

void draw( Quadrat p, int x, int y,
                int colBack, int colPen )
{
  int i, j;
  for( i=x;  i<x+160;  i++ )
    for( j=y;  j<y+160;  j++ )
    {
      if( get( p, i-x, j-y ) )
        putpixel( i,2*y+159-j,  colPen );
      else
        putpixel( i,2*y+159-j, colBack );
    }
}
```

```c
void init1( Quadrat w )
{
  int i;
  for(i=1; i<160; i++)
  if(i<80){ set(w, i,i, 1);
                 set(w, 159-i,i,1);}
}


void init2( Quadrat w )
{
  set(w, 79, 79, 1);
}



void init3( Quadrat w )
{
  int i;
  for(i=1; i<159; i++)
    set(w, i, 1, 1);
}


void init4( Quadrat w )
{
  int i;
  for(i=20; i<141; i++)
  {
    set(w, i, 80 + sqrt((140-i)*(i-20)), 1);
    set(w, i, 80 - sqrt((140-i)*(i-20)), 1);
  }
}


void init5( Quadrat w )
{
  int i;
  for(i=1;i<160; i++)
  {
    set( w, i, sqrt(159*159-i*i),1 );
    set( w, i, 159-sqrt(i*(318-i)),1);
  }
}


void init6( Quadrat w )
{
  int i, j;
  for(i=40; i<60; i++)
    for(j=100; j<150; j++)
      set(w, i, j, 1);
}
```

```c
void init7( Quadrat w )
{
  int i;
  for(i=1; i<160; i++)
    set(w, i, sqrt( 80*80 -(i-80)*(i-80)), 1 );
}


void init8( Quadrat w )
{
  int i;
  for( i=1; i<160; i++ )
    set(w, i, 80, 1);
  for( i=1; i<80; i++  )
    set(w, 80, i, 1);
}


void init9( Quadrat w )
{
  int i;
  for(i=40; i<120; i++)
  {
    set(w, i, 40, 1);
    set(w, i, 119, 1);
    set(w, 40, i, 1);
    set(w, 119, i, 1);
  }
}


void init10( Quadrat w )
{
  int i;
  for(i=1; i<160; i++)
  {
    set(w, i, i, 1);
    set(w, i, 159-i, 1);
  }
}


int init( int i, Quadrat w )
{

  int k, j;
  for( k=0; k<160; k++ )
  for( j=0; j<10; j++ )
   w[k][j]=0;
  switch( i )
  {
      case 1: init1(w); break;
      case 2: init2(w); break;
      case 3: init3(w); break;
```

```c
            case 4: init4(w); break;
            case 5: init5(w); break;
            case 6: init6(w); break;
            case 7: init7(w); break;
            case 8: init8(w); break;
            case 9: init9(w); break;
            case 10: init10(w); break;
    }
  return( 0<i && i<11 );
}

int main(void)
{
  Quadrat w, v;
  int contor, i, j, k, iNew, jNew;
  printf("Optiunea(1-10): ");
  while(scanf("%d", &k)==1 && init(k, w))
    {
      initGrafica();
      for(contor=0; contor<12; contor++)
        {
          draw( w, cX[contor%4], cY[contor/4], 15, 1 );
          for(i=0; i<160; i++)
          for(j=0; j<10;j++)
                  v[i][j]=0;
          for(i=0; i<160; i++)
          for(j=0; j<160; j++)
          if( get(w, i, j)   )
          for( k=0; k<4; k++ )
            {
              iNew = 160*(a[k]*i/160.0+b[k]*j/160.0+e[k]);
              jNew = 160*(c[k]*i/160.0+d[k]*j/160.0+f[k]);
              set(v, iNew,jNew,  1);
            }
          for(i=0; i<160; i++)
            for(j=0; j<160; j++)
              {
                set(w, i, j, get(v, i, j));
                set(v, i,j,0);
              }
        }
      getch();
      closegraph();
      printf("Optiunea (1-10): ");
    }
  return 0;
}
```

Aufgaben

1. Ändern Sie das Programm so ab, dass man auch die minimale Anzahl der Iterationen, mit denen man dem Raum vollständig ausgefüllt hat, ausgibt. Das heißt, nach wie vielen Iterationen enthält das zweidimensionale Array 160×160 nur noch Einsen?

2. Erfinden Sie andere Kurven, mit denen man das Startquadrat initialisieren kann.

3. Modellieren Sie die Iterationen in ein- und demselben 400×400-Quadrat, in der Mitte des Bildschirms, mit Pausen, um den Effekt zu verfolgen.

Abb. 10.2: Grafitti unter Ludwigsbrücke in München

Anhang A
Onlinereferenzen

```
http://de.wikipedia.org/wiki/Hauptseite
http://mathworld.wolfram.com
http://microscopy.fsu.edu/optics/timeline/people/
http://www.ioinformatics.org/
http://www.answers.com
http://www.cut-the-knot.org
http://www.matheboard.de
http://www.mathe-online.at/galerie.html
```

Anhang B
Quellenangabe der verwendeten Abbildungen

Abb. 2.3 Leonardo Pisano Fibonacci
```
http://www.kidsmathgamesonline.com/images/pictures/
mathematicians/fibonacci.jpg
```
(Stand: 08. April 2016, 18.49 Uhr)

Abb. 2.6a James Gregory
```
http://media-2.web.britannica.com/eb-media/25/
127525-004-83D43D16.jpg
```
(Stand: 08. April 2016, 18.57 Uhr)

Abb. 2.6b Gottfried Wilhelm Leibniz
```
http://media-2.web.britannica.com/eb-media/18/
150318-004-A064E74D.jpg
```
(Stand: 08. April 2016, 19.00 Uhr)

Abb. 6.1 Eratosthenes von Kyrene
```
http://world.mathigon.org/resources/Prime_Numbers/
eratosthenes.png
```
(Stand: 08. April 2016, 19.02 Uhr)

Abb. 7.1 Johann Liss, "Morraspiel im Freien" (Fragment)
```
http://www.malerei-meisterwerke.de/bilder/
johann-liss-morraspiel-im-freien-05503.html
```
(Stand: 08. April 2016, 19.23 Uhr)

Anhang C
Schlüsselwörter in C

Schlüsserwörter			
auto	double	int	struct
break	else	long	switch
case	enum	register	typedef
char	extern	return	union
const	float	short	unsigned
continue	for	signed	void
default	goto	sizeof	volatile
do	if	static	while

Anhang D
Häufig verwendete Zeichenkettenfunktionen in C

Syntax	Bedeutung
`char *strcat(s1, s2)`	Fügt die Zeichenkette s2 am Ende von s1 ein und liefert s1 zurück
`char *strchr(s, c)`	Liefert einen Zeiger auf das erste c in s oder NULL, falls c nicht gefunden wird
`int strcmp(s1, s2)`	Vergleicht die Zeichenketten s1 und s2 lexikographisch, wobei zwischen Groß- und Kleinschreibung unterschieden wird (*case sensitive*); liefert einen Wert kleiner 0, wenn s1<s2, 0, wenn s1==s2 und einen Wert größer 0, wenn s1>s2.
`int stricmp(s1, s2)`	Wie `strcmp(s1, s2)`, aber zwischen Groß- und Kleinschreibung wird nicht unterschieden (*case insensitive*)
`char *strcpy(s1, s2)`	Zeichenkette s2 in s1 kopieren, inklusive \0; liefert s1.
`size_t strlen(s)`	Liefert die Länge von s (ohne \0)
`char *strncat(s1, s2, n)`	Fügt maximal n Zeichen von s2 mit einem \0 am Ende von s1 ein und liefert s1.
`int strncmp(s1, s2, n)`	Vergleicht maximal n Zeichen von s1 und s2 lexikographisch (*case sensitive*); liefert einen Wert kleiner 0, wenn s1<s2, 0, wenn s1==s2 und einen Wert größer 0, wenn s1>s2.
`int strnicmp(s1, s2, n)`	Wie `strncmp(s1, s2, n)`, aber *case insensitive*.
`char *strncpy(s1, s2, n)`	Kopiert maximal n Zeichen von s2 in s1; liefert s1. Mit \0 auffüllen, wenn s2 weniger als n Zeichen hat.
`char *strrchr(s, c)`	Liefert einen Zeiger auf das letzte c in s oder NULL, falls c nicht gefunden wird.

Anhang E
ASCII-Tabelle

Dez.	Hex.	Okt.	Zch	Dez.	Hex.	Okt.	Zch	Dez.	Hex.	Okt.	Zch	Dez.	Hex.	Okt.	Zch
0	0x00	000	NUL	32	0x20	040	SP	64	0x40	100	@	96	0x60	140	`
1	0x01	001	SOH	33	0x21	041	!	65	0x41	101	A	97	0x61	141	a
2	0x02	002	STX	34	0x22	042	"	66	0x42	102	B	98	0x62	142	b
3	0x03	003	ETX	35	0x23	043	#	67	0x43	103	C	99	0x63	143	c
4	0x04	004	EOT	36	0x24	044	$	68	0x44	104	D	100	0x64	144	d
5	0x05	005	ENQ	37	0x25	045	%	69	0x45	105	E	101	0x65	145	e
6	0x06	006	ACK	38	0x26	046	&	70	0x46	106	F	102	0x66	146	f
7	0x07	007	BEL	39	0x27	047	'	71	0x47	107	G	103	0x67	147	g
8	0x08	010	BS	40	0x28	050	(	72	0x48	110	H	104	0x68	150	h
9	0x09	011	TAB	41	0x29	051	)	73	0x49	111	I	105	0x69	151	i
10	0x0A	012	LF	42	0x2A	052	*	74	0x4A	112	J	106	0x6A	152	j
11	0x0B	013	VT	43	0x2B	053	+	75	0x4B	113	K	107	0x6B	153	k
12	0x0C	014	FF	44	0x2C	054	,	76	0x4C	114	L	108	0x6C	154	l
13	0x0D	015	CR	45	0x2D	055	–	77	0x4D	115	M	109	0x6D	155	m
14	0x0E	016	SO	46	0x2E	056	.	78	0x4E	116	N	110	0x6E	156	n
15	0x0F	017	SI	47	0x2F	057	/	79	0x4F	117	O	111	0x6F	157	o
16	0x10	020	DLE	48	0x30	060	0	80	0x50	120	P	112	0x70	160	p
17	0x11	021	DC1	49	0x31	061	1	81	0x51	121	Q	113	0x71	161	q
18	0x12	022	DC2	50	0x32	062	2	82	0x52	122	R	114	0x72	162	r
19	0x13	023	DC3	51	0x33	063	3	83	0x53	123	S	115	0x73	163	s
20	0x14	024	DC4	52	0x34	064	4	84	0x54	124	T	116	0x74	164	t
21	0x15	025	NAK	53	0x35	065	5	85	0x55	125	U	117	0x75	165	u
22	0x16	026	SYN	54	0x36	066	6	86	0x56	126	V	118	0x76	166	v
23	0x17	027	ETB	55	0x37	067	7	87	0x57	127	W	119	0x77	167	w
24	0x18	030	CAN	56	0x38	070	8	88	0x58	130	X	120	0x78	170	x
25	0x19	031	EM	57	0x39	071	9	89	0x59	131	Y	121	0x79	171	y
26	0x1A	032	SUB	58	0x3A	072	:	90	0x5A	132	Z	122	0x7A	172	z
27	0x1B	033	ESC	59	0x3B	073	;	91	0x5B	133	[	123	0x7B	173	{
28	0x1C	034	FS	60	0x3C	074	<	92	0x5C	134	\	124	0x7C	174	|
29	0x1D	035	GS	61	0x3D	075	=	93	0x5D	135	]	125	0x7D	175	}
30	0x1E	036	RS	62	0x3E	076	>	94	0x5E	136	^	126	0x7E	176	~
31	0x1F	037	US	63	0x3F	077	?	95	0x5F	137	_	127	0x7F	177	DEL

Literaturverzeichnis

1. M.F. Barnsley, *Fractals everywhere*, 2nd edn. (Academic Press Inc., Boston, 1993)
2. Th.H. Cormen, C.E. Leiserson, R. Rivest, C. Stein, *Algorithmen - Eine Einführung*, (Oldenbourg Wissenschaftsverlag, München, 2004)
3. Michael Dausmann, Joachim Goll, Ulrich Bröckl, *C als erste Programmiersprache. Vom Einsteiger zum Profi*, (Teubner-Verlag, Wiesbaden, 2005)
4. Helmut Erlenkötter, *C. Bibliothekfunktionen sicher anwenden*, (Rowolt Taschenbuch Verlag, Reinbeck bei Hamburg, 2003)
5. Charles L. Hamblin, *Translation to and from Polish notation*, The Computer Journal, Volume 5, Issue 3, Oktober 1962, S. 210-213
6. Cornelia Ivaşc, Mona Prună, Luminiţa Condurache, Doina Logofătu, *Informatica C++. Manual pentru clasa a XI-a*, (Editura Petrion, Bucureşti, 2002)
7. Brian W. Kernighan, Dennis M. Ritchie, *Programmieren in C*, (Carl Hanser Verlag, München Wien, 1990)
8. Doina Logofătu, *C++. Probleme rezolvate şi algoritmi*, (Editura Polirom, Iaşi, 2001)
9. Doina Logofătu, *Bazele programării în C. Aplicaţii*, (Editura Polirom, Iaşi, 2006)
10. Doina Logofătu, Rolf Drechsler, *Efficient Evolutionary Approaches for Data Ordering Problem with Inversion*, 3rd European Workshop on Hardware Optimisation Techniques (EvoHOT), LNCS 3907, S. 320-331, Budapest, 2006
11. Doina Logofătu, *Algorithmen und Problemlösungen mit C++*, (Vieweg-Verlag, Wiesbaden, 2006)
12. Doina Logofătu, *Grundlegende Algorithmen mit Java*, (Vieweg-Verlag, Wiesbaden, 2007)
13. R. Murgai, M. Fujita, S.C. Krishnan, *Data sequencing for minimum-transition transmission*, in *IFIP Int'l Conf. on VLSI*, 1997
14. C. Năstăsescu, C. Niţă, M. Brandiburu, D. Joiţa, *Exerciţii şi probleme de algebră*, (Editura Didactică şi Pedagogică, Bucureşti, 1983)
15. Doina Rancea, *Limbajul Pascal. Manual clasa a IX-a*, (Computer Libris Agora, Cluj, 1997)
16. Doina Rancea, *Limbajul Pascal. Algoritmi fundamentali*, (Computer Libris Agora, Cluj, 1999)
17. Jürgen Wolf, *C von A bis Z. Das umfassende Handbuch für Linux, Unix und Windows*, 2. erweiterte Auflage, (Galileo Computing, Bonn, 2006)

Literaturverzeichnis

Sachverzeichnis

E

Einser Komplement   7
Elementare Datentypen   3
Ellipse   64
enum   19
EOF   15
Eratosthenes von Kyrene   187
exp()   123

F

Fakultät   120
fclose   17
fclose()   43
fcloseall   17
Fehlerabschätzung   73
feof   17
fgetc   17
fgets   18
Fibonacci   61
  Folge   62
  Zahlen   62, 121
Flexibilität   1
float   4, 22
Folge   66, 74, 95
  kleinstes Element   95
fopen   17
fopen()   43
for   13, 38
Formatelement   16, 34
Formatierte Ausgabe   15
Formatierte Eingabe   15
fprintf   18
fputc   17
Fraktal   275
free   25
fscanf   18
Funktion   9
Funktionskörper   10
Funktionskopf   10, 26
Funktionsname   10
Funktionszeiger   123

G

genaue Uhrzeit   204

Genaues Datum   204
getc   17
Gitter   129
Gleichung   72, 77, 80
  ersten Grades   113
  Kreis   63
  zweiten Grades   111
Goldbach, Christian   107
Goldbachsche Vermutung   107
Goldener Schnitt   61
größter gemeinsamer Teiler
  117, 164
Gregory, James   75

H

Hamming-Distanz   191
Hash Tabelle   232
Hauptfunktion   9

I

Identität   7
if   11
Insertion-Sort   98
int   4
isdigit()   41
islower()   41, 148
isupper()   41

K

Kartenspiel   245
Kellerspeicher   241
Kernighan, Brian   2
kleinste gemeinsame Vielfache   117
Koch, Helge von   275
Koch'sche Schneeflockenkurve
  275
kollineare Punkte   161
Komma-Operator   8
Kommandozeilen   43
Kommandozeilen-Parameter   43,
  154
Kommentare   5
Konstante   195